全民社交

不懂全民社交时代，你就抓不到任何机遇！

申晨⊙著

北京联合出版公司
Beijing United Publishing Co.,Ltd.

图书在版编目（CIP）数据

全民社交 / 申晨著. —北京：北京联合出版公司，2015.5（2019.6重印）

ISBN 978-7-5502-2534-3

Ⅰ.①全… Ⅱ.①申… Ⅲ.①网络营销 Ⅳ.①F713.36

中国版本图书馆CIP数据核字（2015）第015102号

全民社交

作　　者：申　晨

出 品 人：唐学雷

责任编辑：宋延涛　徐秀琴

北京联合出版公司出版

（北京市西城区德外大街83号楼9层　100088）

小森印刷（北京）有限公司印刷　新华书店经销

字数：277千字　710毫米×1000毫米　1/16　印张：18

2015年5月第1版　2019年6月第5次印刷

ISBN 978-7-5502-2534-3

定价：42.80元

三分之二以上的中国人
每天都会登录社交网站或者使用社交软件，
这里面的市场你看懂几分?

相伴这个时代

延参

有的网友经常问我，你平常思考最多的问题是什么？我总是用一句老话回答，生命与时代。对于生命的理解与尊重，就在于内心世界的开拓和对时代人生的关切，每个人的键盘是琴是瑟，敲打着思考，梳理着时光，历练着情怀，写成了流年。

岁月的悠悠长河，经过这个世界，谁都只是来过，最后，都将挥手作别。而人海里的千差万别，就在于每个人心里，如何看待、如何走过这个世界，这世界的宽与窄，不在故事，只在胸怀，所经过的生活因为包容而精彩，所走在的时代因为创新而丰富；也包括这茫茫网海，也因为交流的活泼多样，而让这友谊格外生动感人。

多少人，在匆匆人海里埋头行路，每个人都在寻觅着、追求着自己向往的美好，而人生真正的美好，却在于坚守生活那份朴素的信念，在变幻莫测的世事里领悟了人生，领略了天地间的万千风采。人生的意义也就在于对生命与时代的客观认识，从而选择了生命的方向，温暖、友好、理解、宽恕、改变、推动。

岁月，是什么？是过去的、现在的、未来的无数人所拥有的光阴，更是每个人此时此刻正在经历的时光，我们也可以称之为时代。时代，是因为无数的你我他共同拥有，它才成为一个时代，它是大家共同的时代，也是每个人自己所能拥有的时代，千载一时，一时千载。

走在这个时代，需要每个人去担当，担当自己的人生，担当自己的世界，担当自己的责任。没有谁可以推卸这份担当，因为没有谁可以说眼前的时代与己无关，如果推诿，就是卸载了自我生命的厚重。

这个时代怎么样，故事万千，无论它发生什么、存在什么，生命与时代，这一趟风雨兼程，是一条思索之路，也是一条崭新之路。去关注自己正在走过的时代，它需要我们去点赞、去相伴，更需要我们去诠释、去改善。

岁月静好，希望绵延，这个时代的人，活成了这个时代的故事，镌刻了这个时代的印记。这个时代的人，用自己的方式，用创新的精神，向岁月致以最虔诚的敬意。

只有心浪，才能微勃

Think3group智立方
品牌营销传播集群 杨石头

孟子年幼时，有一次由于贪玩而没有上学，他母亲知道后，生气地拿起剪刀，剪断了正在织布的织线。孟母语重心长地对儿子说：“你废弃学业就像我剪断织线，学习就跟织布一样，线断了就再也接不起来了。”所以，每天的微博、每天的公众微信、每天的思考笔记，对我而言，就是每天在学习织布。既然能荣幸地为新浪微博写序，我也就扯上一尺布叨逼叨一下，期望不会让你觉得又臭又长！

作为中国人唯一的平民话语平台，新浪微博担当着解压阀的重要角色。如果说主流媒体的优势在于公信力，那么在信息纷繁复杂、真假难辨的舆论场中，在“围观就是力量，转发就是支持”的口号指引下，网民充当着各种信息的二传手。走到今天，随着腾讯微博宣布退出微博，微博只剩下新浪微博一家；微信类IM，只有腾讯微信一家了，来往已经成为阿里内部沟通工具；MSN退出，聊天只有QQ一家了。可见这个时代，文无第一，在表达方式上，各有各的风格腔调；武无第二，在商业模式上，不弄死你，我就没法活。

当自媒体的再一次深度分化，整个社会已然社群化，产生聚合的原因更多的不是信息相通，而是气味相投。大家各有各家，各找各妈，各花入各眼。功能价值越来越聚焦。如果说微信的优势是点对点沟通和私密，那么微博的优势就是公开和传播，所以，你若发情，请用微信，你若发言，请用微博。

移动互联网时代的到来，不是传统互联网的流量为王，而是用户功能为王。你的品牌必须成为用户手机中的一个功能性的模块，扎得下心智需求的根，占得了手机桌面的地，才有下一步O2O的机会。如果在这个基础上做品牌营销传播，不是广告的轰炸，累积记忆的重复，不是你在做传播，而是你的内容是否能够播传——是否因为内容，人家愿意二次传播、三次扩散、四次渗透。

于是，产品、品牌、传媒、用户已然是四位一体的。也就是说，厂商所生产的产品或者建立的品牌，只是一种半成品，而另外一半由传媒与用户来塑造。在这四位一体的相互关系中，产生着对消费者的营销推力和拉力。在智立方策略工具里，我们称这个模型为：圈动力。

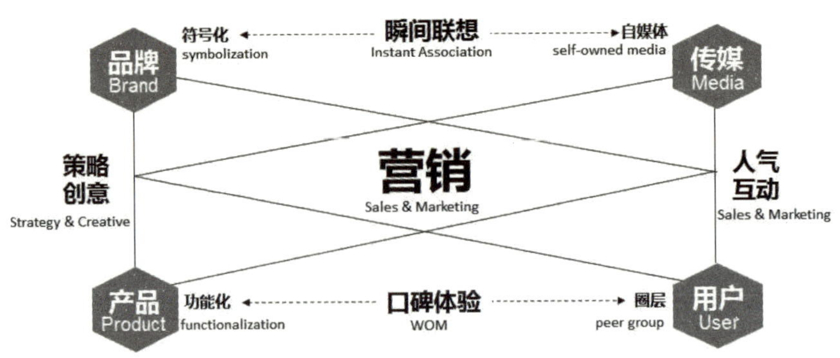

品牌认知上进入了秒时代，如果你的品牌表达不能在三秒钟说明白，就会被秒杀。品牌标志、色彩、广告词、音乐标识等，务必要在第一时间被识别。举例：2014年10月20日，“当当网”宣布更名“当当”，删除了非关键字“网”，同时推出了一对红色的“圆形铃铛”作为新logo。除此之外，当当网的口号由“网上购物‘享’当当”改为“敢做敢‘当当’”。两个“当”字的叠加结合，使得“当当”两个字组合成为一个整体，字体叠加的形式容易形成速度感的印

象。更进一步的传播就要尽可能地转型成自媒体化，最好有一个人物代言（往往都是企业的领导人），来解决品牌传播中态度、温度、角度的问题。还要努力把品牌拟人化，有态度、有温度、有角度地说人话，以产生最大化的互动效果。

很难想象到今天，还有哪个企业没有官博，但能否形成有效的微博营销矩阵就需要专业了——企业官微（原创内容加企业动态）+创始人（老板）个人微博（个性化内容与官微互动）+产品品牌微博（促销给粉丝发福利及淘宝店打通）+全体员工个人微博（发动全部员工支持以上官方微博发展）。

而在微博的营销中，以下小经验可供参考：1.文案越短越好；2.图片更重要；3.统一昵称和标签；4.借势；5.找到热点话题；6.主动寻找粉丝；7.先微博，后营销；8.建立行业领袖的位置；9.让用户进入你的网站；10.树立、监测你的品牌口碑；11.内容营销，用创意内容吸引粉丝；12.整合传播力。

如果没有足够的粉丝基数，不要谈创意；没有清晰的微博定位，不要谈营销；没有特色产品，不要指望一夜爆红；没有改进的决心，不用天天去评论；没有真正关怀用户，不用7×24小时的互动；产品不行，微博也难以让你爆红，微博营销可以放大你的卖点，也会放大你的缺点。

我想，自己一直坚持微博的原因，除了保持跟外界的沟通与展示界面以外，大概也是因为它把话痨+表达欲+嘚瑟+窥探欲+快速学习结合在了一起，因为心浪，所以微勃。这五年的微博旅程，让我明白了做人要知足、做事要知不足、做学问要不知足，同时要感受站在别人角度看自己、站在自己角度看世界。

所有的新大陆，都来自新角度，让我们通过这本书，好好研读秘籍打法，找到你自己的不二法门吧！

最后留个联系方式，有缘认识，随时再聊！

新浪微博——@智立方的杨石头

公众微信——智立方的杨石头

目录

新媒体

到底是什么玩意儿

关注微博@全民社交，私信回复关键词【第一章】听申晨的语音推荐。

全　民　社　交

新媒体营销，有人说是微博发140字的广告；也有人说，是朋友圈刷减肥药；更有人像专家一样地说，是送iphone5S土豪金。但当你依言去做却发现效果不好，而新媒体上又有很多影响广、赚大钱的成功案例时，是否让你感到无限迷茫？那么，从本质出发看现象就成为你的必修课。营销前我们先搞明白：新媒体到底是什么玩意儿？

开始吧！欢迎走进《同一首歌——走进新媒体》。我是主持人——申晨。

说到新媒体，前段时间有一个协会要我去给他们旗下的企业讲微博，我便发了一份课程大纲过去。大纲里面都是关于新媒体的内容，比如新媒体是什么、新媒体的构成、如何利用新媒体增加销量等。紧接着接到了这个协会干事的电话："申老师，你可能误会了，我们想听的是微博，PPT什么的我们都会用！"我一下没反应过来，啥PPT？我发错大纲了？干事姐继续说："新媒体我们十年前就培训过了，现在人家的PPT都用得很不错的，用iPhone录个视频什么的也都会。"我叹了口气，对大姐说："您说的那个叫多媒体吧？"大姐惊讶地问："那新媒体是个啥？"哭死了，在2015年，竟然还有人说自己不知道新媒体到底是什么。

不过，很多人即便知道新媒体，多半也是一知半解，比如故事营销、事件营销、活动营销、公益营销、病毒传播，这些都是新媒体上的营销方法而并非新媒体本身。所以，新媒体，你到底是个什么东西呢？

不急，咱慢慢聊。（哎，你别动手啊，我真的一会儿就告诉你新媒体是什么，我不是卖关子，我是要让你更简单地记住，所以再给我点儿时间，拜托啦，一会儿要是我没讲清楚你再削我！）

好险，差点儿挨揍，现在的人怎么都这么没耐心，咱继续慢慢讲。在正式揭秘新媒体之前，再从相对专业的角度跟大家解释一下新媒体的重要载体——互联网的些许特点。基于互联网的新媒体构造相对传统媒体增加了许多的便捷和互动，正是这一点点的改变，让整个媒体行业变了样。因为从互动的角度讲，商家和消费者的话语权更加平等了。消费者表扬你，可以让更多人了解并且信任你；消费者批评你，可以让你损失掉可能的潜在消费者。这种媒介的存在和迅速发展让很多传统企业无法适应，而当销售压力不断涌来的时候，很多求新求变的传统企业感觉不得章法。

其实，企业主们没必要对这种变化丧失信心。如果我们能方便地厘清新媒体的运作规则，那么营销的节奏就会回归正常。首先，我们需要搞清楚新媒体与传统媒体到底有什么不同的构成要素，再来弄清楚这些要素的构造，从而才能更有信心地驾驭。正如新媒体是一匹野马，只要你有能力驾驭，它就是日行一千夜行八百的宝马良驹，如果你不得法，它会摔得你爬不起来。所以，当它把你摔倒的时候，别抱怨马不好，要想想自己心里是否有那片草原，能不能学好驭马的能力。（看本段请边看边听宋冬野的《董小姐》。）

回想传统媒体，我们只需要找到合适的渠道，并且用很短的时间或者篇幅告诉消费者们企业产品的价值，一切就会变得顺理成章。短、平、快，简单有效。但新媒体不同，渠道被洗牌了，原来电视上的15秒广告片没人愿意看了，原来杂志上的大幅中插被忽略了，原来报纸上的整版广告被一翻而过了，这是因为网上、微博上、微信上、“优酷们”上面有大量的信息和内容。以前信息紧缺，大家都愿意看更多的内容。现在信息爆炸，消费者有了选择看什么的权利。这可能对之前仅在传统媒体中进行品牌推广的企业主是个灾难，需要进行完全不同的广告布局。但这种变化也为企业主们带来了好的消息，正是因为消费者和企业主们同处于一个公平话语权的平台上，过去通过传统媒体无法得知的消费者数据，在新媒体中变得开放和准确。除了可以直接找到消费者之外，我们甚至还能知道消费者对品牌的评价，以及通过搜索数量得知品牌的真实热度。

说了这么多，其实我们可以总结，新媒体中企业要变化的是：要有吸引客户的优质内容，要真正平等地跟客户对话，要学会在数据中寻找商机，要学会在人群中找到目标用户并精准投放和营销，要让客户从认知到认同再到热爱最后愿意自发地去传播。

上面这么长的一段话，从大的方面来看，新媒体无非由三个关键要素构成：用户、内容、数据。

接下来我们通过一些例子来认识一下这三个要素。

新媒体的构成要素一：内容

媒体是内容的一种载体，新媒体也不例外。从横向看，内容的生产者变得多样化。这其中绝大多数内容是普通用户自主生产的，即使是企业生产的内容或原有的品牌媒体生产的内容也都变得更加适合新媒体的说话习惯，用普通用户的口吻去说话成为常态。

举个简单的例子：天气先生@宋英杰 是我的好朋友，他主持的《天气预报》节目和他的上峰中央气象台在电视上永远是以一个权威的形象出现，但是他们在微博中也会很活泼。

例如，2013年12月6日@央视新闻 播报二十四节气中的“大雪”，这样写道：

#微镜头#【你仔细看过雪花吗？】明日，二十四节气之一“大雪”。此后，下雪的可能性变大！戳图，欣赏雪花的惊人之美。

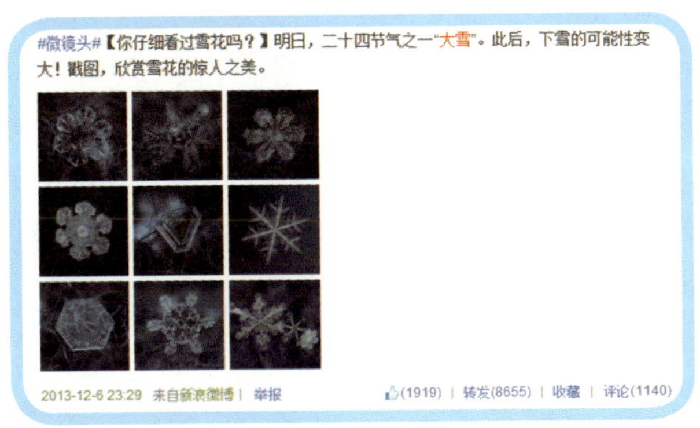
#微镜头#【你仔细看过雪花吗？】明日，二十四节气之一"大雪"。此后，下雪的可能性变大！戳图，欣赏雪花的惊人之美。

2013-12-6 23:29 来自新浪微博 | 举报　(1919) | 转发(8655) | 收藏 | 评论(1140)

这样的措辞就远远不像电视中我们看央视各种新闻那样生硬。

中央气象台的微博貌似玩得更high。

我们来做一个新媒体关注度测试题吧！中央气象台的幽默，你看懂了吗？

（什么？你说你看不懂？那说明你对新媒体的关注真的不多，请买十本书，各看十遍吧。你离新媒体真的太远了。不明白的不妨问问身边能看懂的朋友，谁才是中国新一代“龙王”和“雨神”吧。如果你的朋友们也看不懂，那么请你再买十本书送给他们吧！

什么？你说你特别懂？坦白从宽抗拒从严，马上投案自首，向政府交代你是在哪里看到“图样图森破”吧！）唉，这个案例真是一个坑啊。

我们还是聚焦这个微博本身吧，这种随性的转发互动，不仅符合中央气象台的专业身份，又能引发大量的转发互动，为其积累人气、提升影响力提供很大的帮助。同样是天气预报，在央视上和在微博上感觉完全是两个人，微博上的更像一个人、一个真实存在的朋友。

当然，新媒体中普通用户提供的内容对整个媒体的形态变化也起到了巨大的帮助，以前的记者采集新闻素材，需要到新闻的发生现场，动作不免慢半拍且信息资源不全。有了微博后，任何一个普通用户都会成为新闻事件点的采集者，记者们只需要关注新闻点活跃的人群，就可在最短的时间内采集到最新鲜也最吸引眼球的新闻事件点。

当然，能够吸引眼球的新闻事件是有限的，而新媒体用户的创造力是无限的。在挖掘、报料各种新闻之外，用户们会创造出各种引发粉丝评论、转发的内容。这其中，调侃的内容占了很大一部分。

因为有了新媒体，我们每个人发出自己声音的门槛大大降低了，我们都可以从自己的角度去分析和阐述问题，比如有条微博里说的“领导人都生女孩”，这是一个传统媒体绝不会注意的角度，但看上去有那么些道理。当然除了正面例子，也有反面典型。领导人中也有生了男孩的，他们之中既有年龄最大并不一定活得过他妈的王储，也有人被判了无期徒刑。“2013年6月29日，@薛木子 同学生下了我的大胖小子@超级小熊猫，看来我这辈子是没法走仕途了。”当然，在这条微博的评论里面也有亮点，有人说你们发现了没有，习主席正着念是“XI ZHU XI”，倒着念还是“XI ZHU XI”，李总理正着念是“LI ZONG LI”，倒着念还是“LI ZONG LI”。这些角度都太超出正常人的思维宽度了，但这就是新媒体的魅力，总有人贡献着让你惊讶的内容。而这种内容让我们在惊喜之余总有分享给朋友们看的冲动，不是吗？

而对于企业，创造内容为品牌和产品服务是运营新媒体的主要目的。很多运作非常成功的企业微博，在语言组织上也在向普通用户靠拢，从而融入新媒体的信息洪流中与潜在消费者融为一体，进而获得消费者对品牌和产品的认同。这一点上，我们将在第三章中为大家做详细介绍。

有人说：新媒体是自媒体。这句话不全对，因为新媒体的形态很丰富，不能说在微博、微信上发送了信息就能概括新媒体的全部。而且无论是“小马哥”还是“小龙哥”都说：“俺们微信不是新媒体，不是媒体，俺们微信是社交产品。”但在微博和微信上创造出吸引潜在消费者的内容，从而影响消费者的购物决策不失为一个明智之举。所以，新媒体中一直有人强调的“内容为王”的言论其实是有一定道理的。想打动消费者，用消费者常用的话语跟他们对话，做出让他们心动的内容吧。而这些内容怎么产生，你看完这本书就知道了。（哎，不是说好了不动手的吗？不是卖关子，内容真的在后面啊，后面很精彩啊，相信我。好，谢谢你相信我，我们先把棒子放下好吗？）

新媒体的构成要素二：用户

新媒体成为媒体的流行趋势，不能不感谢移动互联网的飞速发展。目前中国5亿智能手机用户，平均每天在移动互联网上花费的时间不少于6小时。绝大多数的中国网民理所当然地成为了新媒体的用户。现在微博、微信的用户数都超过了6亿，他们有80%的人表示主要的信息来源于新媒体，72%的人表示在购物的时候会参考新媒体上的产品及服务评价。所以你看，你的用户在新媒体上，那你就必须在新媒体上。微博和微信上都有百万数量级的企业账号，这里已经是企业甚至是传统媒体的宣传新阵地。

我们看到大量传统媒体在新媒体中安营扎寨并落地开花，还投入了大量的人力物力来延续它们的影响力，进而成为新媒体中不可缺少的重要群体。而目前，传统媒体在新媒体中入驻规模最大的两个载体就是微博和微信，甚至为了体现媒体用户与普通用户的差异，新浪微博中有专门的媒体版微博页面，不仅和普通用户一样可以提供140字的文字和多媒体信息，甚至可以提供长新闻，并且提供除关注之外的新闻订阅服务。

我们以@人民日报 和@央视新闻 为例，大家看它们的页面是不是越来越像一个完整的网站啊？新浪微博媒体版是新浪微博为了更好地为传统媒体服务而专门开辟出来的。有了这样的贴心服务，传统媒体会飞速地转型到新媒体平台上。那么在新媒体平台上，妈妈就再也不用担心我们无法聚合用户内容来阅读了。

@人民日报 微博版面截图

@央视新闻 微博版面截图

从@杜蕾斯官方微博 中我们可以看出，新浪微博为企业用户提供企业蓝V认证，来提升企业微博的可信度。并且推出了微博企业版，为企业提供从定制化装修特权、内容及视觉优化、用户应用指导、专业化插件及开放平台到后台数据分析等全套服务。

而微信中也为企业用户提供了服务号及订阅号公众平台，其中的内容采编和数据分析以及大量的开放接口，让企业客户有了更多为消费者在移动互联网中提供人性化服务的想象空间。对于企业如何应用微信为消费者提供服务的内容，我们将在第十四章中详细为大家介绍。

如果你心急，我先介绍一个微信账户大家来看：

太平洋咖啡（中国）就利用微信提供的一系列接口做到了会员卡体系的完美绑定，并可提供"附近门店"查询的地理位置服务。为啥这里不卖关子了？我隐隐约约又看到那个拿棍子的同学了。咱继续往下讲。

综上来看，新媒体中聚集的用户群体包括普通用户、传统媒体用户、企业用户等各种形态，甚至很多政府机构都在用新媒体对外发布消息，比如国务院就在微信中开通了“国务院公报”的账户，主要对外播报最新发布的文件、人事任免等信息。更有大量的政府机构在微博上播报消息。这其中，全国的公安系统最为普遍。

比如大名鼎鼎的@江宁公安在线，大家可以从我在下面提供的封面和内容中找亮点。

有没有感觉到“警察蜀黍”的称呼，和“挖鼻孔”“捂嘴偷笑”的表情，比以前我们心中那种威严不可冒犯的警察形象亲近很多呢？如果你有那么一点儿小冲动，赶紧去和“警察蜀黍”聊聊天吧！

新媒体发展的短短几年时间，下到草根，上到中央，都会在一个个统一的平台上制造声音，平等对话。新媒体让信息变得更加公开透明，流动速度也变得更快、更便捷。所以，新媒体的第二个要素——用户，几乎可以包罗万象。企业要想抓住消费者，就得跟各种用户打成一片，来构建自己的影响力，让企业的自媒体发挥真正的品牌价值。

当然，很多人认为企业用新媒体就是来打广告，其实不是，因为这里有真实的用户或者潜在用户。直接的联络和沟通，这些潜在用户瞬间就会变为用户甚至忠实用户，马上为企业带来经济价值。我们常说，对于一个企业来说，新媒体中的客户可以分为潜在客户、准客户、基本客户、忠实客户和危机客户。这五种客户相信企业主们不会陌生，但有真实产品服务需求的潜在客户如何找到，如何把潜在客户和准客户转化为真实购买的基本客户，进而成为既买了产品或服务又特别喜欢还推荐给别人的忠实客户呢？我们后续的章节也将为大家慢慢揭开新媒体中客户转化的各种方法。（喂，你又打！）

新媒体的构成要素三：数据

相信很多人在听申老师给你讲新媒体之前，都听说过大数据。很多人跟我说，大数据是不是就是很大的数据呢？好，那你能不能告诉我，很大是有多大？1M还是1G或者是1T？所以，光大是没用的（每次上课讲到“光大是没用的”时，总有男女同学做浮想联翩状！），再大的数据放在那里不会去用就等于没有数据。有很多数据没有用，有很多能用的数据才是大数据，所以大数据的真正定义简单来讲应该是：

通过创新的技术和方法，应用和分析你过去无法应用和分析的数据。

所以新媒体中的数据是用来给企业提供应用和分析的。这才是重点，有多少不重要，怎么用才重要。

就营销人可以抓取到的数据来讲，微博中每天约有1.5亿条信息的更新。而200万个微信公众平台，在后台产生的用户、文字阅读转换率、互动数量等数据都可成为企业运作自媒体平台的保障力量。

新媒体中的每个用户都会有自己的标签，这种标签有可能是用户自己打上的，也可能是通过用户发布的信息进行语义分析判断出的，还有可能来自他们浏览和搜索的内容和习惯，这些标签都可以让企业方便地找到用户的喜好，甚至于可以判断用户使用新媒体的时间，用户的各种属性，如性别、年龄、学历层次等。这些都将成为企业传播品牌的重要参考依据。想想，如果你能准确猜到你的客户的需求，并在合适的时间把产品推荐给他会有多好。比如当你正饿得七荤八素的时候，有人给你推荐了旁边一家好吃的麻辣烫，还把照片发给你诱惑你，你会不去吗？

在新媒体的数据中，企业还能方便地获取产品的市场数据以及企业品牌本身的数据。比如我们可以通过微博中的搜索引擎，根据用户的讨论数量估计产品的市场规模，甚至挖掘到一定的成交数据。对自身的品牌，根据语义的判断来分析美誉度、知名度等，甚至可以通过用户曾发布的与品牌相关的信息评论，找到他周围对产品的潜在消费者。

随着新浪微博与淘宝的联手，社会化电商也随之而来。大数据的运用如果得当，甚至可以直接引导用户的消费决策。大数据平台的不断推出，新媒体在直接为淘宝店铺引流中的角色变得越来越重要。

说了这么多，可能有些读者对数据的解读仍然模糊。说白了，数据并非仅仅是枯燥乏味的图表，更不是1、2、3、4，而是存在于新媒体中的信息，这些信息由点及面地存在着。例如，你通过搜索的手段找到某个用户对你产品的批评，你需要再去查找他发布的其他信息，看是否可以找到他批评产品的更多内容以及他对产品不满意的原因。再往深层次查看，通过评论，你可以了解到他的批评信息是否已经影响到他的粉丝或朋友，从而判断是否已经对产品产生了非常不利的影响，进而推断企业下一步的应对计划。

在微博企业版和微信公众平台中，通过平台方提供的数据分析图表，你可以知道粉丝的活跃时间以及粉丝对内容的喜好方向，进而对自媒体的内容发布时间以及内容进行更加人性化的优化，从而推动企业自媒体的影响力。

新媒体由于聚集了大量的用户，已经成为企业品牌传播、产品推广的必经之路。找到用户、会写内容、用好数据是企业市场部门的必修课。在接下来的章节中我将为你们细细道来，也请各位跟着我的步伐一起攻克新媒体的重重堡垒，真正成为一个能够对新媒体驾轻就熟的营销人，从而利用新媒体为企业创造更多有效的新价值。

企业如何利用好新媒体，政府如何利用好新媒体，机构如何利用好新媒体，传统媒体如何利用好新媒体，这些内容你一定迫不及待地想知道了吧，好嘞，那么就请你继续看下去吧！（我勒个去，你真下手打啊，新媒体到底是什么，下一章我就告诉你了啊，别着急啊！真的啊！）

好吧好吧，我直接说了吧，如果用一句话来解释新媒体，那就是“传统媒体之外的媒体”。别打啦，听我说！其实，即便是学术界，对新媒体也没有一个完整和服众的定义，但是在中国，我们常说的新媒体，其实指的是在互联网、移动互联网和数字信息技术的新技术领域内的媒体，比如微博、微信、人人、豆瓣等社交媒体，门户、细分、论坛等互联网媒体，电子书、电子杂志、数字广播、数字视频等数字出版媒体，甚至一切传统媒体（电视、广播、报纸、户外）之外的媒体，都可以叫新媒体。

面对这么多的选择，你一定说：“好乱啊，好多啊，好烦啊！”别急，下一章就告诉你哪些新媒体是适合你的。

在哪里可以找到

新媒体这个家伙

关注微博@全民社交，私信回复关键词【第二章】，听新浪网地方站业务部副总经理李少宇的语音推荐。

为什么你不会去便利店查询飞机票的打折信息？为什么当你寻找美食的时候，会查看大众点评网？因为用户会通过特定渠道获取他们所需要的信息。所以当我们通过新媒体推送信息时，是否首先应考虑用户会用哪些渠道获得这些信息呢？

联想平板电脑多渠道整合营销案例

我们首先来看由“蓝色光标”提供的案例——联想平板电脑——《爱·在线》。通过本案例，大家可以一起看看渠道整合后的推广威力。对了，看书的时候记得和书本保持一定距离哦，我怕案例的威力太强会震伤大家，各位谨记。

2013年10月10日，被誉为“2013年最疼的爱情电影”——《我想和你好好的》上映。作为独家合作伙伴的联想平板电脑，自然不能错过最好的跨界宣传机会。

“蓝色光标”是联想平板电脑的推广运营商，这个活儿自然而然地落在了他们身上。在经历过无数次创意小宇宙爆发后，基于《我想和你好好的》的情感电影线路，确定本次营销走“情感营销”的基调。由《我想和你好好的》的原班人马来拍摄网络电影《爱·在线》。冯绍峰、倪妮出演，马蔚然导演，并请出微博知名意见领袖“作业本”担纲编剧。作业本当编剧？我当时的感觉是“切！”

当然，我们要描述的亮点不在拍摄定位、基调和噱头这些没有技术含量的事情上，如何将微电影推出去，借而为联想平板电脑做出最有效的营销。渠道整合才是我们这一小段要聊的。

我们首先来看微电影拍摄之前的推广渠道选择：微博、豆瓣。

微博，现今中国最有广泛影响力的新媒体；豆瓣，现今中国最闷骚、最小资、最文艺、最有范儿的新媒体。用来宣传这么一个闷骚又需要影响众人的文艺小电影，再合适不过了啊。具体看看：

我们首先来看微电影拍摄之前的推广渠道选择：微博、豆瓣“真情事务所”小站。

5月20日，借势“520”这个近年来被网友不断炒热的“我爱你”日的网络话题热度，这两个新媒体在渠道中发起2013版《爱 · 在线》微剧本征集活动。一个由一线明星拍摄的微电影，剧情走向可以让网友参与其中，这种噱头，足以引发豆瓣和微博上的针对性受众的参与热情。在微电影开拍之前，仅两周时间内，官方微博就收集到300余份作品，豆瓣平台上也收集到190余份。这样一个微剧本的征集活动，不仅触发了大家的参与热情，而且联想将拍摄《爱 · 在线》的消息也得到传播，让联想平板电脑在电影未开拍前就得到了大量的受众感知，大家对微电影的拍摄细节都有了很高的期望值。

接下来6月10日，微电影正式开拍，而开拍现场的探班原始消息全部来自于联想平板电脑官方微博，端午假期期间的3天微直播，让网友的关注度不断升温。这期间，联想平板电脑全程植入直播内容中，网友在了解明星拍摄细节的过程中，也不断加深了对联想平板电脑的认知。

而拍摄过程中，仅仅3天的微直播并不能持续性地留住受众的目光，为了借势微电影将联想平板电脑的植入达到最大化，“蓝色光标”又做了第二次的渠道整合。

微电影拍摄过程中的渠道整合应用：微博、百度贴吧、豆瓣小组。

微电影发布会现场

由于网友可以参与剧情走向，这让网友对剧情最终的变化有了很大的期待。参与感，是新媒体营销中的重中之重！顺势而为的营销人员通过泄露剧照的方式在微博、百度贴吧、豆瓣小组中展开话题互动活动#半夜遇到陌生人敲门会怎样应对#，更深度地征集网友对剧情的意见。由于话题有很强的生活代入感，这样的互动在没有意见领袖助力的情况下，自然转发量超过3000次，评论也超过2800次，为联想平板电脑的二次传播做足了功课。在与话题同步的“冯绍峰吧”“倪妮吧”和豆瓣小组中，网友也积极参与，在为剧情出主意的过程中相关的预告图文帖子成为热帖。微电影上线前的网络热度得到了更为充分的蓄能。

前期的预热、拍摄过程中网友的参与已经吊足了受众的胃口。在电影上映前，“蓝色光标”又做了第三次的渠道整合：微博、贴吧、豆瓣一个都不能少地成为了预告片的发布渠道。在这样关键的时间点上，主演倪妮、导演马蔚然以及冯绍峰官方影迷会的官方微博都对微电影进行了预告。在影迷的千呼万唤中，《爱·在线》于7月3日正式上线。首日视频点击量就突破3万次，联想平板电脑官方微博转发也超3000次。

而最终的成绩是：微电影的播放量超过500万次。联想“爱·在线”的话题讨论量也超过300万条。联想A3000平板电脑的销售量最终统计超过40万台。（终于见识到新媒体的威力了吧，看上去简单粗暴却有效对不对？）

从该案例中我们可以看出，虽然微博作为热门的营销工具，在本次产品推广上承载了较多的信息传播任务，但在整个推广路径上，豆瓣、百度贴吧始终是不可缺少的环节。而在微电影宣传的关键环节——剧情征集中，由于豆瓣和贴吧可以让网友有更充分的内容创作空间，从而成为了更有效的营销种子投放渠道；微

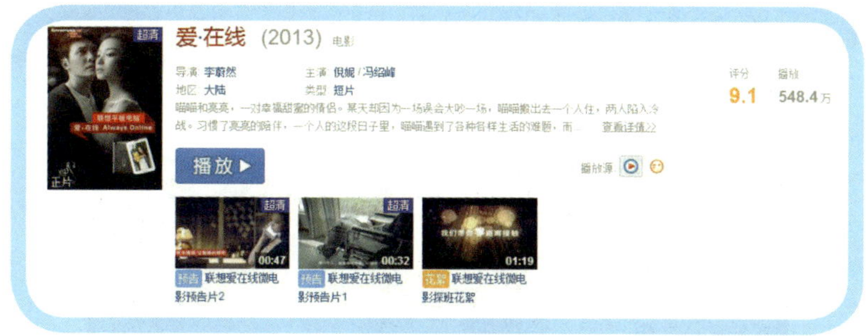

微电影播放量展示图

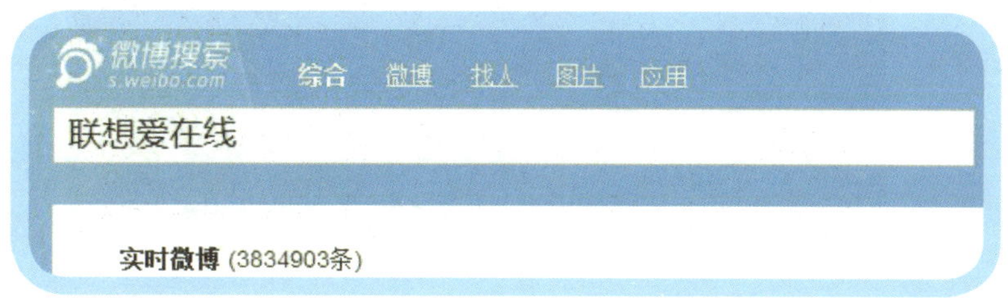

话题讨论展示图

博则更多地承载了话题发散、营销传播环节的任务。就好像五根手指，各有各的用处，只有五根手指一起发力才能使效果达到最大化！

如果你看完这么长的一段文字觉得有些累了，那就稍事休息，拿起手机扫描右边的二维码来观看一下这个精彩的微电影《爱 · 在线》吧。

如果你已经关注了本书的官方微博@全民社交，也可私信回复关键词【爱 · 在线】观看微电影哦！（感谢微奥传媒为本书提供的相关互动）

通过本案例的整个流程走向我们可以看到：在新媒体营销渠道的选择上，仅盯微博、微信这种热度最高的营销平台是不明智的，你需要找到最为有效的受众，聚集地配合微博一起来做到有效的种子投放，才能将营销的能量释放到最大化。

刚才说的是不同新媒体之间相辅相成，取得的良好效果。其实，即便是选定了某一个新媒体来使用，你也可以使用它的各种产品和功能丰富你的推广计划。再举个例子给你，是我自己的例子。兄弟我当年向@薛木子 求婚的视频，在没有

刻意推广的前提下，自然播放达到27万次。

怎么做到的？只用了新浪微博。其实微博里面有很多的好工具、好产品和好思路，我用到的是大屏幕、微投票、微活动、视频外链、微访谈和热门微博，如果当时有微任务和粉丝通的话，那轻松过100万点击了。所以，在联想的例子里面我们知道，别仅盯微博、微信，要打组合拳。从我求婚的视频案例里面，我们还要知道，针对某一个新媒体，我们要了解它的细节，并加以合理利用和组合。微博不只是发布框，还有微任务、粉丝通、大屏幕等产品，微信也不仅仅是通信工具和朋友圈，扫一扫、摇一摇、微信支付都已经是成熟的产品组合。

细说营销渠道

微博、微信作为这两年国内社交网络和新媒体的典范，成为很多人营销的首选推广渠道。跟随最新的营销工具发展步伐固然无错，但这种表面的繁华有时候让营销人不能真正分辨出适合自身的营销渠道在哪里。这样说大家也许并没有太深的感触，那我从一个简单的例子出发带大家一起认知真正的新媒体渠道构造。

各位在航空公司、五星级酒店、租车公司上班的朋友，你们是否听说过一个论坛，叫作“飞客茶馆”呢？因为要常年在全球各个城市间辗转，所以我会经常光顾一个叫作“飞客茶馆”的网站来查询酒店、航空公司的评价信息，来决定我的行程。这个网站聚集了中国大部分每天飞来飞去、每天在五星级酒店消费的商务人群。比如说，国航顶级会员——“凤凰知音”白金会员中一半都在这个论坛上。（嗯，当然也包括悲催的一年飞150班飞机的我。）而这些人也正是中国最具有消费能力的人群之一。当然，作为企业不一定非要在这样的人群聚集地发布广告，但你有没有想象过，如果你酒店的客户在这样的论坛里对企业做了负面的评价，而你却没有给出任何的解释，结果会怎样？如果通过你的引导，让你酒店的客户在“飞客”上面做出正面评价又会怎样呢？如果你再有些产品的软植入呢？是否会影响一大批潜在或已有客户的选择倾向呢？

也许你会顾虑，细分人群的渠道既然很多，我们怎么知道哪个渠道真的是有效的？这种情况下，大家不妨关注一下豆瓣。在经历开心网的没落、微博与微信的兴起，上线超过8年的豆瓣仍然活跃，月覆盖独立用户达2亿之巨。一个重要的原因是它一直以兴趣聚集用户，并为用户互动创造条件。在这样一个用户量超过7500万的兴趣平台上，我们只需要知道受众的兴趣点所在，就可搜索到相关的小组，从而达成基于兴趣点的精准营销。而这种营销由于容易戳中受众的真正喜好，不但可以为品牌小站导流，还能在互动中触发用户生产出十分有才的内容，这些内容在豆瓣中还能波及内容制作者的关系链条，从而为品牌传播带来附加价值。而每一次营销的收尾阶段，如果互动够火爆，还能形成跨平台扩散。我们在热门微博中看到的很多有趣的话题，都是始发于豆瓣的。这样的传播节奏，让内容大面积爆发前，在豆瓣中做了优化和清洗，在微博这样的大受众平台上就更容易快速传播出去了。所以，如果你并不能很好地筛查出行业、细分渠道，那么在豆瓣中搜索基于兴趣点的聚集人群不失为一个恰当的渠道选择办法。

除了这些之外，我在本章中还要强调一个被很多营销人淡忘的渠道——人人网。目前，人人网在学生聚集上流量很大，日均页面浏览量超过1600万。我一个做中学教育的朋友跟我讲，他的学生很多人都泡在人人上交友、互动。那么如果你的商品想打动学生群体，可以尝试在这个渠道做一些相关的宣传策划。

把这么多新媒体渠道摆出来，并不是让营销人削弱在微博、微信上的投入，毕竟微博、微信聚集了中国目前移动互联网的绝大部分人群。在这里要强调的是，作为营销人，不能只是跟风地把营销停留在表面上，而是要对行业渠道进行系统深挖，做好整合营销才能快速达成营销目的。毕竟效果是检验营销的唯一标准。

营销之前先要想清楚营销的本质

营销的最终目的是销售，但营销的本质作用是把企业的观点传递给目标消费者，让他们对企业的产品产生消费冲动。但更多的时候，营销人首先需要获取消费者在关注上的反馈。只要有关注度，品牌或产品的曝光度就达成了。如果传递的观点正确，销售也就是水到渠成的事情。

所以从营销的本质出发，我们可以理性地重新思考：营销渠道的选择应从潜在消费者的角度出发，而非仅仅在最流行的渠道上漫无目的地撒网。正所谓，一个萝卜一个坑，两个萝卜两个坑。哎……不对，应该是选择适合的坑再进行营销播种才能收获一筐筐的萝卜。

营销渠道的选择

营销本身是要渐进式进行的，尤其在新媒体渠道模式中，更强调用户的参与性，从而更好地将品牌观点植入受众的心智中，一般的操作步骤为：

（1）种子投放；

（2）激发互动；

（3）事件总结；

（4）整体监控。

当然步骤不是死的，也经常会有先总结后互动的情况。但无论怎样，没有人会对这四个步骤做出完全标准的渠道选择。因为产品的差异性，决定了受众在互联网上的聚集地有很大的不同。即使同样选择微博作为主要营销渠道，在产品差异性大的情况下，为品牌背书的意见领袖的选择都有很大的不同。

所以，你的受众最喜欢在什么地方获取信息，就将你的营销目的融入这些地方，这才是渠道选择的根本。

渠道整合营销案例追踪

从联想平板电脑的推广案例中我们可以看出，现在的互联网营销方式中渠道整合仍然是主流。不过营销创意发散的主流渠道仍然以微博为主导。在这种基础上，只要受众群选择得合理，营销种子的投放可以有非常丰富的想象空间。

渠道奇葩整合——《南方都市报》

2013年8月20日，《南方都市报》一则寥寥数字的整版广告让很多“小伙伴”都震惊了，上面只有几行字：“前任张太：你放手吧！输赢已定。好男人只属于懂得搞好自己的女人！祝你早日醒悟。搞好自己，愿，天下无三！——张太。”

一时间，关于家庭、道德、广告商底线的讨论不绝于耳，参与讨论的不乏知名媒体人杨锦麟等知名大V。这个广告我看到的时候也吓了一跳，讨论不是，不讨论转也不是，生怕说错什么，回家就要给@薛木子 写检查书了。

而网友也分成不同的阵营来围观这则广告，有人惊叹于小三的嚣张，以及投放整版广告的奢侈，更多人仅仅是一种看热闹的心态将报纸封面在微博和微信朋友圈中疯传。就在大家对这则广告各种猜测、各种吐槽的热浪一波波传来时，一颗重磅炸弹出现在微博中。

前任张太：

你放手吧！

输赢已定。

好男人，只属于懂得

搞好自己的女人！

祝你早日醒悟。

搞好自己，

愿，天下无三！

张太

“韩后”在《南方都市报》的第一则整版广告

下午15：35，《二十一世纪商业评论》在其官方微博上发文称：“《二十一世纪商业评论》独家获悉，这是韩后化妆品的广告。精心策划要连续发7天，今天是第一炮。按照广告法，内地媒体不得登载有具体人身攻击内容的广告。目前说准备把宣传缩短成两三天，可能明天的广告就会为今天的广告‘解画’@21世纪经济报道。”

此文一出，网友纷纷表示震惊。这样一个在微博、微信中广为流传的整版广告居然是品牌精心策划的广告，让本以为可以观战小三与原配之战的网友大跌眼镜。不过不论事件将会怎样峰回路转，前期的预热中已经赚足了眼球，而“韩后”品牌也在毫无破绽的情况下轻松露出。

8月22日，韩后将剩余的整版广告在南方都市报上一次性投放，在官方微博中以#诚挚道歉#的方式对事件的始末做出了快速澄清，以表明品牌并没有进行人身攻

韩后道歉微博

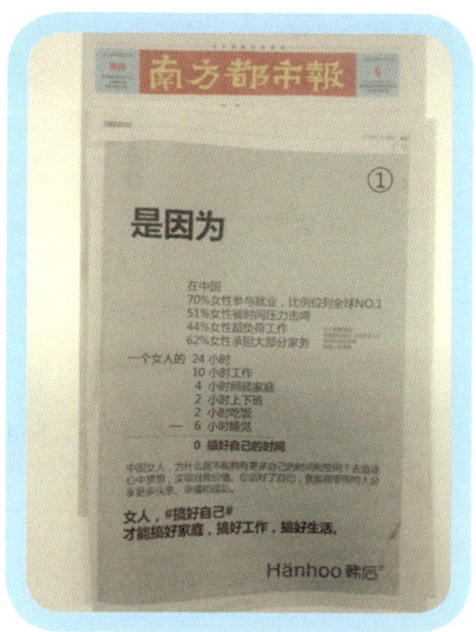

"韩后"整版广告第二版

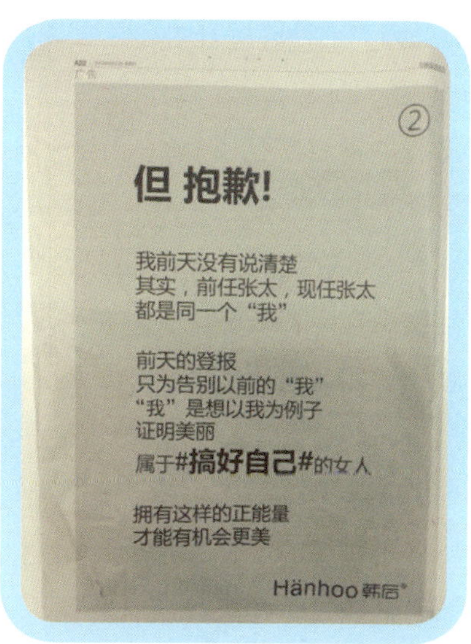

"韩后"整版广告第三版

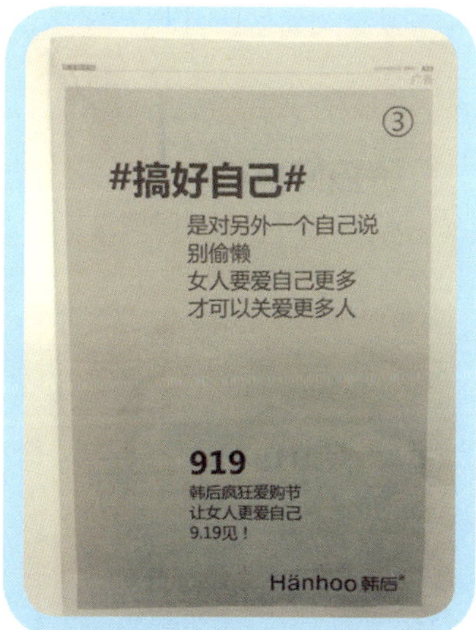

"韩后"整版广告第四版

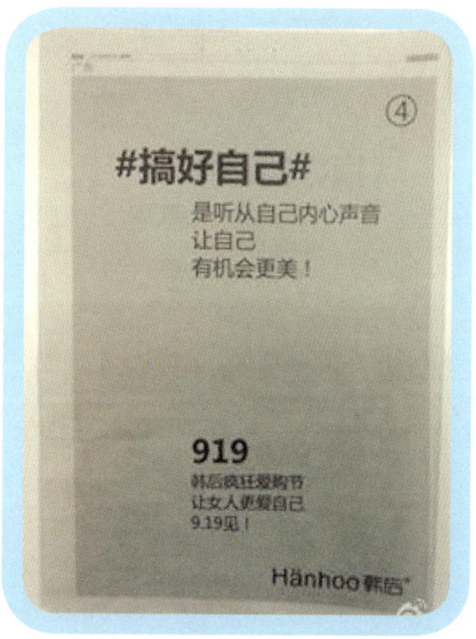

"韩后"整版广告第五版

击，而是强调女性应搞好自己的主题，从而可以抛弃原来的自己，做一个真正不被小三困扰的女性的观点。而后续的整版广告中也都嵌入了大大的“韩后”品牌logo。

本书中我们暂且不去评论这个事件的始末在道德层面的对错，仅从渠道的整合出发来进行剖析。之前有很多人在讨论媒体的发展形态时极力地唱衰传统媒体，认为“纸媒已死”之人比比皆是。但《南方都市报》和“韩后”的这次联手营销让我们看到了纸媒存在的价值。当一个有极高品牌知名度的纸媒品牌与化妆品品牌联手，运用异于常规创意制造的极富争议的悬念营销，人们会争先恐后地分享出去。而被分享后的最大受益者，除了“韩后”品牌本身，《南方都市报》一时也声名大噪。

所以在渠道的选择上，除了微博、微信这样的主流新媒体之外，细分渠道的互联网渠道，甚至传统媒体都可能成为一个品牌曝光、事件创造的始发地。而微博、微信更多的是承载话题扩散以及覆盖更加广泛人群的作用。毕竟微博、微信上有更加广大的受众群体，要想品牌的曝光足够大，就需要到人多的地方去撒欢儿。而撒欢儿之前，我们需要做的往往是在细分人群渠道或夺眼球的渠道中把噱头做足，这样移植到微博、微信之时才可能激发网友更大的创造力，从而为品牌的自然传播打好真实有效的基础。

本章总结

对行业来讲，营销中的渠道选择是一个很专业的事情。一个行业的从业者首先要考虑到的是你的受众喜欢在哪里聚集，那么你就需要到这些渠道中创造话题。创造的话题如果互动性好，你的针对性受众就可能基于此话题创造出很有传播力的内容，当然有时候有传播力的内容也可以是提前策划好的。而有传播力的内容在针对性渠道以及主流新媒体中的扩散，是我们最佳的营销方式。所以渠道选择不要只盯微博、微信，而是应该放眼全局。做一个营销，要的是整合能力，包括内容的整合、渠道的整合甚至合作的整合等。只有良好系统的整合才能让一个营销真正地遍地开花。

提示：微博、微信当然可以是一个事件的原始投放地，这一点上还是需要行业的营销人员系统地分辨。营销方法没有定论，但核心是把你的产品价值快速地传递给你的直接受众。这一点是营销人员需要深度考虑的。

好啦！同学们，我们用两章的内容讲完了新媒体中有什么，新媒体在哪里。那你知道新媒体到底是什么了不？哈哈，别被前面看上去很复杂的案例和理论搞晕，实际上相对传统媒体来讲，新媒体不过是多了技术力量干预的信息流动载体。试想一下，在传统媒体上，我们看到一篇文章，除了觉得新鲜，讲给别人听之外基本上也不会有更大的传播力度。但有了新媒体分享、评论等功能的加入，信息就不再是一个点对点的路径，只要你愿意，新媒体中的信息可以没有终点。而由于新媒体中信息的公开透明，以往传统媒体中社群、产业之间的边界也开始变得模糊。商家和消费者可以更公平地对话，不同行业之间可以更方便地交换观点，甚至联合创造价值。所以新媒体是以数字信息技术为基础，以互动传播为特点，具有创新形态的媒体。而正是由于这个互动传播的特点，传媒和公关才有了更深远的价值。至于这个价值该如何发挥，别急。后面的内容中，我们一点一点去探索吧。

大V闲话——邓广梼

新的媒体、新的营销

新媒体这个名词已经听了许多年，数不清的N次了。

何为新媒体？纸媒体时代来了广播媒体，这是新媒体？广播媒体时代来了电视媒体，这是新媒体？电视媒体时代来了数字媒体，这是新媒体？

视频网站是新媒体吗？

电梯里面的屏幕是新媒体吗？

户外的LED屏幕是新媒体吗？

男神在厕所站着面壁的屏幕是新媒体吗？

很多论坛及峰会现在还在讨论2002年就有的富媒体，今天还是新媒体吗？

昨天说的新媒体，今天已成过去，今天谈的新媒体，明天也已成过去式了！

营销，这个名词已相传了几十年，至今仍是如日方中。

何为营销？现今很多后起之秀的营销专家齐说品牌已不重要，价格为王，只要低价格就有买家。

没有品牌的手机，我们会选购吗？

没有品牌的汽车，我们敢风驰电掣吗？

没有品牌的护肤品，我们会涂在脸上吗？

没有品牌的卫生巾，MM们会贴身使用吗？

邓广梼：互动通控股集团总裁、
北京大学新媒体营销传播研究中心研究员

没有品牌的保险套，GG们胆敢勇往直前吗?

几年前说品牌不重要的电商老板们，今天心急如焚想找到如何做好品牌的灵丹妙药。

现今的市场环境、媒体生态、受众的信息渠道等等，都在影响着营销的崭新格局与革命思维。

过去的单向传播，其后的双向传播，到如今的多向传播，给了营销更多的创意伸展空间。

非常成功的可口可乐昵称瓶营销案例，广告主在可乐的经典瓶子加上了现今流行的酷词汇，便将瓶子潜移默化地变成了媒体（这是新媒体吗？），销售结果同比增长了30%，背后的营销创意及传播策略、企业的庞大推动力量及执行难度等等，都是一个值得我们敬佩的优秀营销教材。

如何创造有磁性的好内容，将用户有效地拉向品牌；

如何更好地O2O创新布局，将品牌精明地推进用户?

我们应该好好思考!

让我们有效地利用新的媒体，创造美好的创新营销!

什么内容放到新媒体中

才会被大量转发

关注微博@全民社交，私信回复关键词【第三章】听微博商学院总监王敏的语音推荐。

全 民 社 交

微博上你最喜欢看谁的广告？很多网友会回答，@天才小熊猫。为什么天才小熊猫一条广告微博能转发过10万？又是什么魔法吸引众多网友在明明知道是广告的情况下，还乐此不疲地点击他的微博，参与讨论？他做的事情到底是什么？赶紧读这一章吧。

我们先来看一条长微博

这条内容来自微博上大名鼎鼎的“天才小熊猫”，没有看过这条微博的读者一定很好奇，这么一条微博为什么会被转发14万次以上！是设计精美？还是故事感人？还是另有原因？（我相信真相只有一个！大家好，我是工藤申晨。）

同时大家可以关注微博@全面社交，私信回复关键词【天才小熊猫广告】来查看这条长微博。（感谢微奥传媒提供本书新媒体互动）

看完这条微博，你很快会意识到这是新浪微博为推出自身的两个产品“神最右”和“微博益起来”，联合@天才小熊猫 做的一个营销广告。（没有意识到？你竟然没有意识到？一定是你阅读的方式不对，请换个姿势。）相信14万次的转发背后，新浪新推出的两个产品的了解度和应用度会有非常大的提升，但既然是广告，为什么还有这么多人愿意为他们转发分享？唯一的一个原因就是：

这条微博太好玩了，不知道戳中了多少人的笑点！

我们再来看这样一组广告

LG曾在2012年9月份推出全球第一款84英寸全高清彩电，对于这款彩电的官方介绍是这样的：

从这个官方的宣传信息中我们仅仅能够得到一些产品的参数信息，但对产品的真实感受几乎没有。而由于无法真实感受，受众就没有分享的冲动，距离大量受众掏钱购买貌似更遥远了。

但随着2012年逐步走向尾声，我们迎来了之前传说中的“世界末日”——2012年12月21日。这一天，有大量的品牌进行了借势营销，在这些借势营销的创意中，LG应该是比较出色的一个。

针对这个产品，LG推出了一个面试场景的录像剪辑。大家可以直接扫描右边的二维码收看该视频，也可在本书的微博中私信回复关键词【世界末日广告】来观看这则经典的广告短片。（感谢微奥

传媒提供本书新媒体互动）

看完这则广告你是否有比较直观的感受呢？屏幕够大！大到可以让别人错觉地认为是一整个墙面的窗户（84英寸的直接感受）；画面够清晰！清晰到以假乱真，让人以为真的看到了世界末日的终极场景（画面高清的震撼）；声音够逼真！逼真到竟然听不出是电视机发出的声音（2.2扬声系统的听觉逼真）。相信很多人看完这则广告的感受是一样的，不仅记住了产品的最主要特征，而且觉得视频中面试者在“世界末日”，那种面对恐怖感受的真实而又夸张的表现十分有趣，要是换成我的话，一定是以迅雷不及掩耳之势先跑了再说。（你们刚刚谁说跑不动的？其实我是个灵活的胖子！人艰不拆呀！）

这则广告后的营销效果也非常理想，视频被播放了上千万次，人群得到了非常有效的覆盖。

一个典型的体验式内容营销

微众传媒曾为开封市旅游局做了一次大规模的网络推广，这次推广发生在2013年10月，借助的平台就是目前受众聚集较多的微博。

• 在微博的推广中，微众传媒初次筛选出60万具有旅游标签的达人。

• 接下来从这60万人中又找出9万人是符合开封市旅游局安排的分享会参与条件的。

• 第三步操作中，微众传媒又对这9万人进行了细分维度的精准选择，抓取了2万旅游达人和媒体达人。

• 在最后的2万人中，开封市旅游局通过官方微博发出官方邀请，从回复KF关键词的2000人中确认70余人来参与最终的分享会。

这70人在旅游行业中具有很强的号召力，而他们对分享会的播报也将影响到最直接的受众群体，并使得整个营销话题顺畅地传播出去。

更有趣的是，本次意见领袖的筛选中，还挖掘了参加汉语桥、CCTV汉语大赛的外国选手，及对中国文化、大宋文化感兴趣的国际友人近500名，到最后确定了

8个来自不同国家的外国友人参与本次活动。

最终通过80余人对本次分享会的播报，微博上总的博文发布数量达到2378条，覆盖人数超过4000万，而话题的传播层级达到了11层。不仅让整个话题得到了有效的人群覆盖，还让游客了解了开封旅程更顺畅、更舒适、更满意的“智慧旅游”服务的主题。

关于活动营销

我们在微博中经常看到企业官方微博发布活动，活动营销也需要发布内容来吸引受众的参与，所以要说内容营销，活动是其必要的组成之一。

我们在新媒体中能见到的活动形态很多，这些活动大部分是依托微活动平台进行的。它们看上去粉丝增量很大，短期活跃度有所提升，但随着活动结束，一般情况下几周内粉丝活跃数量就会回归到普通量级，甚至有的比活动前还要降低，我们可以称之为无效活动。因为高价奖品换来的粉丝绝大部分都是抽奖粉，这些人群只为抽奖而生，这对于品牌传递和品牌认同感的建立几乎是没有意义的。

而升级后的微博、微信平台中经常见到的大转盘、刮刮卡等形式的活动，其吸引的受众，在转化上就更加有限了。

为什么会有这样的事情发生呢？主要是活动组织过程中，活动策划人并没有找准受众的兴趣点和传播重点，仅仅让一些利益驱动起来的抽奖粉丝占了便宜。而真正参与的很少量的有效粉丝，由于中奖机会小，在关注过程中不能看到长久的利益，很快也就流失掉了。接下来的活动案例，看看是否可以对你以后组织企业新媒体活动有所启发。

大都会爱心图书馆的定向公益营销

2012年9月，作为一家刚刚涉足湖北市场的合资保险公司——中美联泰大都会人寿保险有限公司（以下简称“大都会”），希望通过公益活动提升其市场影响力。而新浪湖北在该活动中的介入让整个活动的达成非常顺利。

大都会在做公益营销的过程中，并没有像大部分公益活动一样，号召捐钱，也并未选择受众巨大的营养不良人群等。因为商业公益最终的目的不是通过公益活动来召集资金，更重要的是让品牌得到曝光，并累积其公众形象。大都会在该活动中选择号召网友捐书，并定向给得到关注的两个贫困小学。这无疑很容易激发公益受众的参与热情。

也正是基于该活动的可参与性高，新浪湖北还专门为本次活动设计了专题页。

专题页中，还针对小学生读书的范畴，给出了建议捐赠图书的引导，也让受众感受到了大都会和新浪湖北在该活动中的用心，其公信力也得到进一步的提升。

最终，整个专题的页面浏览量超过4万，@新浪湖北 投放的种子微博转发次数超过1000次，而整个捐赠最终获得的收益超过5万。在这样一个小规模定向捐赠图书的活动中，也算一笔不菲的收益了。

在公益泛滥、公益公信力下降的年代里，公益活动要想突出重围是比较困难的事情。但找准一个特定人群，从其本质需求出发来博取曝光度还是一条可行的路径。那啥，有谁想捐点儿对减肥真正有效的产品给我吗？

申晨说新媒体商业内容制作

我非常能理解企业急迫想要通过媒体平台对产品进行宣传的心态，但急迫归急迫，我们不得不面对新媒体中的社交属性使硬广价值逐渐萎缩的现实。

门户网站的硬广点击率从最开始的9%下降到现在的不到0.2%，证实了人们对门户网站硬广的几乎无视。所以如果我们还希望通过广告的方式影响受众，就必须知道受众想看到什么，而我们的创意人员就需要投其所好地规划内容了。

在新媒体中，用户十分讨厌他们不需要、不相干的产品服务广告。比如下面这条：

在微博中平铺直叙地讲述产品的性能，而且用了比较晦涩难懂的专业名词。

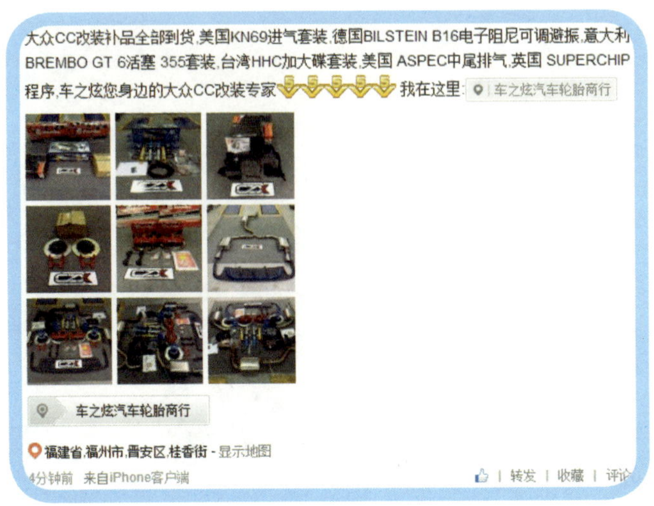

这样的内容写出来后，粉丝为什么要来转发呢？一般情况下看到的人只会丢下一句“关我何事”，就再也不想接触了。

通过前面三个传播非常出色的案例，我们可以提炼出受众接受的广告类型。

1.人们能够接受和传播他们觉得好玩的产品服务广告

就像@天才小熊猫 在他的长微博中植入微博产品一样，人们并不会因为发现了产品广告的存在就迅速关掉，而是更愿意将这条极富故事性的内容读完，哈哈一乐后顺便做出了潇洒的转发动作——让他的好友一起乐呵。

甚至于在这之后，@天才小熊猫 还为新浪微博的另外一个栏目#创意征集大赛#做推广而推出续集，也得到了超过10万次的转发。你会发现粉丝并没有因为博主经常发布广告而取消对他的关注，反而在阅读广告的乐趣中帮品牌和产品做了大量的推广。

有兴趣的朋友可以在本书的微博中私信回复关键词【天才小熊猫广告2】来阅读这个续集广告。（真的很好看。我怎么会骗你呢？不会的，不信你试试？）

同样的，LG84英寸全高清彩电的视频推广也是一个极为成功的案例，在这一点上，LG不但做到了趣味性，还做到了跟随世界末日的话题热点，将人们的注意力提到了最高值。如果大家意犹未尽，我还可以推荐大家观看旅游社区网站“蚂蜂窝”在2012年非常火爆的营销视频，大家可以扫描二维码观看，也可在本书的微博中私信回复关键词

【蚂蜂窝】来观看该视频。

（感谢微奥传媒提供本书新媒体互动）

在这个广告视频中，我们看到的是一个完整的故事，并且直到广告的最后才提到了“蚂蜂窝旅游攻略”的品牌。但也正是最后的提及，让受众深深记住这个品牌的同时，还知道了这个网站可以提供详细的旅游攻略。至此广告的目的得以达成，而整个视频的播放也达到了百万级别。

2.人们愿意看到和接受他们需要的产品服务广告

小米目前是一个众所周知的品牌，饥渴营销让其生产的任何一款商品都奇货可居，每次几十万台机器一上线就在几分钟内抢购一空。虽然近来我们也会看到小米营销中的一些负面信息，但这并不妨碍我们对其成功营销的研究。

但从小米目前在微博营销后的受众认可度来看，这个品牌逐渐变成了大批米粉喜欢并热议的品牌。由于其购买通道开放时间的不确定性，微博上聚集了大量的米粉等着小米官方微博放出开卖的消息。这些消息就是实打实的销售广告，但由于是很多人愿意看到的，所以这种受众充分需要的广告是能够被消费者接受的。

还有一种通过数据分析得出受众需求而定向推送的广告在这种情况下也非常有效。比如一个微博用户，发布消息称希望购买一款化妆品，而你正好是化妆品的卖家，就可以将你的产品信息通过一定的方法介绍给消费者。这种销售方法在微博中很常见，甚至有人将其延伸到微信朋友圈中，将特定的商品推销给自己的微信好友从而谋利。

由于这种销售方式的有效性，新浪微博也顺势推出了各种营销工具产品，如“粉丝通”“微任务”等，从而能够更好地定点推送广告。这种工具的应用方法，我会在第六章中为大家做详细讲解。

3.人们不讨厌自己喜欢的明星和KOL推荐的产品服务广告

还记得“大概8点20分发”事件吗？@何润东 的一个无心之失暴露了微博中的商业链条。虽然@何润东 后来号称微博被盗号，但透过微博意见领袖或明星来决定言论的走向成为众人皆知的事情。

而新浪微博也借势，推出一款叫作“微盾”的产品，而且选择@何润东 在其微博内发布。

此举得到了非常理想的互动效果。

当然，这是一个比较极端的案例。但我们的受众对新媒体中的信息信任度排序为：

90%的人相信认识的人；

70%的人相信不相识的产品使用者；

65%的人相信意见领袖或喜爱的名人；

23%的人相信专家；

12%的人相信广告；

8%的人相信其他名人。

从这样一个顺序中我们可以看出，企业找明星或意见领袖为品牌或产品背书还是有非常强大的影响力的。其实找到合适的意见领袖，是不能强求的。正所谓众里寻他千百度，要是找吃货界的意见领袖，我是很热心挑起这个重担的。不信？我给你说两个我自己的例子。

2013年4月，正是网上对豆腐脑到底是甜的还是咸的，讨论得热火朝天的时候，我顺势发布如下内容，引发网友大讨论。

整个微博被转发超过3800次，曝光量超过200万，登上热门微博。而6月香豆

瓣酱的广告植入也是恰到好处。很多人在讨论后，都去尝试鸡蛋灌饼配上6月香豆瓣酱的滋味如何。

当然，作为意见领袖，我不仅在食物的基础上能够为品牌提升曝光量，广告软性植入在3C领域也可平滑地转化。

这条微博是我2013年12月去台湾演讲时植入的一个内容：

我的广告植入仅仅是这个产品营销环节中很小的一个节点，我们后续还会对该案例做详细描述。哎呀呀，我不是故意要吊大家胃口，放到内容制作这一章里面不利于你更完整地体会营销的魅力哦。

垦丁是最南的台湾，眼前这片海就是<海角七号>里说的国境之南了。一起来的朋友都在问手上这只@联想 Yoga平板，侧边的书卷感觉不仅更好拿着，也更有文艺范儿。这应该是刚上市的Yoga第一次来垦丁吧。我会在转发的朋友里随机送出两张发自海角七号的明信片，不知道@联想 小想想会不会也表示一下呢？

2013-12-13 13:59 来自iPhone客户端 (42) | 转发(191) | 收藏 | 评论(188)

联想的Yoga平板确实太有特色了，从而这条比较明显的植入并没有引起网友的反感，而是对产品产生了极大的好奇，甚至有人在评论中直接询问这款平板的价格。

所以说，找对粉丝聚集地，把合适的内容推送给他们，对企业是多么美好的事情啊！

而从开封旅游局的营销案例来看，也印证了这样的推广是有效的。微众传媒通过对KOL的精确筛选，最终确认的分享会参加者，每个都在旅游圈中具有绝对的针对性影响力，在整个推广过程中把握住话语引导权，使得粉丝的自然传播效果最终良好地达成。

4.你没有发现是广告的广告

这一节中，我们要提到一个人物的炒作：#帮汪峰上头条#。这是一个非常经典的音乐首发营销炒作，动用的人力、资源也非常丰富。但微博用户以及部分微信用户心甘情愿地参与到话题创作中并乐此不疲，以使汪峰名声大噪。

我们来观察整个事件的发展路径：

首先，2013年9月13日汪峰微博宣布离婚竟与王菲李亚鹏离婚撞车，洋洋洒洒的离婚感言瞬间被天后强大的气场淹没。（说到这里，我突然想起当看到王菲离婚的消息时，汪峰早上也离婚了。突然脑子一热，哎，那个……你也觉得好像有什么不对，是不是？）

将近两个月过去，微博中传出汪峰与章子怡的暧昧，就在2013年11月9日汪峰演唱会期间对章子怡表白的时候，恒大亚冠夺冠的捷报传来。汪峰又一次被无情地淹没在微博有关恒大夺冠的信息流中。

这两件事的发生对普通大众而言，最多归咎于汪峰的运气差，无法拼得最好的曝光机会。但对于营销团队来讲，却是在网上大做文章的前提。接下来的事情可谓喜剧性，但细细看来却是一个精心策划但互动性极强的微博推广。

第一轮炒作——捕捉爆炸性热点并迅速跟进

汪峰推出新歌这件事本来也算不上什么大事，即使娱乐圈没有任何事情与其撞车，最多也就搏一个音乐版块的首发资格而已。但营销团队迅速捕捉到一个爆炸性的热点：吴奇隆微博宣布与刘诗诗恋情。四爷和若曦的结合可以说正是迎合了“步步惊心”迷们的期望，网上沸腾一片。随后杨幂宣布与刘恺威婚讯，这无疑也是重磅炸弹上的火上浇油。而在这个点上，汪峰新歌华丽丽地登场。

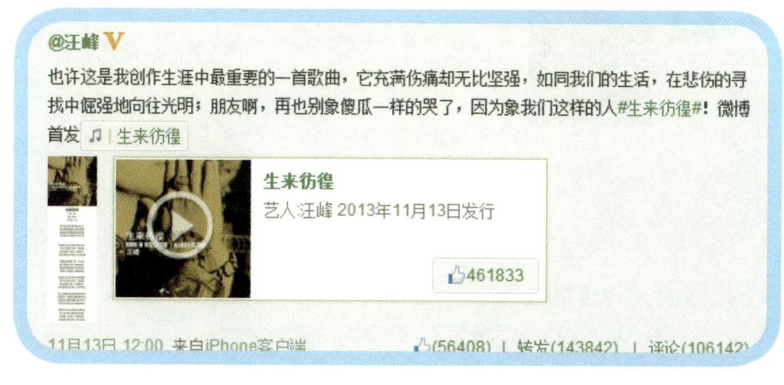

第二轮炒作——微博热门话题快速跟进，段子手集体发力

歌曲营销大幕正式拉开。由于前两次汪峰的爆炸性新闻冲头条未果，新浪微博热门话题中出现话题：#帮汪峰上头条#。

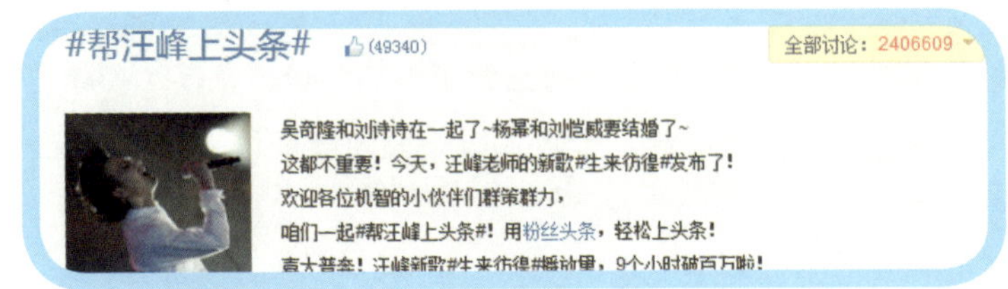

接下来，微博中的段子手群体开始接盘。

第三轮炒作——子怡跟进

紧接着，章子怡（@稀土部队）也出来力挺汪峰：

看懂的你也跟着邪恶了，我们继续往下看。

在这个话题的大力传播过程中，也有段子手变着花样玩，比如微博上知名度较高的@验算纸 就有以下精彩的段子：

更有甚者，把恶搞延续到无端中枪的撒贝宁身上。

在这个话题的延续过程中，汪峰的新歌《生来彷徨》试听屡创纪录。短短9

大王叫我来巡山:幂幂你好。我想问下你们明星是不是专门有个群?很多明星都在里面,群名可能叫"汪峰一有动态我们就往死里爆大料"之类的?

@杨幂

事情就是这样的~大家可以来祝福喽~ @刘恺威

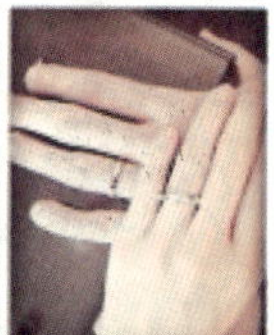

11月13日 09:58 来自iPhone客户端 (380086) | 转发(394675) | 评论(245849)

11月13日 10:30 来自iPad客户端 (27) | 转发(1780) | 收藏 | 评论(56)

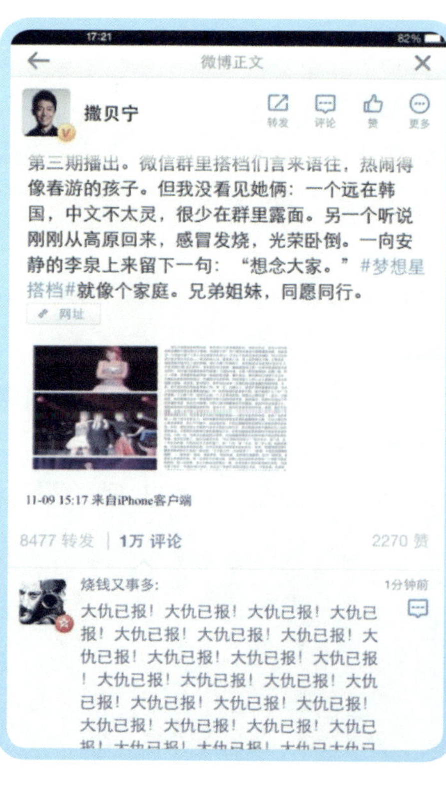

个小时仅微博内就获得了100万次试听。而第二天各大报纸不仅仅是给汪峰头条那么简单，而是将汪峰上头条事件给出了大量的头版。

现在各位读者可以回想一下，当时的事件营销，你是否有参与其中，充当营销环节中的一员呢？（哎，没错说的就是你！）如果你曾有转发或评论，那么你已经被没有太多广告痕迹的广告无形中营销到了。

对于不像广告的广告，自然也不一定非要像汪峰炒单曲这样大费周章，新浪四川在为新希望香蕉牛奶推广的过程中，就用非常有参与度的方法撬动了整个网络对其产品进行大量的曝光。

为了推广香蕉牛奶，新浪四川制作了14条创意微博，其中的一条名为“香蕉牛奶的创意吃法”长微博让整个推广达到最大化。有兴趣了解的各位可以在本书的微博（@全民社交）中私信回复关键词【香蕉牛奶】查看。

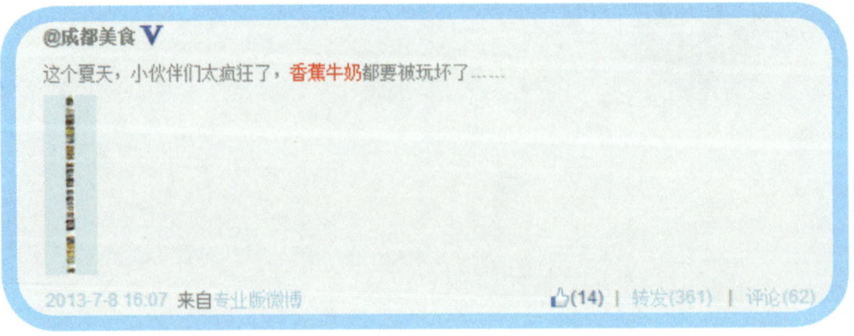

在整体曝光过程中，并未出现受众对广告的抱怨，更多的是希望能够对香蕉牛奶进行尝试。而且这条长微博不仅自身发布源有很强的曝光，450个营销账号以及30个媒体或官方微博都对该长微博进行了转载，让其最终曝光量超千万。面对大量的曝光，网友自身也疯狂地进行着对香蕉牛奶创意吃法的制作，让产品进行了有效的二次及三次曝光。我还记得当时@薛木子 看到这篇软文后，买了一箱的香蕉牛奶在家做料理的样子，无限温暖啊。

这对我们又是怎样的启示呢？可参与性。内容的可参与让受众不会觉得排斥，而是乐呵呵地为产品和品牌做更深入的曝光，如何达成可参与性，就要在产品特征中找突破口了。你的产品想做成怎样的参与内容？不妨写下来@申晨。好的创意我会帮你传播哦！

社会化媒体中的内容制作案例追踪

前面提到的案例，大部分都是大手笔的营销推广，但新媒体不是每个企业都会有大量的投入，以期自创热点。有时候跟随最新热点进行灵活的创作也可以制造出不错的推广成绩。

2012年3月底，微博曾短时间内关闭评论功能。此时，更多的网民在微博内吐槽和谩骂。但其

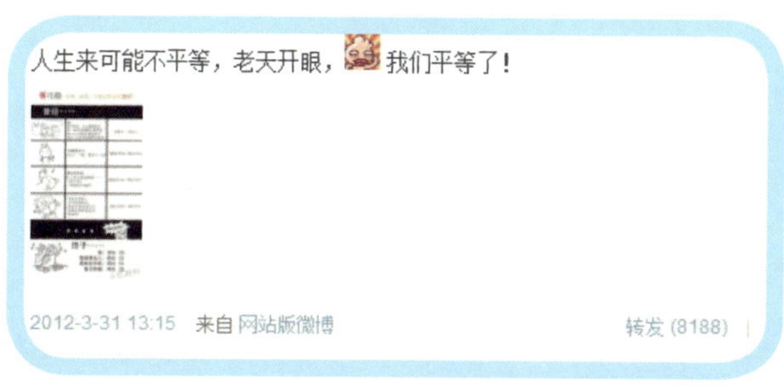

中却有精明的营销者看中机会，制作设计简单但极富创意的内容来进行营销。

转发8000多次，让@花瓣网 平台一下子被大众熟知。我们可以展开来欣赏一下这条长微博：

各位看官有没有被小而精彩的创意震撼到呢？

本章总结

新媒体中的内容制作，企业主都希望可以为产品或品牌的推广推波助澜。但新媒体中广告的投放与传统门户的硬广投放差别非常大，仅仅将产品讲出不但无法形成眼球效应，反而会增加受众群体对品牌的反感度。那么企业的营销人员就需要转换思路，制作出符合受众口味的内容，以期真正走入受众内心，让受众变成粉丝的同时，心甘情愿地为企业摇旗呐喊。这其中你需要讲出好故事、找出正确的传播渠道从而在新媒体中打造真正属于企业长久不衰的粉丝经济。（我看到有人乐了。先别高兴得太早，你以为你找到了新媒体的构造，又知道怎么做新媒体内容，就真的会运作新媒体了吗？还差得远呢！为什么这么说？不妨你接下来再往后看吧！）

在新媒体平台中

如何搭建出超牛自媒体

关注微博@全民社交，私信回复关键词

【第四章】听申晨的语音推荐。

全　民　社　交

你知道@杜蕾斯官方微博 怎样让你读起来觉得很牛的吗？靠装修？文风好？还是有更深层次的运作技巧？如果你对这些有疑问，赶紧来读本章的内容吧。

新媒体话术案例

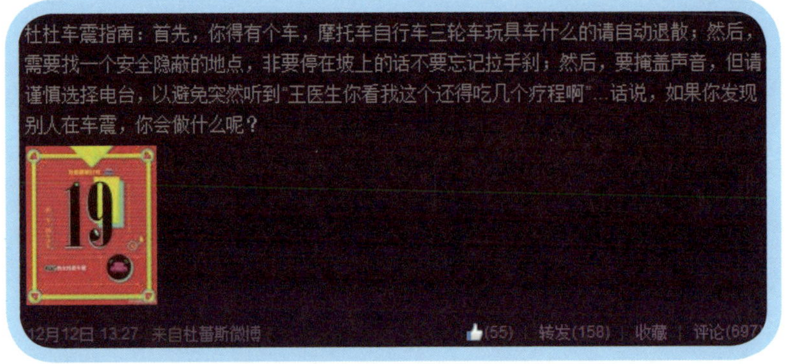

通过这条内容你能识别这是哪个微博账号的作品吗？

没错，“杜杜”的称谓以及性暗示的话术很明显是@杜蕾斯官方微博 发出的内容。（哇，你们不要一脸“哎呀，我没有看出来”这种纯洁的表情好吗？）或许你早就关注了“小杜杜”，也或许你是悄悄关注的。但无论如何，这个品牌通过微博的特色定位已经深深地吸引了上百万人。而其每一条微博发出后的几百次互动量，间接影响的人数一般都可达百万甚至千万以上。怎么样？听上去是不是有点儿小激动啊！各位看官也许会说：杜蕾斯的产品本身就很有特色，跟我们不一样，不能一并来说。可我在这里要反问一句：那你为什么不会对@冈本的官方微博 感兴趣？什么？你没听说过冈本？好吧，我只能说你去微博上看一看吧。

新媒体形象建设案例

对于形象建设这一块，在“内容为王”的大量呼声中，是最容易被忽略的环节。在微博中，一块好的背景板可以立刻加深品牌在受众心智中的形象。比如@雪碧 背景板中的雪花形象和黄绿配色让我们一下就想起了他的广告语“透心凉、心飞扬”。

而@艺龙旅行网 在背景板中展示出大量的世界著名景点形象让我们很容易意识到这是一个专注于旅游的服务商。

再来说大名鼎鼎的@可口可乐，他的做法就会更进一步。伴随着每一个节日，都会有不同的背景板形象展示。比如2013年圣诞的背景板中就有凸显了圣诞老人喝可口可乐的形象，就连微博背景板上推荐的官方微信二维码都围上了厚厚的一层雪花，非常应景。

看到这里，没有对微博形象进行认真包装的各位是不是有点儿蠢蠢欲动了呢？没错！你该行动起来了。（后面的，后面的，不是叫你跳起来！）

说完微博的形象建设，我们也来说说微信。很多企业都开通了微信公众平台，借以通过微信的巨大用户群对品牌形象进行宣传。但很多人会想到的是，微信公众账号能推出的除了单图文就是多图文，就像新闻报道一样，难道这也需要做装修吗？

这里要跟大家强调三个需要注意的地方：

1.头像

头像是人们接触企业官方微信的第一眼印象，你需要做到的是要么有特点，要么与品牌已经深入消费者心中的形象做完全的统一。有特点是因为要让消费者记住你，以后想通过微信接受你的相关服务时，可以在关注的一大堆公众账号中快速找到你；形象统一是因为消费者已经记得你之前的模样。而做得最出色的往往是这两点可以结合来用的。在这里我想给大家介绍两个微信公众账号，做得不到位的看官们可以竞相模仿。

第一个是肯德基的服务号头像

第二个是国内知名电商易迅的服务号头像

你是否可以第一眼就能把它们找出来呢？哈兰德·桑德斯上校的形象深入人心，再加上大家熟谙的KFC logo，这个鲜明的头像非常容易被找出。而易迅的头像继承了原有网站logo的形象，但由于微信中公众账号logo的尺寸局限性，用整个logo显然是不合适的，易迅摘取其中最显眼的“迅”字，将其“快速送达”理念充分表现的同时，让人也能很迅速地从大量的公众账号头像中识别出来。所以你的公众账号如果放到一堆公众账号中不那么显眼，那你应该怎么办？（改!恭喜你，答对了。）

2.欢迎语

有人可能有疑问，欢迎语不就是欢迎您关注吗？怎么这也要包装？你说对了！好的欢迎语让人很有亲近感。不信我来给你举一个例子。

这是深圳一个比较成功的自媒体人做的订阅账号，这段欢迎语看下来，一些企业公众平台运作者们会不会感到汗颜呢？

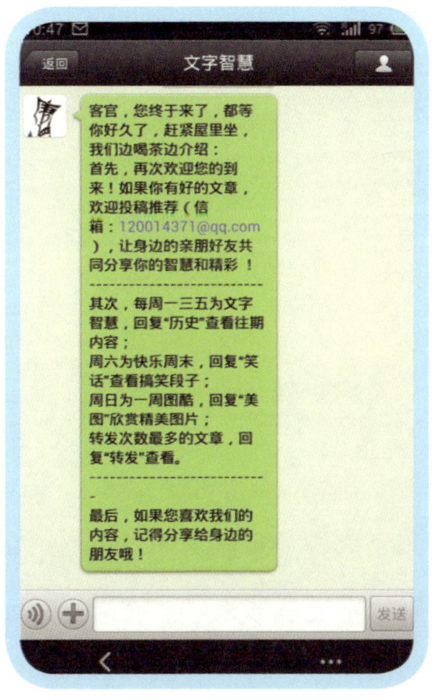

这段欢迎语首先分成了很有层次感的三段，第一段的一句“赶紧屋里坐”让人起身鸡皮疙瘩，亲近感顿时升腾。第二段中告知了读者如何获取往期好内容的方法，这可是增加平台内容阅读量的好方法啊。而最后的一句提醒分享也可触发很多读者的二次分享，虽然不能直接造成接下来文章的转发，但多刷一次存在感总是没有错的。

3.配图

如果你做的是一个订阅号，希望以一个杂志

的形象呈现。你需要对内容进行合理规划，呈现的文案图片会有较大的区别，但精美性还是要有所保障的。这里我们重点来讲一下对于企业来讲如何进行配图的定位设计。微奥传媒提供服务的【祥兴记生煎】案例可以说是微信配图的佼佼者。

有没有感受到每一篇文案配图的形象统一呢？而生煎仔的形象也被反复提及并拟人形象化。甚至于很多祥兴记的微信粉丝都在后台猜测下一期的漫画会给大家讲什么样的故事。这样可爱的生煎仔形象也逐渐变成了这家生煎店的附加产品原型。什么叫附加产品？公仔啊、钥匙扣啊什么的，你可以开始想象了。不过光想象肯定是不够的，作为营销人的你，如果感觉到了差距，那你应该怎么……（改！恭喜你都会抢答了。）

新媒体内容品类建设

内容品类是一个大问题，根据企业所处行业和文化的差异也会有很大的区别。不过总的来讲，有所规划才可能做好工作监控，制造标准才可以培养出受众的阅读习惯。这句话怎么理解？监控的主要目的是为了工作能够做得到位，也让新媒体的运营人员能够有一个评量自己工作好坏的依据。而对于内容标准方面，如果你今天在讲冷笑话，明天在煲心灵老鸭汤，相信你的读者会完全搞不懂你在做什么，而当他看到满屏都是类似的内容时就一定会对你的微博心生厌烦，从而慢慢失去对你的兴趣，那么取消关注就是一个必然事件了。

1.建设内容品类矩阵，互动呼应，方便信息滚动

@果壳网 是一个新媒体内容品类建设做得非常完善的品牌。自2010年创立以来成长飞快，除了科技内容趣味化的定位吸引众多高质量用户外，其对新媒体的应用也让品牌大量曝光，从而不断建立起庞大的高质量粉丝群体。

我们可以看到果壳网在微博内拥有1个主账户及17个子账户。由于其网站板块众多，且内容输出量都较大，所以分设大量子账户是非常合理的。

并且每个账号都有固定的忠实粉丝，这就非常方便账户之间的互动和转发。一条有趣的内容在果壳网的账户之间就非常容易滚雪球，从而轻松上热门。

2.单账户内进行内容品类建设

有读者也许会说，果壳作为一个科技类网站，本身就有大量的素材可以采编，所以适合去开各种各样的账号，但一个企业往往是生产实际产品的，而非生产内容。这时候从哪里找这么多素材去填充这么多账号呢？这你还真问着了！

大多数企业往往不会建立过多的账号矩阵，因为每一个账号都需要有特色，内容有附着力这是几乎不可能完成的事情。如果仅仅因为开设账户而发布大量杂七杂八的美图、冷笑话就与品牌本身的定位形象严重脱节了。所以有时候只开设一到两个账户，聚焦受众的注意力是上佳的选择。但为了达成任务的可监控、消费者的阅读习惯可培养的目的，需要对账户内的内容进行分类。

这一点上杜蕾斯是一个非常出色的例子，也许熟悉@杜蕾斯官方微博 的看官会来反驳：我并没有看到

它的微博内乱用#双井号#，也并不会使用类似@央视新闻 常用的【方头括号】来提炼标题，怎么就有规划了呢？

（这一点上我们不妨拿出“小杜杜”一天的内容来详细分析。）掌声有请“小杜杜”闪亮登场充当我们的分析案例。

1.1.发布内容规划

目前“小杜杜”每天会发布9条内容，对于一个已经建立起自媒体品牌认知度的微博账户来讲，这个数量是合理的。但对于没有太大自媒体知名度（自媒体知名度不等于品牌知名度，有些品牌靠很多年的品牌积累，已经深入人心，但其自媒体由于运作乏力，所以并不为人熟知）的微博账户来讲，一般建议每天的更新量不要多，但每一条内容都要有规划、有设计、有目的。

我们来逐条看一下“小杜杜”2013年12月17日发布的内容：

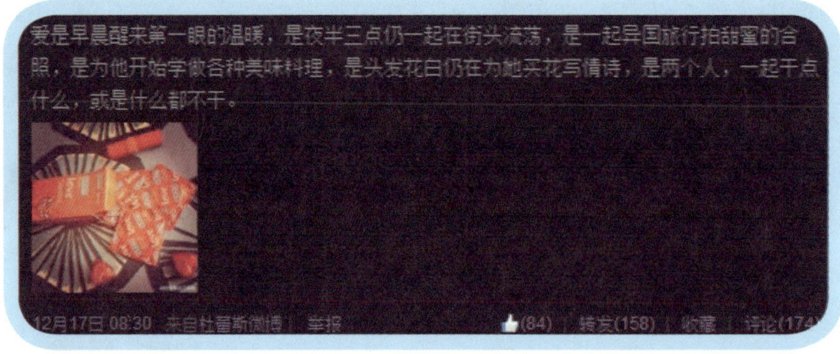

这是当天@杜蕾斯官方微博 对粉丝的早安问候，这句话放到任何一个官方微博中似乎都成立，但都不会觉得特别。不过当“小杜杜”发出后，其中的一句：“是两个人，一起干点什么”就会让人联想到了“性”。也许写到这里有的读者可以明白一件事，为什么你的早安问候没有粉丝反馈，是因为粉丝不知道该怎么跟你反馈，回复你一句“早安”吗？那显然很傻。但杜蕾斯哪怕一段早安的问候都要与其主要特征“性”做关联。不但引起粉丝互动的欲望，还在粉丝心中很好地刷出了品牌特性的存在感。当然，“小杜杜”当天后续发布的内容也紧盯住“性”这个不变的调性调戏粉丝，这种调戏还非常方便杜蕾斯的产品软性植入。

这三条内容读完后，大家有什么感受？（不会很多人已经用手机直接去看@杜蕾斯官方微博 了吧？）哎，你们怎么都拿起手机看@杜蕾斯官方微博了？现在

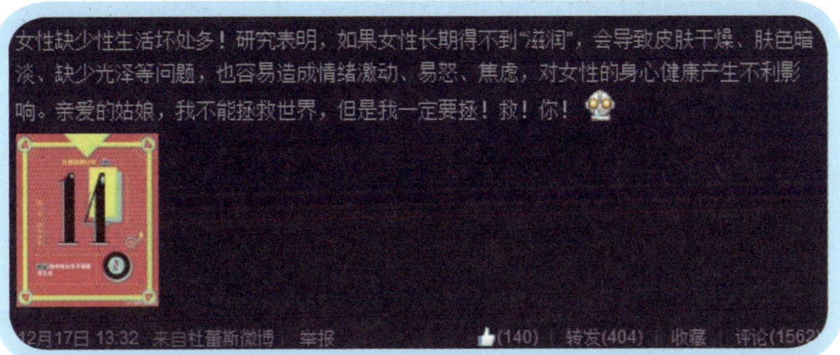

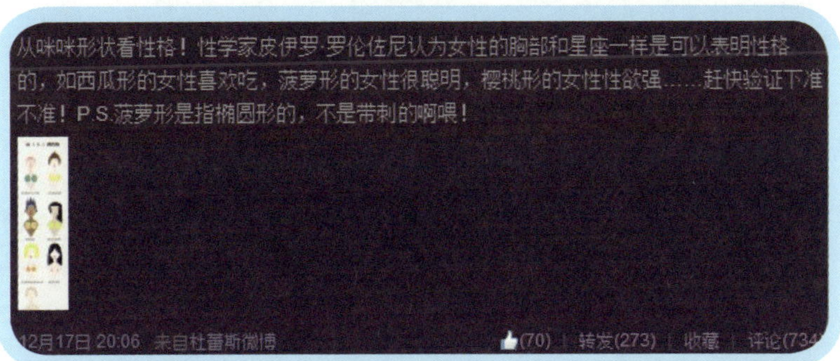

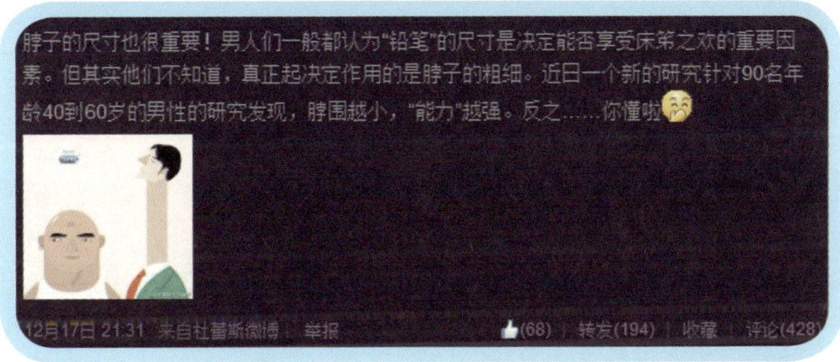

是学习时间好吗？赶紧回到我们书上来，还有很多细节我要带着大家一起去发现啊，喂！

哼哼！我们继续。这三条微博中，我们可以看出，杜蕾斯有两条针对女性在说话，一条针对男性在说话。也就是“小杜杜”会照顾到受众的感受，并没有只对某一个性别去发表内容。这就是规划的好处，能够让你的不同受众都读到好玩的内容。

而接下来微博内发布了一条语言上与“性”无关的内容：

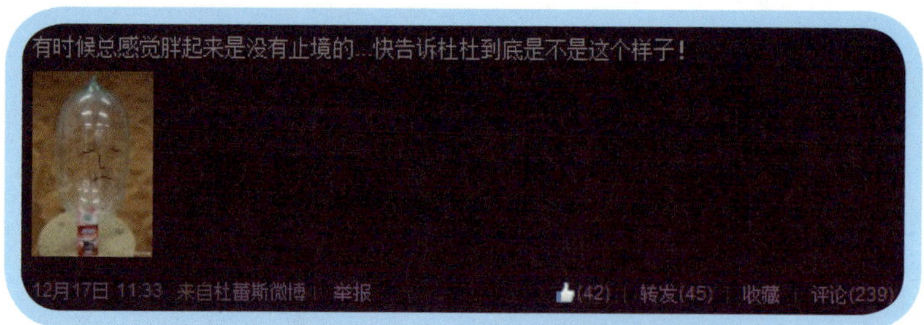

这条内容虽然没有直接提到“性”，但其用安全套的配图来形象地解释这句话要表达的意思，从这一点上来看，还是刷出了产品的基本属性。

所以在内容规划这件事上，我们可以做一点儿总结。

首先，每一条内容都会与产品所指向的功能性相关，但不会直接提到产品。当然，如果能将产品没有违和感地代入也是非常不错的内容制作方法。不过千万不要用得过于频繁。

其次，要考虑到不同受众的不同感受，内容的制作方面能够让不一样的受众都有所体会。

最后，内容的制作上要有些场景互动的代入感，比如前面的内容中“小杜杜”都给阅读者一个能够参与进去的理由。“看脖子的粗细”、“咪咪的形状”等都可以让阅读者找到调侃的对象，从而有了转发的动力。

1.2.粉丝互动规划

我们前面提到12月17日这一天“小杜杜”一共发布了9条内容，前面一节中我们展示了5条，那么你们想不想知道另外4条在做什么呢？嘿嘿，不告诉你！咦，怎么你又举起棒子了，好啦好啦。（你猜对了！在跟粉丝玩互动。）我们接下来就看看“小杜杜”是如何玩转互动的吧！

第一条：精神激励+物质激励

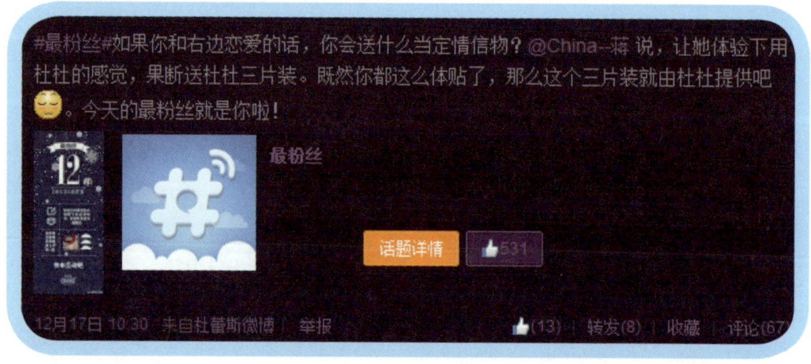

读完这一条我们来看，“小杜杜”并没有送iPhone哦！咦，为什么会说iPhone？是的，很多企业做个转发抽奖，送个iPhone，就会认为很多微博用户就真的成为他们的粉丝了，但当这些企业用了很多台iPhone后，发现一个奇怪的现象，粉丝确实增加了很多，但掉粉现象也十分严重。最主要的是，你发其他内容的时候，仍然是——没！互！动！

而“小杜杜”跟别人玩的不一样，他们只送自己的产品，且这种互动是经常性的，甚至是每天都在发生的事情。几个或者几盒免费的安全套甚至成为了新媒体运营的必然预算。这种规划带来的好处是很明显的，经常性的奖励型互动增加了得奖概率。我在讲课的时候经常做的一个调研，问大家有没有在微博上获得过奖品的时候，最神奇的是几万人听过我讲课后，居然没有一个人在微博活动平台中得过奖！不是说得奖人不存在，而是获奖概率真的是太低了。而“小杜杜”互动活动后的一个好处是获奖粉丝多了后，好的口碑就会不断地发布在微博中，当雪球越滚越大的时候，大家就都知道了杜蕾斯是一个非常出色的产品。

第二条：好奇心互动

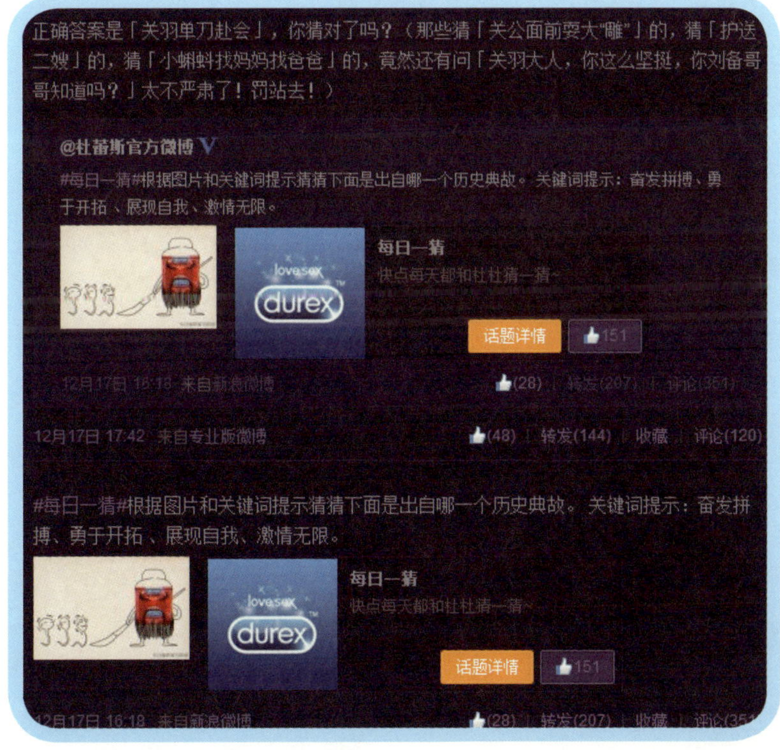

“每日一猜”中毫无违和感地把杜蕾斯的包装盒在配图中植入。

不但品牌得到了曝光，猜的内容由于涉及了历史典故，也让@杜蕾斯官方微博 看上去十分有文化呢！

第三条：真心话大冒险

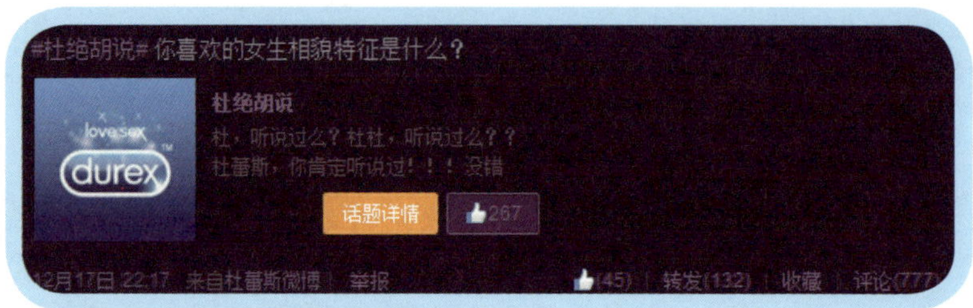

这一条互动内容也许会暴露出你的真实想法，但你即使不发言，是不是也有兴趣去看下别人的真心话是怎样的？所以说，驱动了人们的好奇心，你就可以驱动世界。顺便说一句，微信公众平台中很多的软文分享量超大，也是因为好奇心驱动造成的。这一点上，有创意的营销人可以撒开了欢儿地玩起来哦！

有没有人对话题选项卡里的杜蕾斯logo和话题介绍中杜蕾斯的植入感兴趣？我再卖个关子，当你读到第六章的时候就会知道答案咯。（别打我，其实我是在驱动你学习的好奇心呢。）哎，你看你看。你们到底哪里弄来那么多棒子？放下放下，套用延参法师的话：绳命是如此精彩。所以，更精彩的内容就在后面。

1.3.发布时间规划

我们来观察下@杜蕾斯官方微博 内容的发布时间：

8：30：10：30：11：33：13：32：16：18： 17：42：20：06 ：21：31：22：17。

这其中，基础内容的发布时间分别是：

8：30：11：33：13：32：20：06：21：31。

互动内容的发布时间分别是：

10：30：16：18 ： 17：42：22：17。

从这两组时间点上，我们能明显感受出“小杜杜”曾经对发布时间做过详细的优化。基础内容部分的发布时间都是微博上人群最集中、微博用户活跃度最高的时间，尤其是晚间，我们可以看到“小杜杜”的内容发布密度也比白天高。

而互动的时间，基本上聚集在大家上班比较疲劳或下班路上以及临睡前的时间点上。从这里我们可以看出，“小杜杜”的发文原则是：微博上人最多的时候给粉丝创造快乐，等你累了或者无聊的时候跟你玩。久而久之，当产生需求时，你脑海里就想起的就是杜蕾斯！很多的杜蕾斯!许多的杜蕾斯!这样一个贴心的“小杜杜”，粉丝们怎么会不深深地爱上呢?

本章总结

企业要想玩转新媒体，这是一个极为系统的工作，你不能指望随便开一个微博或微信账户，想起来就随便发发内容那么简单。要想打造属于自身真正的粉丝经济，你得把这件事当回事儿。而且要想在新媒体上像杜蕾斯一样做成自媒体，你需要让自己真正变成一个媒体。做媒体，无外乎前面讲到的三件事：你的定位是什么（你为谁服务）？你的内容如何吸引住读者（你要发什么）？你的内容怎么发出才恰当（什么时间发，甚至于怎么发）？这三件事中无一不需要专业人员精心的调制。只有真的去做媒体，你才会有真实的固定阅读群体，你的粉丝也才会因为跟你有了足够的沟通而去为你的产品买单。

大V闲话——李檬

请微博创业者更多关注我们自己

——参加“2013微博营销大会”有感与到场或未到场的同学们分享

我曾参加了2013年微博营销大会，与前两年一样，近千人的会场座无虚席，票价在980元还能够有如此多的人员来参加，真是令人鼓舞，会议办得很成功，让来宾和听众都很高兴。

既然有了上面的总结，为什么我还要写这个文章呢？其实我更想写给像我们一样正在围绕着微博进行创业的大大小小的公司包括很多个人的同学们，昨天时间很短没有能够跟大家交流分享的更多，通过跟大家的交流，站在我自身的角度看到了一些问题，希望能够通过这篇文章与大家分享。不到之处敬请讨论，斧正！

首先，我们明确一些微博创业者的范围：通过或者利用微博来实现商业目的的都是微博的创业者。请大家许可我这么定位，具体来说呢：

（1）如果你是一个线下正在开始的创业者，你开餐厅，你开服装店，或者任何大大小小的生意，你希望通过微博来扩大自己的生意规模，来获得自己的品牌，其实你就是在创业。为什么呢，因为你并不是或者不仅仅简单地在微博上来购买广告直接推广，而是在用心经营自己，在经营自己的生意，这就是创业！

（2）如果你没有任何线下的生意，是纯粹靠微博来创业的人或者公司，未来

In my show CEO

你自己的生活费、你公司的利润都希望通过微博获得，那么你更加纯粹，你就是微博创业者。

为什么要有这个定位？因为如果你不是我写的这个文章范围内的人士，你就可以不用再浪费时间了，下面的内容多半与你无关，正如我们说的微博运营的核心点一样要定位准给谁看，看什么，这个文章仅仅写给和献给那些同我们一样日夜奋战在微博创业第一线的同学们，不是写给专家，不是写给分析师，不是写给其他人的。（微笑……）

以下是要跟大家分享的重要几点，希望明年再看到大家的时候，我们都能够成为微博创业成功者，现在我们还在通往成功的路上，都没有获得成功，我们都将忍受这种蜕变的痛苦以及思想上及物质上的煎熬，但是这些都不重要，重要的是当你阅读到这里我们都在路上了！

（3）千万别相信那些所谓的专家，今年被问到最多的问题是怎么看微博和微信，到底该做微博还是微信。我深深地感觉到，很多同学被所谓的专家忽悠了，而且忽悠得很深。（这里的专家特指那些天天靠狗血的标题来写文章的人，并不指那些已经通过创业获得成功的专业人士。）在中国有很多这类所谓的“互联网专家”，所谓的“互联网评论员”。他们天天希望什么？他们希望互联网公司天天打架，今天微信，明天微博，后天微××××，然后他们就有了谈资，说未来谁谁谁会好，谁谁谁会完蛋。我不能说这些人都没有预见能力，如果有也只是千万分之一的人才有，大多数都是一些空谈的“口头派”。为什么呢？因为这是他们的生意模式，他们如果不是天天这么去折腾，这么去瞎分析，他们就没有收入。如果他们蒙对了，他们就成功了，如果蒙错了也没有关系，他们会说，不是我一个人看错了，是他们都看错了。这是他们的本质，否则这些人早就成富豪了！他们早就在新浪股价28元的时候买进了，在搜狐股价1美金的时候买进了，早就在腾讯公司价值几百万人民币的时候投资了（咱们一起笑吧）。所以，创业者们千万别听他们的。他们的话即便听起来全对、逻辑都正确，但是对于咱们也没有任何一点点的帮助。他们是创业者的干扰者，创业者靠的只有坚持，靠的只有煎熬，靠的只有在我们自己没有成长为大树前这些所谓的“非议”。坚持我们自己的信念，才是成功的重要基础。微博这么开放性的平台，足可以让我们这些创业者用心、用时间坚持下去。我并不是说其他平台不好，如果你认准了，就要坚持！就要忍受非议和寂寞！如果大家有时间，最好是与同行的微博创业者来交流分享，跟所有创业平台上的人来交流分享，而不是去看，去听一些所谓的专家，来浪费我们的时间。其实辨别这些人的道理也很简单，看他们从哪里赚钱。

（4）我们微博的创业方向在哪里？其实很简单，假定你是一个公司，你认为微博能够带给你什么价值，你最需要什么，然后你就可以开始啦。其实说起来容易，做起来很难。那我们就来举几个创业成功的例子与大家分享，微博第一是要传播，例如在微博上有一个账户（我与人家交流过，人家不希望被曝光，那我就不说真名啦），在海外，他的微博账户名字叫（@XXX国家吃喝玩乐）。他的账户就是针对在该国的华人用户（包括留学生），那么他们的客户就是那些在该国针对华人进行销售的餐厅、服装市场等，他们只有十几万的粉丝，他们就是分享该国哪里好吃，哪里买东西便宜，哪里有优惠活动。这个账户每年有6位数的美金收入噢。那你们呢，可以想一想，中国这么大要需要多少这样的本地化账户啊？例如@厦门吃喝玩乐、@上海吃喝玩乐，只要你好好经营、用心经营，还怕没有收入吗？微博上现在有了@微任务，当你有了足够的粉丝后，可以加入进去，然后就有收入啦，不管或多或少，至少你有钱赚了。不再空谈了，希望大家举一反三。如果您拥有全国超过100个城市以上的这种账户、有几千万的真实粉丝，那么您一定是一个大公司了，市值肯定超过1亿美金，当然您一定会先从一个账户开始运营，哪怕没有这么大，只是@厦门大学吃喝玩乐、@鼓浪屿吃喝玩乐，都是一个好的开始。你经营微博获得真实的粉丝加入@微任务 获得自己的客户，如果你是一个大学生，就可以自给自足啦。（当然还有很多其他的方向和方式，后面有时间我再专门写东西与大家分析）。现在的微博，已经有很多这类成功的自媒体账户，他们每年的收入也超过千万人民币。目前主要是星座类、心灵类的，其实本地类的还缺乏很多，想想当很多游客去厦门的时候，不在百度里面搜索，不在大众点评里面选择，直接关注你的账户，如果你有时间还可以利用私信跟粉丝做一些交流，告诉他们本地的小吃哪里好，那么你真的就成功了！所以你还需要做什么未来互联网社会化的趋势分析吗？跟着专家的忽悠走吗？真心不需要了吧。

（5）在微博里面忍受寂寞地成长，目前的微博已经拥有了很多优质的账户自媒体，例如大家都知道的@留几手等等，我们不要去跟他们比，相信他们都有很多时期比我们还寂寞，但是有两件事是你们必须要去做的，一是用心经营自己的微博内容，通过与粉丝或者用户互动，真心地解决人家的问题，一点一滴地积累；二是多跟你未来的客户交流，比如说，现在你就是自己在创业，经营一个@厦门大学吃喝玩乐的账户，你一定得抽出时间来跟大学周边的小商户，例如小超市、小烟店、小酒店来沟通，让他们的老板先成为你的粉丝，如果他们没有微博帮他们开通，让他们关注你经营的微博，然后再谈生意，你会没有生意吗？一定不会，一个小店铺每个月你收他们50元，如果20家呢就是1000元，那么你创业的一点一点收入就有了，不要怕同学们笑话你，几年之后他们就会崇拜你了！

所以，我们一起在微博创业，有不同的方式和方法，但是关键的就是坚持自己，忍受寂寞，找一个与自己能力和实力相当的创业方式再进入进去，一点一滴地做起来！所以本文的标题是请微博创业者更多地关注我们自己，在最后我还要加一句，也更多地关注自己的客户哈！期待明年大家的创业都有进步！

面对新媒体中对品牌

不利的舆论我们该不该慌张

关注微博@全民社交，私信回复关键词【第五章】听熊猫传媒集团培训总监张华栋的语音推荐。

为什么4条微博可以让一家上市餐饮企业市值蒸发过半？为什么另外两家餐饮店被央视曝光后还能生存，并且销量不降反增？如果你对这些有兴趣，你就需要来阅读一下本章的内容，学会新媒体滚雪球式的危机迸发后，企业该如何应对。

面对舆论危机，企业第一反应是什么？删帖？论坛时代确实很多人这么操作，但新媒体中信息的流动性极强，删帖是永远无法删干净的。而且删帖也属于违法行为。如果操作不当，企业法人就有进监狱的风险。屏蔽搜索？现有的媒介环境下有时候央企都无法真正做到。甚至于当年中国铁路总公司还是铁道部的时候，温州动车事件后，新闻发言人那一句“不管你信不信，反正我信了”，虽然引起网络上很大的争论，但都没有做到屏蔽。

在新媒体大环境下，无法用疏导的方式正确处理危机，于品牌而言是一个重大的功能缺失。也许仅仅这样说大家无法真正感受到负面舆情在新媒体中爆发的恐怖景象。我们用一个案例，向大家展示若负面舆情洪流下无法正确应对，可能对企业造成的巨大危害。

4条微博让品牌市值蒸发近半

味千拉面想必大家不会陌生，其汤底高钙、高营养的宣传特点也是深入人心。可就在2011年7月20日爆发的微博舆情中，味千拉面不仅敲碎了其自身消费者的消费信心，也让整个餐饮行业变得动荡。

我们一起来回顾一下：

• 7月20日，北京卫视《首都经济报道》曝光味千拉面汤底为调料勾兑，紧接着微博中就出现了大量关于味千拉面汤底宣传不实的信息。

• 直到7月23日，东方网爆出味千拉面“号称用猪骨熬制的拉面汤底其实是用专门的汤粉、汤料调制出来的，每碗汤的成本不过几毛钱”的报道后，味千拉面仍然选择了保持沉默，并没有发布任何的官方声明。

【微博热点：味千汤料原为“猪骨汤精”一碗成本仅两三元】作为味千拉面白汤的源头生产厂商——泰安京日丸善食品公司北京总代理说，“味千原汤是在泰安本地加工的，使用时用开水稀释即可，一碗汤成本也就两三元钱”。据悉，味千拉面并非日本知名品牌 在东京仅有一家店面。更多热点http://t.cn/hG1H8g

2011-8-3 09:13 来自新浪微博 | 举报 | 转发(10677) | 收藏 | 评论(3279)

@老鬼阿定：求证！@灵犀狐狸：昨晚北京台又有爆料——日式拉面我们不敢吃了~~据说这些拉面的香味都是用专门的汤粉调制出来的，每碗汤的成本不过几毛钱，根本不是什么所谓的老汤，连卖汤料的小贩都说这东西不能总吃。虽然镜头隐去了店家的商标，但从装潢和店员的穿着还是可以很容易分辨出就是味千拉面。

2011-7-21 12:30 来自新浪微博 转发(18445) | 评论(3287)

屋漏偏逢连夜雨，从26日开始，作为一直被味千拉面号称为其“鉴定部门”的“中国农业大学食品科学与营养工程学院”发表官方声明：“从未与味千拉面企业方进行任何合作、协作，从未对其产品进行认证、推荐，也没有给该企业提供过咨询、顾问等服务。”并要求味千方面“立刻停止在各大广告媒体上使用‘中国农业大学食品学院认证’、‘中国农业大学食品学院检测结果’等侵权语句。”**味千拉面就这样从“骨汤门”中走向了“鉴定门”**。

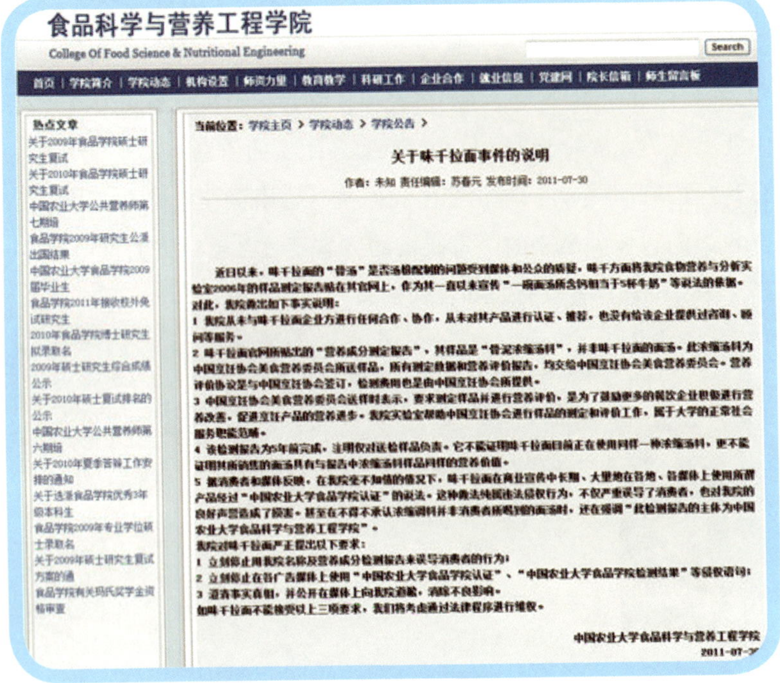

食品科学与营养工程学院

College Of Food Science & Nutritional Engineering

Search

首页 | 学院简介 | 学院动态 | 机构设置 | 师资力量 | 教育教学 | 科研工作 | 企业合作 | 就业信息 | 党建网 | 院长信箱 | 师生留言板

热点文章

关于2009年食品学院硕士研究生复试

关于2010年食品学院硕士研究生复试

中国农业大学公共营养师第七期班

食品学院2009年研究生公派出国结果

中国农业大学食品学院2009届毕业生

食品学院2011年接收校外免试研究生

2010年食品学院博士研究生拟录取名

2009年硕士研究生综合成绩公示

关于2010年硕士复试排名的公示

中国农业大学公共营养师第六期班

关于2010年夏季答辩工作安排的通知

关于选课食品学院优秀3年级本科生

食品学院2009年专业学位硕士录取名

关于2009年硕士研究生复试方案的通

食品学院有关玛氏奖学金资格审查

当前位置：学院主页 > 学院动态 > 学院公告 >

关于味千拉面事件的说明

作者：未知 责任编辑：苏春元 发布时间：2011-07-30

近日以来，味千拉面的"骨汤"是否汤粉配制的问题受到媒体和公众的质疑，味千方面将我院食物营养与分析实验室2006年的样品测定报告贴在其官网上，作为其一直以来宣传"一碗面汤所含钙相当于5杯牛奶"等说法的依据。对此，我院做出如下事实说明：

1 我院从未与味千拉面企业方进行任何合作、协作，从未对其产品进行认证、推荐，也没有给该企业提供过咨询、顾问等服务。

2 味千拉面官网所贴出的"营养成分测定报告"，其样品是"骨泥浓缩汤料"，并非味千拉面的面汤。此浓缩汤料为中国烹饪协会美食营养委员会所送样品，所有测定数据和营养评价报告，均交给中国烹饪协会美食营养委员会。营养评价协议是与中国烹饪协会签订，检测费用也是由中国烹饪协会所提供。

3 中国烹饪协会美食营养委员会送样时表示，要求测定样品并进行营养评价，是为了鼓励更多的餐饮企业积极进行营养改善，促进烹饪产品的营养进步。我院实验室帮助中国烹饪协会进行样品的测定和评价工作，属于大学的正常社会服务职能范畴。

4 该检测报告为5年前完成，注明仅对送检样品负责。它不能证明味千拉面目前正在使用同样一种浓缩汤料，更不能证明其所销售的面汤具有与报告中浓缩汤料样品同样的营养价值。

5 据消费者和媒体反映，在我院全不知情的情况下，味千拉面在商业宣传中长期、大量地在各地、各媒体上使用所谓产品经过"中国农业大学食品学院认证"的说法。这种做法纯属违法侵权行为，不仅严重误导了消费者，也对我院的良好声誉造成了损害。甚至在不得不承认浓缩调料并非消费者所喝到的面汤时，还在强调"此检测报告的主体为中国农业大学食品科学与营养工程学院"。

我院对味千拉面严正提出以下要求：

1 立刻停止用我院名称及营养成分检测报告来误导消费者的行为；

2 立刻停止在各广告媒体上使用"中国农业大学食品学院认证"、"中国农业大学食品学院检测结果"等侵权语句；

3 澄清事实真相，并公开在媒体上向我院道歉，消除不良影响。

如味千拉面不能接受以上三项要求，我们将考虑通过法律程序进行维权。

中国农业大学食品科学与营养工程学院

2011-07-30

• 直到这个阶段，味千拉面仍然没有发布任何回应。在各种质疑声中，事件继续恶化，媒体开始发掘其供应商等相关信息，"贴牌日货""买报告"这些让大家大跌眼镜的报道一篇接着一篇。并且，最重要的是，国家相关部门开始介入调查。

• 即使大家炒得再热，在碎片化信息时代，新的热点还是会把老的热点冲淡的。事情发展到7月30日，对于味千拉面的媒体关注度开始下降了，网络报道也大幅减少。如果事件在这里截止，可能也不会演变为最终的品牌危机。但敏感的媒体不会放过任何一个爆炸性的消息，曝出其"去年因添加剂被罚78万未在年报披露涉违法"的消息。**就这样，味千拉面"瞒报门"华丽丽地登场了。**

• 这一个接一个的报道最初的发源地都是各大媒体，并且同步在微博中曝出的，而这些报道也直接导致8月5日味千拉面股市交易停牌。

• 火上浇油的事情再一次在味千拉面身上爆发。媒体不会放过再次深挖事件的机会，相继报道味千拉面厦门"黑工厂"、中关村"中央厨房"等问题，**使其深陷"加工门"**。

·虽然网络上讨论得热火朝天，媒体也做各种深度报道，但作为负面舆论风暴中心的味千拉面竟直到8月12日才做出官方回应。回应涉及“还原猪骨汤底独门工艺”、“误读农大报告并向农大道歉”，并做出六项承诺试图挽回颓势。

但这种回应是无效的，由于间隔的时间过长，消费者心中已经基本给味千拉面冠上了“欺骗”、“冒牌”、“不安全”等餐饮行业最忌讳的标签。

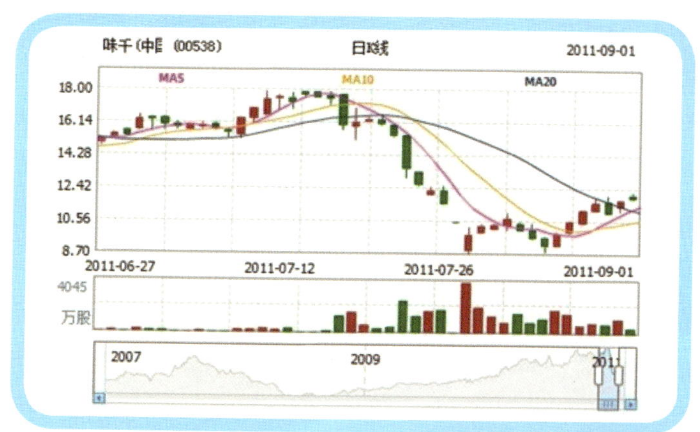

@中国新闻周刊V：【味千拉面两周市值蒸发71亿港元】7日，味千拉面中国控股正式停牌，报于10.50港元，下跌8.7%，刷新年内新低。从7月22日“骨汤门”事件发生至今两周，味千股价如坐过山车，从17.62港元大幅下冲至10.50港元。公司总市值快速蒸发71亿港元，其掌门人的身价也缩水超过36亿。（新华） http://t.cn/aRbTWi

2011-8-8 16:26 来自新浪微博 转发(1774) | 评论(542)

从整个事件过程中的股票走势来看，也基本上反映了网民的舆论走向，其市值蒸发近半，直到步入9月才慢慢复苏。

这次的“骨汤门事件”看似是味千犯了众怒，连带着网民也不断翻出“苏丹红”“地沟油”“瘦肉精”“塑化剂”等负面事件。甚至于DQ、永和被连带曝光，双汇的旧负面新闻也被网友重新拿来说事儿。整个餐饮行业一并卷入了事件中，人人自危。

虽然味千拉面的企业诚信问题是整个事件的根源，但舆情管理应对不足、面对舆情的漠视及敷衍也直接导致了事件的不断被扩大。惨重的损失不是仅用股票价格可以衡量的。

看到这里你的小心脏是不是有点儿小沉重啊？是不是面对负面袭击时会感觉怕怕的？放轻松吧少年，像我有一次就收到朋友发我信息说：“申晨，我觉得有句话形容你特别的对——特别能吃苦。”我看到很高兴啊，然后又收到另外一条消息：“你是前四个字的著名代表人物。”顿时狂汗。哼哼哼！那又怎样，我是吃货我光荣呀！心态好的人才会无敌。其实作为一家企业，只要你的产品能对得起自己的良心，面对爆料和负面舆情，只要有足够好的应对方法，那么在新媒体中也没什么好怕的。接下来，我要讲的另外两个案例就会让大家感受到新媒体中的负面应对不但能转败为胜，甚至于央视当头都没什么可怕。

没错，你猜对了，这两个企业一个叫麦当劳，一个叫星巴克。别急，我们一个一个地来看，它们在面对央视曝光后是如何让销量不降反升的。

麦当劳另辟蹊径快速公关扭转大局

首先我们介绍成功逆袭的麦当劳，这次事件是从“3·15”晚会中脱颖而出的，而其对央视的逆袭方法在后来的“3·15”晚会中，各品牌屡屡借鉴。**其意义可以说是教科书式的。**

2012年3月15日9点20分左右，已举办二十余年，致力于揭穿骗局、陷阱和黑幕，拥有强大群众基础的央视“3·15晚会”爆料，北京三里屯麦当劳鸡翅超保温期后不予取出、甜品派以旧充新及食材掉地上不加处理继续备用等违规情况。

就在“3·15晚会”曝光后，大批记者涌入麦当劳三里屯店进行采编报道。

一般企业遇到这种情况，必然如临大敌，静下来思考应对策略是一件几乎不可能的事情，但麦当劳并没有因此慌了手脚。

大家可以试想一下，“3·15现场报道”是晚间，大批记者进入麦当劳采编

后，第二天的报纸、电视、电台等传统媒体上一定充斥着对麦当劳的批评声，这时候找个解释的机会都难。放到过去，企业只有被动挨打的份儿。但自从有了微博，一切就变得不一样了。作为跨国企业，麦当劳居然在被曝光半小时后通过其官方微博发布道歉声明。分散注意力的同时，找到了自身快速应战的根据地。

> 央视"315"晚会所报道的北京三里屯餐厅违规操作的情况，麦当劳中国对此非常重视。我们将就这一个别事件立即进行调查，坚决严肃处理，以实际行动向消费者表示歉意。我们将由此事深化管理，确保营运标准切实执行，为消费者提供安全、卫生的美食。欢迎和感谢政府相关部门、媒体及消费者对我们的监督。
>
> 3月15日21:50 来自专业版微博 转发(18714) 收藏 评论(14385

对于这篇道歉文，你会怎么看？首先，麦当劳把三里屯店的违规操作定义为“个别事件”，接下来指明“确保营运标准切实执行”，这里的“营运标准”是绝大多数中国本土餐饮店无法达成的。最后还不忘“感谢政府相关部门、媒体及消费者对我们的监督”，表达了乐于被监督的精神。在@新浪财经 等众多媒体的带动下，这条微博被转发1.8万多次，直接覆盖人群超过千万。虽然最开始的评论中有部分粉丝表达出不信任，但更多人的反映是，这个危机公关反应真是太快了。也有粉丝表示，知错能改就好。

如果事情仅仅这样结束，可能最终央视也不至于很狼狈，但接下来发生的事情想必很多人都没有料到。

2012年3月18日，@移动互联网论坛 发表一篇分析文章：

【解读：麦当劳如何在央视315晚会曝光后快速利用微博公关】央视315晚会的曝光，使得"麦当劳公关体"这一微博时代最经典的微博回应之一诞生。界定问题、表明态度、改善行动、明确传递。其措辞的精心准备，背后传递的多层意思，精准，老练，沉着，极富公关技巧。http://t.cn/zOMNJid

查看大图 | 向左转 | 向右转

@麦当劳V：央视"315"晚会所报道的北京三里屯餐厅违规操作的情况，麦当劳中国对此非常重视。我们将就这一个别事件立即进行调查，坚决严肃处理，以实际行动向消费者表示歉意。我们将由此事深化管理，确保营运标准切实执行，为消费者提供安全、卫生的美食。欢迎和感谢政府相关部门、媒体及消费者对我们的监督。

今天21:50 来自新浪微博企业版

@移动互联网论坛
weibo.com/solomofuture

2012-3-18 18:43 来自新浪微博 | 举报 转发(4808) | 收藏 | 评论(228)

这篇文章被微博意见领袖、创新工场董事长@李开复 转载并做出自身对麦当劳道歉事件的解读。

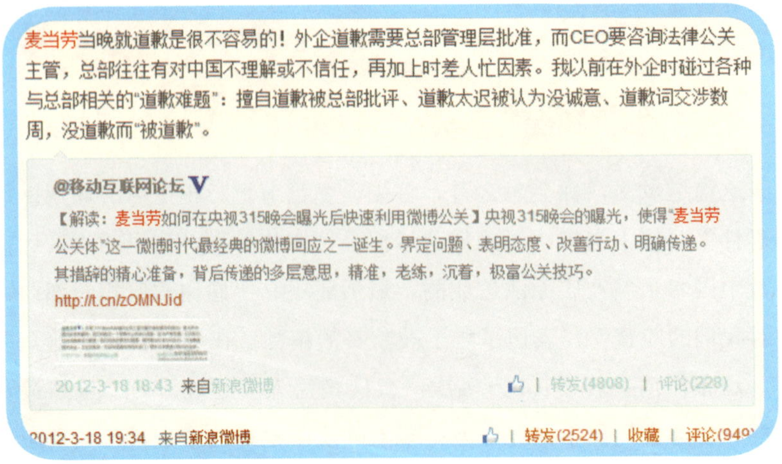
麦当劳当晚就道歉是很不容易的！外企道歉需要总部管理层批准，而CEO要咨询法律公关主管，总部往往有对中国不理解或不信任，再加上时差人忙因素。我以前在外企时碰过各种与总部相关的"道歉难题"：擅自道歉被总部批评、道歉太迟被认为没诚意、道歉词交涉数周，没道歉而"被道歉"。

@移动互联网论坛V

【解读：麦当劳如何在央视315晚会曝光后快速利用微博公关】央视315晚会的曝光，使得"麦当劳公关体"这一微博时代最经典的微博回应之一诞生。界定问题、表明态度、改善行动、明确传递。其措辞的精心准备，背后传递的多层意思，精准，老练，沉着，极富公关技巧。

http://t.cn/zOMNJid

2012-3-18 18:43 来自新浪微博 | 转发(4808) | 评论(228)

2012-3-18 19:34 来自新浪微博 | 转发(2524) | 收藏 | 评论(949)

从这里开始，麦当劳的舆论风向峰回路转。一大波微博意见领袖纷纷站出来力挺麦当劳，并直接表达对央视的不满。

"新地集团董事长"漆洪波表示："3·15看到麦当劳我真乐了。估计麦当劳花十个亿没这效果。"

"汽车之家创始人"李想表示："我感觉，麦当劳对食品质量和期限的控制，哪怕实际操作超过了他们手册的标准，也比我们自己家的要求都高，以后去麦当劳吃得更放心。唉，真贱。”

“《马后炮》节目主持人”马志海表示：“我平时极少吃麦当劳。但明天，我要去吃它一套‘巨无霸’。是央视告诉我，过期15分钟在麦当劳就是一件在全中国丢脸的事，而且麦当劳中国居然还认错了！这么脸皮薄的企业，我不撑，行吗？”

“天津电视台主持人、体育评论员”孟繁达表示：“麦当劳和家乐福有行业一流标准化管理，我曾采访过这两家企业，他们有同感就是中国人不拿同胞的命当命，很多违规行为都是连锁加盟终端违规，企业管理失职。央视曝光的内容无关痛痒，只会让更多的餐馆和超市觉得，你看麦当劳、家乐福都这样，我们理所当然。”（家乐福在本次3·15中同时被点名批评。）

“《辽沈晚报》品牌运营中心副总经理、汽车事业部主任”刘志向表示：“看完报道我们更崇拜麦当劳了，人家规则完善标准清晰，而中方加盟店和员工没有遵守规定，怪洋品牌吗？还是怪自己？”

看完这些意见领袖的言论，各位看官你心里怎么想？有没有想马上去买一份麦当劳汉堡支持一下的小冲动呢？

记得当时李开复发布完支持麦当劳的微博后，我去中关村的时候经过了麦当劳，本来以为麦当劳的营业情况店里会很差，结果没有想到黑压压的一群人都在排长队买汉堡，人们的力挺让麦当劳在这次事件中毫发无损，不但如此，其股价反而上涨了0.77%。

水果危机殃及池鱼，产橙大户如何脱困

由于2013年10月，网上大量曝光“脐橙催熟”“染色事件”等问题，致使大量购买者对消费脐橙丧失信心，而这个时间正是赣南脐橙即将上市的时节。在这种情况下，如果不想办法进行销售，果农损失将会十分惨重。

考虑到事情的严重性，新浪江西充分发挥媒体优势，从公益角度出发，策划了一个精彩的公关活动，为赣南脐橙打了一场漂亮的翻身仗。

由于网民最担心的是脐橙的安全问题，这也成了本次危机公关的重中之重。为了解开大家的疑虑，新浪江西要做的就是让消费者知道赣南脐橙是安全的。

首先，新浪江西利用渠道优势，教授网友如何辨别染色脐橙，给大家灌输正确的安全知识。

接下来，他们特意邀请了我、@宋英杰、美食家董克平等吃货界的人物，以及赣州旅游局副局长罗沪京和爱心企业家肖志峰等，为赣南脐橙做见证人，一同走进果园，实地试吃新鲜的脐橙。

#拯救赣南脐橙#第一次走进赣州果园深处，自己爬山自己采摘自己装箱自己买自己扛，支持赣南脐橙。真的个大汁多好甜。果农指着天发誓自己种的都是良心果。今天的任务是吃橙，卖萌！@宋英杰 老师说今天果农叔叔唯一犯的错误是，请申晨免费品尝。太亏了，因为下面这一大片都是我吃的！

2013-11-22 13:45 来自iPhone客户端 (157) | 转发(183) | 收藏 | 评论(217)

宋英杰：有一种色，叫橙色；有一种橙，叫脐橙；有一种脐橙，叫赣南脐橙；我在赣南采脐橙；摘个橙，卖个萌。我吃了，你馋了，我的故事讲完了。

2013-11-22 11:16 来自iPhone客户端 (258) | 转发(452) | 收藏 | 评论(319)

我觉得果园中帮我抓拍的人太有水平了，给张大图你们再欣赏下。

我叼着多汁甘甜的橙子，站在这挂满新鲜脐橙的果树中品尝的样子，有没有勾起你的食欲呢？哈哈。如果你们有啥好吃的特产希望我来推荐，我可能也会欣然接受哦。当然，你们的特产必须是安全的，真正有特色的哦！

当然，现场采摘还不能完全调动起消费者的积极性。参与本次公关活动的水果超市——绿滋肴特产超市董事长肖志峰，于11月23日宣布采摘活动当天，买下

10万斤脐橙，解决赣南脐橙的销售问题。同时还联合新浪江西发起微博活动，宣布通过转发微博的方式，网友即可到绿滋肴特产超市的线下店面，领取一袋正宗的赣南脐橙。

自此，网友的热情被正式激发出来，不但带动了赣南脐橙的大批量销售，还让整个公益活动中的参与商家：江西绿滋肴特产超市着实火了一把。整个活动被转发25万余次，真正打消了网民对赣南脐橙的消费顾虑。

@新浪江西

#拯救赣南脐橙#近期，多地曝出脐橙催熟、染色事件，导致赣南脐橙销量堪忧，果农利益严重受损。为维护江西特产，减少果农损失，也让全国网友品尝到正宗、无公害的脐橙，@新浪江西 联合@绿滋肴特产超市 将直接收购的10万斤赣南脐橙全部送出！转发此微博即可免费领取一袋。详：http://t.cn/zR6KNU5

2013-11-25 19:22 来自新浪微博　(705) | 转发(258244) | 评论(15702)

本章总结

危机公关这件事是企业在运作过程中几乎无法完全避免的难题。新媒体时代，悠悠众口不能靠堵，而应靠疏。

怎样疏要充分讲究策略。首先对于舆情要看自身是否有错，麦当劳的快速响应和星巴克的淡定回击就充分展示了有错与无错在公关时的差异。

对于有错在先的舆情，我们需要做点儿总结：

（1）问题界定。尽量不要把问题摆到全部责任的角度上去，而是学会打太极，大事化小。公关通稿打天下的时代已经离我们远去了。

（2）态度诚恳。网友并不需要企业马上解决问题，而是希望得到应有的尊重。

（3）行动迅速。能够在舆论不可收拾之前直面问题，是真正检验一个新媒体时代企业舆情公关能力的试金石。

（4）出手慎重。到底在处理舆情的时候要高调还是低调？这要看你前期积累起来的公众认可度和对不同情况的分辨上。比如星巴克就可以对着干，因为没有错。而麦当劳就得首先承认错误。

（5）学会舍得。对于不可挽回的舆情，要学会断臂，有舍才能有得嘛。

（6）掌握好度。在新媒体中处理舆情，可以在出手前，利用有限的时间做一个适度的策划，包括传播的观点、互动的方向等。从而不会让整个舆情的走向无法控制。

（7）做好和谐。与执法部门对骂是不利的，与网民对骂更不可取。要通过言论走向和重要意见领袖的协调配合，与网民站到同样的关注点上去，才能让网民为企业和品牌说话，从而为自身赢得漂亮的转身空间。

新媒体是怎么让部分企业赚得盆满钵满的

关注微博@全民社交，私信回复关键词【第六章】听熊猫传媒集团培训总监张华栋的语音推荐。

有人说：企业运作新媒体的主要目的是品牌维护。但我始终认为，一切不以创造利润、减少成本和扩大影响为目的的新媒体营销都是耍流氓。那么新媒体该如何为企业的利润服务？这是一个很大的命题，方法也千差万别。这一章我们将为大家从不同的角度展开论述。

自从阿里注资新浪微博，社会化电商就一直触动着大家敏感的神经。之前我们在淘宝中购物，对于同类产品往往会去比价格，所以比价网站扎扎实实地火了一把。但这种比价让淘宝店主们叫苦不迭。由于价格的完全公开透明，在淘宝中想树立品牌是难上加难，每个店主为了拉动销量，不得已进行一次又一次的降价，甚至以亏本卖爆款的方式为淘宝店引流。再不行就使用“淘宝直通车”，通过竞价争夺黄金广告位的方式来增加单品的曝光机会。这些案例操作下来你会发现，单品的价格在不断地走低，但运维成本在持续地走高。利润呢？很显然被阿里和消费者的低价驱动欲望蚕食掉了。

而“天猫”的购物环境，新品牌的突围也不见得多么理想，大多数商品除了被打折、爆款、聚划算等关键词包围之外，人们更愿意选择一些在线下已经很有名气的品牌天猫旗舰店进行购物。当然，之前阿里为了带动流量，通过自身超多资源捧红的淘品牌不能算在这些范围之内。

这时候，就有一个非常严峻的命题：如何在这样的消费环境中打造新的电商品牌。这个命题虽然很大，但整合来看，也是一个可以非常轻松地回答的问题。答案是什么呢？我们在本章总结的时候再来跟大家系统说。先别怪我又来卖关子，因为没有案例的支撑，直接告诉大家答案，你会有穿越感，也不会真的感受到我对你们的爱哦！（什么？打是亲骂是爱？你们也爱我？喔，不不不。你们的爱太伤身，受不起呀受不起！）

我们分两个方向来为大家讲解，一个是除了新媒体渠道维护外，很少额外预算广告费用，带来非常平稳现金流；另一个要花费较大的预算广告费用，带来爆炸式的品牌增长和恐怖的现金流。别走神，我知道你在想什么，你兴许会很傻很天真地想是否可能用很少的预算来达成恐怖的现金流，这种形态在社会化电商中确实存在着，但这种存在是要有很多附加条件的，我们后面会讲。别急，心急可吃不了热豆腐。

叁陌绽放的文艺小店

相信对很多营销人来讲，这个店并不陌生。如果你没听说过，那真的该好好补补课了。这家淘宝店非常文艺范儿。店掌柜说的话也是文艺到让人有想哭的冲动。“如果文艺的定义是对生活的触觉，那么每个人都是文艺青年，都有生命的诉求。”当我第一次看到这句话的时候，我就被店掌柜的文艺范儿深深地感动了，谁叫我们双鱼座是温柔和富有感情的星座呢？可惜他们家的衣服我都穿不下，而且还都是女装！我只好含泪地化忧伤为食量，晚上带老婆去吃重庆火锅。回归正题，我将他们的关键词提炼几个给到大家，你们再感受下：

2008年7月开店，两年做到三皇冠（现在已经是四冠店）；

“旺旺”永远不在线，但好评率100%，掌柜永远在旅行的途中；（他们两口子一定是上辈子拯救了世界，才有了这样让超多文艺青年羡慕的生活。）

顾客回头购买率50%；

店铺退货率约6.5%；

客单价300元以上，从无折扣，年销量约800万元。

我知道，看完这些数据，你的小心脏又开始蠢蠢欲动了，对不对？在你们还没有45°角仰望天空留下两行文艺之泪的时候。我们得好好品鉴一下这样一个文艺范儿的小店是如何在淘宝的大环境中杀出来的，看完后你才能明白，不打折、不爆款竟然也能叫经营淘宝！

无心插柳柳成荫，小店从博客开始

是的，你没有看错，不是微博，是博客，因为店主2008年开店的时候，微博还没出生呢。或许有人会质疑，你不是在讲新媒体吗？难道博客也是新媒体？其实，没有任何人定义过新媒体是专指微博、微信的。博客也存在评论、转载等互动模块，只是写博客的门槛较高，对文字的要求较高，所以在博客流行的年代里，写的人少，看的人多。但基础的互动结构都是存在的。而之所以说到这个案例，是因为确实足够精彩。另外，很多微博博主在用心经营自媒体后向淘宝店导流的运作模式是很类似的，这是一个一通百通的问题。顺便说一下，店主现在的自媒体根据地已经搬到了微博和微淘上，店铺的官方微博有3万多粉丝，博主本人的认证微博有真实文艺粉丝6万多，而微淘上已经聚集了超过30万的关注。这是一个了不起的数据，虽然没有很多企业听上去动辄几百万的粉丝基数那么庞大，但由于店主与粉丝的价值趋同性，互动量一直非常稳定。

最开始店主在她人气很旺的博客上，时常分享看过的电影和图书。这种分享的文艺气息深深打动了一大批文艺青年，成为店主最初的拥趸。有部分网友对她在博客照片里面的衣服很感兴趣，就建议她分享服装。于是她开始尝试在淘宝

里面卖衣服，每次一上传就被抢光了。大家也许看到了，这就是自媒体的真正威力。只要你足够用心地在做一件事，真实的粉丝是会为你号召的事情埋单的。因为博客热心读者的带动，叁陌绽放第一年经历了爆发式的增长。而后续的持续分享也印证了，这种营销方式不但能持续拉动销量，而且这种销量带来的口碑传递也是非常稳定的。

说到这里，其实我们已经解决了自媒体的“预算少，但现金流稳定”的问题。只要你聚集到了一群与你价值趋同的爱好者，他们能经常追随你的动态，那么销售的问题就不再是问题了，这也是讨论热度很高的粉丝经济。这里要提一句的是：粉丝不仅仅是看多少人对你的自媒体进行了关注，而是要看有多少人对你的观点认同。在这一点上，关注你的人不一定是你的粉丝，你的粉丝也未必一定关注了你的自媒体。也许有人会好奇，为什么这个店不开旺旺？这么奇葩的做法居然还能好评率100%。其实也正是由于该店不开旺旺，才造就了100%的好评率。

店铺最初，店主的旺旺也从早到晚响个不停。但她发现，即使你再努力，一旦喝口水的工夫没有理会消费者，就会引来一堆抱怨。也有人会在旺旺里面问一些店铺里早就写得明明白白的问题。疲于应付的店主，终于在开店一年的时候关掉了旺旺，而这一关就再也没有开过。也正是这一关，把一些不属于文艺范儿的、不理解慢生活的顾客拒之门外，留下了真正与店主有相同价值观的顾客。这些也正是为什么好评率100%，回头客50%的根本所在。其实，有时候，不能舍小是无法取大的。

根据我的授课经验，这时候肯定会有人比对着案例来拿自己说事。比如：“已经错过了博客时代，甚至再进入微博去开拓一个自媒体都无比艰难”，“我没办法文艺范儿”，“培养自媒体太花费精力”等。但机会总是属于有心人的，你的营销开拓地不一定是博客，也不一定是微博或微信。自媒体的形态还有很多，豆瓣、啪啪等都是可以去经营一个小圈子的地方。对于文艺范儿这件事情，当然不可能人人都有，有自己的特色才是关键，没有文艺范儿你还能有其他范儿。举一个简单的例子，“娱乐至上，小Y解说”这句词熟悉吗？一个仅靠自主为魔兽争霸赛配音，并上传至优酷的IT男“小Y”，都可用几年的经营，自成一派，开淘宝店卖游戏装备了。“中国好声音”当中有许多选手模仿别人都非常像，有的甚至一模一样，但是他们都没有站到最后，留下的都是很有自己声音特点和识别度的。自媒体也一样，一定要有自己的特色，让别人说到某事就能想到你。而对于花费精力这个事情就仁者见仁智者见智了。舍不得花心思又想产品大卖是不现实的吧。或者你能有大量的资金投入已获好评的资源，也可以砸出不错的品牌来，因为自媒体绝对是一个用钱砸、用资源包装，在短期内可以拼杀出品牌的高性价比的所在。这一点上听我慢慢道来。

WIS的新媒体硬广化做法——3个月成品牌

WIS是近来通过微博做社会化电商非常成功的一个化妆品品牌，这个品牌的产品也绕过了淘宝的比价系统，直接引导消费者通过微博购买产品，一个月天猫店与淘宝店的总销量超过1500万。而3个月统计周期内，其微博内的讨论数量达到520万，是佰草集的2倍，曼秀雷敦的4倍。品牌形态仅在新媒体的投放中就这样开花了。

为什么说WIS是新媒体硬广化推广？是因为，这个品牌并没有像叁陌绽放一样先做自媒体，做分享。而是采用不太有创意，但图片制作精美的广告，利用微博中的营销工具硬生生砸出来的。这些工具可以说是大数据应用的官方标准（当然，本章我们不讲大数据，因为大数据还有很多可以人为界定的方法在另外一章详细阐述）。一个叫“粉丝通”，一个叫“微任务”。通过这样两个产品对消费者的狂轰滥炸，让人惊奇的事情发生了，WIS不但有了一个长得极像天猫店的官方微博@WIS护肤，还专门做了一个为粉丝而存在的@WIS粉丝团。这两个微博所承载的任务也很明确，@WIS护肤 千篇一律地发表产品信息，纯粹为淘宝店进行引流；@WIS粉丝团 做自媒体内容，与粉丝互动，玩起了粉丝经济。这可以总结为WIS先利用@WIS护肤 大面积、广泛地播种，等种子发芽了，再把幼芽专门移植到@WIS粉丝团 一个温室中精心培养。

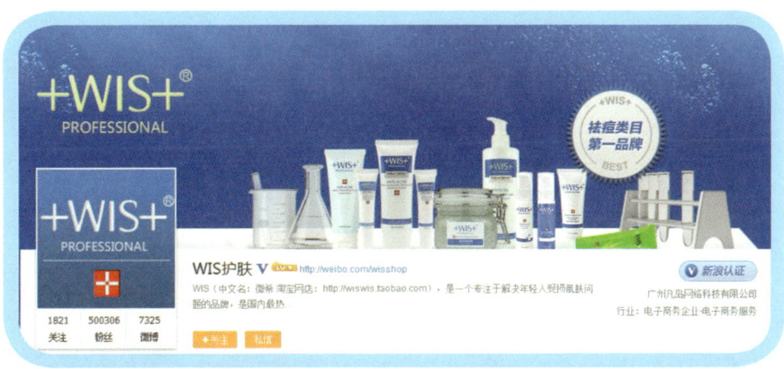

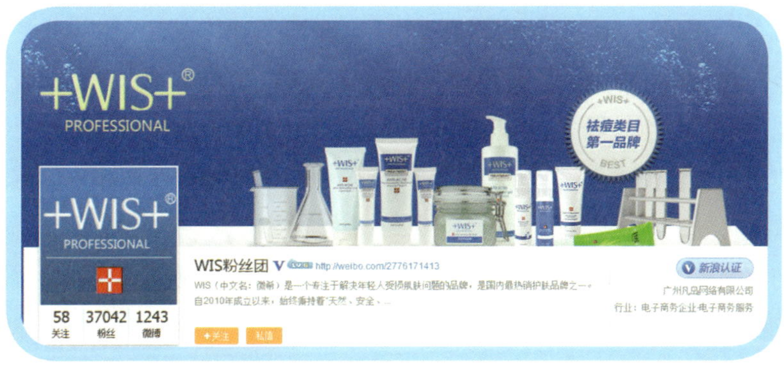

接下来，我们一步步来看这个品牌是如何在竞争激烈的护肤化妆品行业中通过社会化电商杀出来的。

首先，品牌在“粉丝通”中进行了大量投放，在投放最疯狂的时候，30岁以下的受众群几乎天天可以看到他们的“粉丝通”广告。可能有人会问什么是“粉丝通”，那你有没有在微博首页看到过你没有关注过的人发布的信息呢？如果有，你就曾被粉丝通营销到过。至于粉丝通有什么好处，怎么用，我们描述完案例后会详细解释。别怪我又来卖关子，因为我怕打断你对案例吸收的节奏，满满的都是爱啊。（快给我点赞！）

同时，WIS开始利用“微任务”平台，找明星为其背书。现在能挖掘到最先给WIS背书的是芒果台明星主持@吴昕。

听说，它可以对付痘印，我来试试看 @WIS护肤

10月30日 10:10 来自360浏览器超速版 (7374) | 转发(97493) | 收藏 | 评论(67610)

我们可以通过这条微博观察一下品牌的营销导流路径。@吴昕 的这条内容直接@WIS护肤，而由于@WIS护肤 微博中都是化妆品广告，并几乎全部直接导流到淘宝店，那么这样一个导购线路就做完了。

当然，有人会有疑问，光凭@吴昕 的影响力怎么可能转发近10万，这就是下面要说的：明星背书也有路径，相互转发后形成的影响力和曝光度是1+1＞2的。也就是说“微任务”平台可以实现明星与明星之间的联动，从而让产品推广的效果层层迭代。

我们来观察为@吴昕 转发该条微博的大人物是谁？那就是护肤美容界影响力巨大的@小P老师。

小P老师：昕昕，产品涂抹在痘印处后，记得用手指轻轻打圈按摩2-3分钟，加速吸收！还有，祛痘印不能心急，要坚持使用，效果会很不错哦~

10月31日 10:30 转发(7623)

@吴昕 还在与@小P老师 的互动中顺水推舟地贴出了购买链接。

清风扶细柳s：太多人用它了。。。//@幽默搞笑大王:这款果然口碑超好//@吴昕:谢谢小P老师//@小P老师:昕昕，WIS产品涂抹在痘印处后，记得用手指轻轻打圈按摩2-3分钟，加速吸收！还有，祛痘印不能心急，要坚持使用，效果会很不错哦~//@吴昕:很多小伙伴问，地址是这个 http://t.cn/zWMxxvj

今天 13:27 转发

这样的做法有两个好处：

（1）从吴昕最开始发布该条链接后网友的反应看，大量的人都在骂吴昕乱发广告，但当小P老师加入讨论后，大多数受众开始在舆论上转变了风向，基于小P老师的权威性，甚至有很多网友直接追问购买地址，这也直接拉动了WIS的销量大增。

（2）小P老师与吴昕的互动中，由于转发原文始终会带上产品信息，让WIS不断出现，曝光量急剧上升。

接下来就是WIS屡试不爽的找各种明星为其发布相关信息了。

比如：@谢娜 和@何炅 的联合推广。

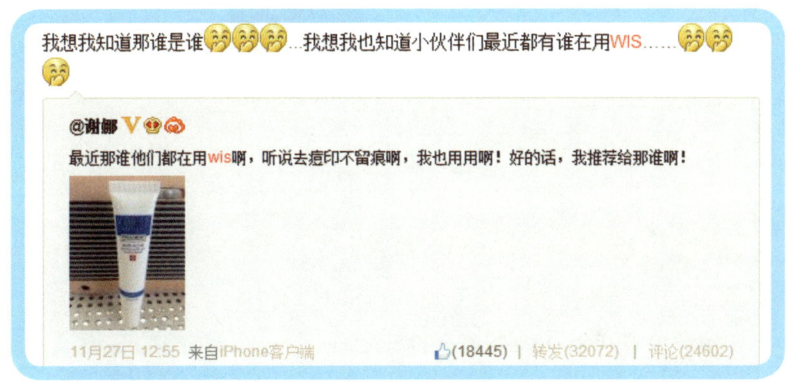

再比如：@李维嘉 @冯绍峰 @韩庚 的多重迭代推广。这条推广与前两条的推广有个不同点，不知大家有无发现。就是全部用男明星进行试用推荐。这样的好处在于品牌一下子证明了，产品不仅适用于女性群体，男性在祛痘方面也是首选。

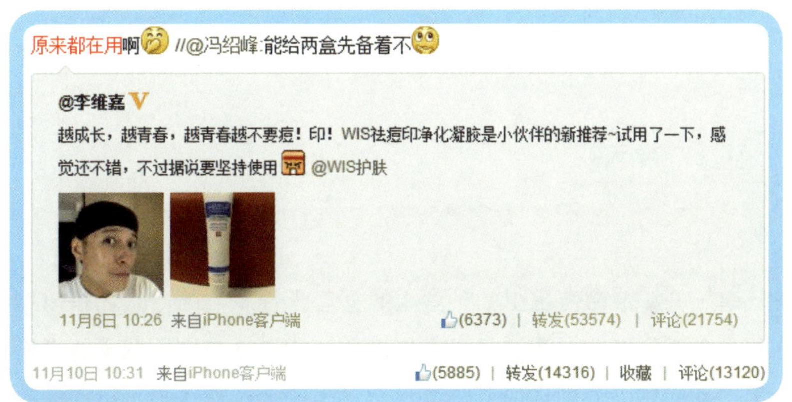

在这些推广进行的同时，WIS也通过“微任务”平台，用一大堆的意见领袖、段子手同明星同步背书。一般情况下明星的推荐次数是极其有限的，因为不能损伤明星自身的公信力。但意见领袖和段子手们由于信息更新量大，是可以大量发布相关信息的。所以整个推广过程中，意见领袖和段子手们也发挥了巨大的作用。

比如@实用心理学 中可以搜到与WIS相关的微博121条。

@学做一个聪明人 微博内能搜到的关于WIS的信息134条。

这些全部能够通过“微任务”平台进行实现。

到这里，WIS品牌的影响力已经急剧飙升，粉丝也从最开始的质疑慢慢变得相信，进而实现购买，而购买之前全然没有通过淘宝进行传统的比价。因为那么多明星推荐的WIS只有在其官方淘宝店和天猫店中才能买到，把自己打造成了一个垄断资源。如果你有相关的预算投放，这对新兴品牌的打造无疑是一个十分值得尝试的方法。

详细说说“粉丝通”

“粉丝通”是新浪微博推出的一款大数据广告投放产品，当你投放粉丝通广告后，你的受众群体不管在浏览手机客户端微博，还是在浏览网页版微博，都能在首页的第三条信息中收到你的广告消息。这里的受众群体不是指你的粉丝，而是根据广告受众群定义找到的活跃微博用户。也就是说一个微博用户只要是你的受众定义群体，不管有没有关注你的微博，当他在刷微博的时候都有机会看到你的广告。整个广告消息与普通的微博差别不大，但在左上角可以看到“推广”二字，用以区分与普通微博的差异。

我们来看看粉丝通在新浪微博中是如何挖掘企业的确切受众的。

在“粉丝通”的任务创建中，你需要定义粉丝关系。可以不限，也可指定仅投给自己的粉丝，更可以指定账户相似粉丝。

比如投给@申晨 相似粉丝，由于我在微博中的标签是下图中的内容：

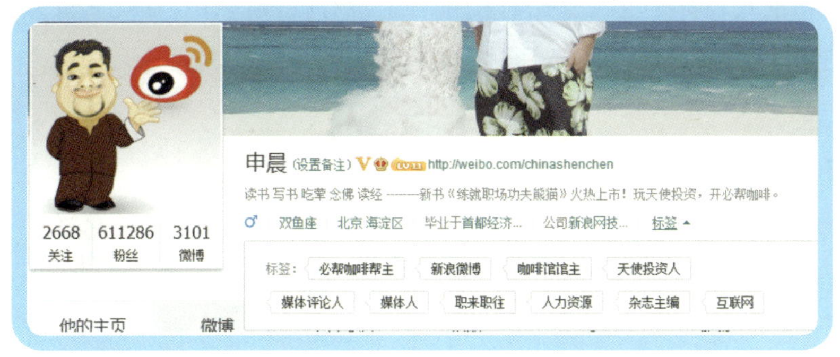

粉丝通就会定义与我的标签相似的人群进行投放。这叫兴趣相关。

接下来需要定义广告投放人群的人群属性，这包括：年龄、性别、地域三个大的参数，让整个投放可以将人群更好地进行细分，每一分钱都花在刀刃上。

最后一个是社交关系图谱设置。

社交兴趣图谱

广泛兴趣　不限　IT互联网　影视娱乐　体育健身　金融服务　文化出版　教育出国　数码家电　美容化妆　游戏动漫　房产装修　旅游酒店　商业服务　汽车　生活服务　餐饮食品　服装服饰　母婴玩具　奢侈品　工农贸易　其他兴趣

精准兴趣　请添加兴趣关键词，如有多个请以逗号分隔　+ 添加

高级设置

投放平台：不限平台　网页　苹果　安卓　其他终端

投放时间段：选择投放时间段

找出精准兴趣，定义在什么样的平台上进行投放，并且还能定义其投放时间，控制好投放的节奏。准确选择受众是投放粉丝通的关键。

粉丝通有两种扣费方式

CPE是根据互动来计费的，转发、点击链接、加关注、收藏都会算作一次有效互动，每次出价不低于0.5元；

CPM是按照曝光次数进行计费的，在活跃用户信息流中每曝光1000次计费不少于5元。

给了广告主更多的选择空间和试错空间。

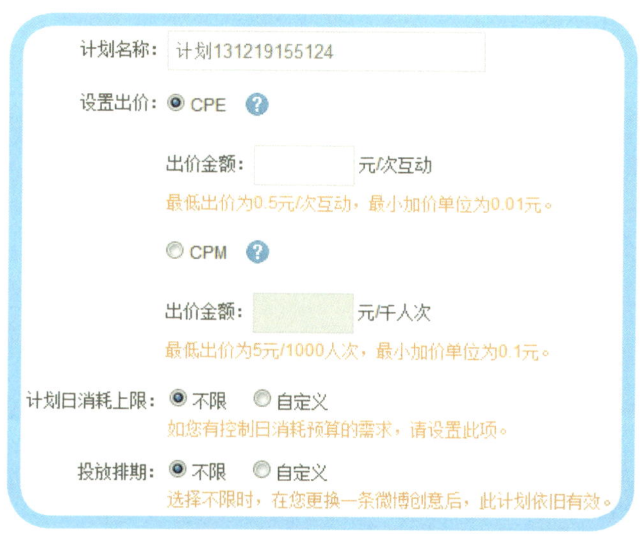

对于电商等有可落地购买渠道的广告主来讲，“粉丝通”基于大数据的精准投放方式无疑是一种性价比很高的广告工具。甚至于一些互联网网站在没有推介资源的情况下，从微博中导流也不失为一种方法。但要提醒广告主的是，由于粉丝通的推广内容是直接出现在受众信息流中的，如果能将广告的样子伪装得不像广告，对广告投放有效性的帮助才会较大。当然，像WIS这样通过“微任务”找来大量明星为其背书，已经构建起较好的口碑形象的品牌不同。WIS在口碑已经不断强化的前提下，直接推送产品就显得很有说服力了。

大家如果想详细学习粉丝通的投放技巧，以达成更好的广告投放效果，不妨扫描以下二维码观看视频，以便更加直观地进行了解。

（粉丝通投放技巧上集，需微博账户登录）

（粉丝通投放技巧下集，需微博账户登录）

少花钱办大事这件事是不是可能

新媒体中少花钱办大事，并不是不可能的。但却有很大的前提，因为天上不可能掉馅饼。（掉下来之前就被我吃掉了啦）我们举一个例子：

@一个APP工作室

曾发一条微博：

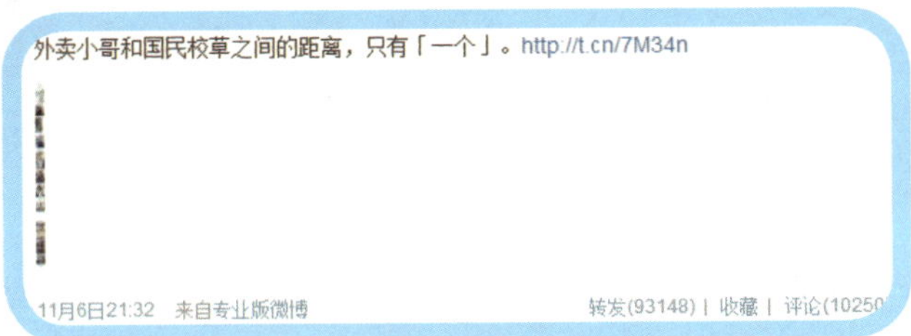

该微博被转发9万次以上，而其后所缀链接直接导流至淘宝店。

这条微博是怎样得到如此高的曝光，从而为淘宝店引流的呢？

首先是内容确实好玩，有兴趣的亲可以在本书的微博中（@全民社交），私信回复关键词【外卖小哥】查看。（感谢微奥传媒提供本书新媒体互动）

另一个就是：这个淘宝店是大名鼎鼎的@韩寒 的店铺，名为：one一个。而韩寒利用其本人的微博对这条内容进行了转载。

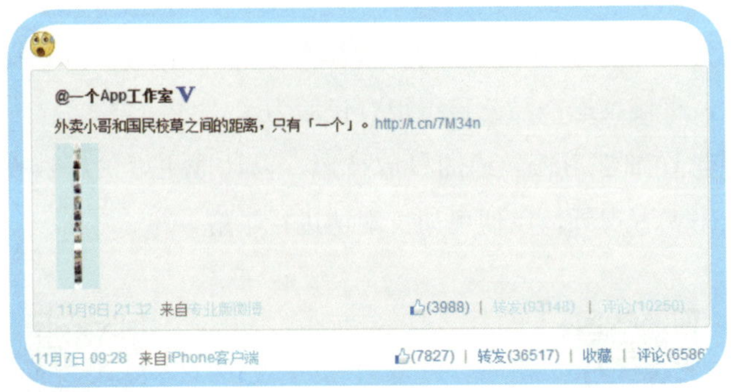

所以这就是一个花少钱办大事的典型例子，因为他们有强大的人脉渠道。当然，该店铺作为韩寒的自营店，推广责无旁贷。但微博中我们也会看到很多名人为朋友的产品不遗余力吆喝的例子。虽然花小钱办大事，但你怎么知道维护这些人脉，他们用了什么样的努力，又花了多少心血和金钱呢？所以，做营销，不要指望天上掉馅饼。要么踏踏实实地花心思做一个领域的内容，通过自媒体拉动粉丝经济。要么用一定的预算达成品牌的快速构建。新媒体不等于廉价媒体，而是媒体形态的转移和变化。

一个彩蛋

前面讲定位，说过要给大家讲一个话题中植入品牌以增加曝光度的方法，不知道大家还记得没？

对于一个话题，达人、V认证用户都可申请成为主持人，比如@杜蕾斯官方微博 使用的#杜绝胡说 # 话题的主持人就是@杜蕾斯官方微博 本身。

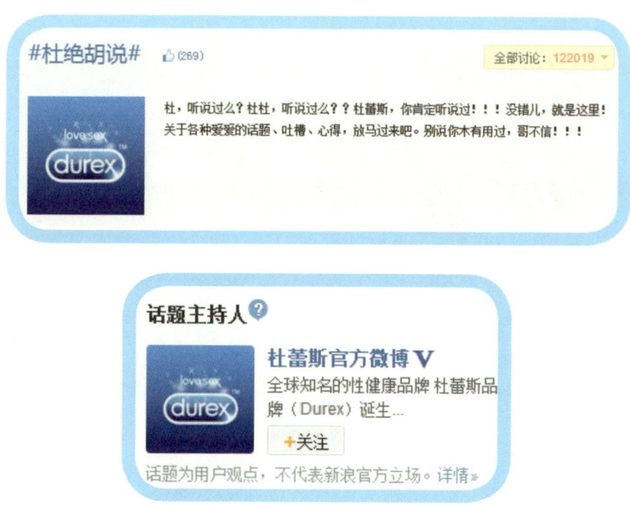

成为话题主持人后，你就可以编辑这个话题的封面图和话题介绍。我们可以看到杜蕾斯就通过主持人的申请，将其头像放到了话题封面，并将其“杜杜”的称谓放到了话题介绍中。这有什么好处呢？如果其他人也用#杜绝胡说#这个话题在其微博中进行互动的话，其话题选项卡就会出现封面和话题的介绍，那么就增加了品牌本身的曝光度了。

当然，属于不额外花钱，但可做点儿有意义的与曝光有关的微博应用小技巧。万一这个话题火了，品牌就可直接跟着沾光。那么就成了不额外花钱，做了一件大事了，增粉什么的当然不在话下。不过不要指望这种事情无缘无故地发生，任何能够火爆起来的事情都需要精心的策划、详细而周密的运作才能有成功的把握。一夜暴富的事情在现实生活中很少见，新媒体中也是一样的道理。

本章总结

新媒体营销是一个创意、人脉、金钱的综合实力体现。首先受众要能看懂并愿意接受企业推送的创意，而推送的过程，要么有很好的人脉关系或媒介资源，要么就有一定的预算作为支撑。这其实与传统媒体的广告投放有些相似，不同之处在于新媒体营销中需要广告主更花心思。新媒体营销不是喋喋不休地把产品有多好说给客户听，好的营销人员是半个心理学家。人有很多心理，有人利用客户的恶心和贪心做营销，比如限量和打折；有人利用恐惧心，比如健康；更高级的利用客户的善心，比如公益慈善营销；有人更牛，利用客户的好奇心。当客户对你产生极大兴趣时，营销就简单了。只有消费者认可你推出的内容，才能转化成消费力。而新媒体相对传统媒体带来的最大改变在于，广告主们不用像在电视、电台、报刊上投广告那样大海捞针了，而使广告的推送更有针对性，人群的寻找更加便捷，信息及口碑的传递速度变得更快。其实对于品牌商而言，机会也就更多了。而对新的电商品牌，要想打造成真正的品牌，而非比价过程中的牺牲品，那就是利用新媒体树立品牌形象，通过新媒体绕过阿里的比价体系直接引流，从而实现社会化电商中的品牌价值。

大V闲话——齐刚

齐刚：比酷科技CEO

“打通”

Get through

在传统互联网商业传播体系中，用户在媒体上获知产品与促销信息（Awareness），或是听到朋友聊天发生兴趣（Interesting），进而在搜索引擎上寻找这个商品（Demand），到电商网站或者线下商店购买（Action）。这就是以传统渠道为核心的企业营销部门每天需要面对的消费者购买流程，于是企业的市场部通常要花四份钱，去触及消费者的购物旅程：广告＋公关＋互动＋媒介，除此之外还有渠道费用。这个模式最大的弊病在于，过多的用户旅程造成与销售的脱节以及繁冗的分工环节，环节之间没有打通，导致营销结果的极大不确定性。

互联网的历史表明，一切商业进化都是朝着高效率与简化中间环节的方向来进行的。我们认为移动互联网与社交媒体能够极大地提升，带来三大商业信息变革在于：

第一，用户获取信息的方式被改变。直接从“消息源”（其他用户）获取信息，“媒体”变成了这些“消息源”的信用背书，而不再是主要传播结点。例如，我在社交媒体里看到了一个消息，转发很高，传播很快，但是直到《人民日报》或者“某名人”转发了，大家才会真正相信。

第二，用户购买商品的路径被改变。传统商业渠道进一步被颠覆，零售商业渠道向服务转变。更多用户是在社交媒体上看到口碑，然后再去寻求零售商业购买。

第三，广告与公关行业，由于消费者使用社交媒体和移动互联网的时间大幅度增加导致的广告行业各个环节高度裂变和整合……

在上述的大背景下，比酷从2011年创始以来，建立了社会化媒体广告服务的三个招数，屡试不爽，我统称为“打通”。

·品牌力&产品力和消费者直接打通

通过“众包”的形式让消费者帮助商家传播品牌或产品，例如2012年比酷曾协助“雀巢笨Nana”鼓励消费者规模性地在微博晒单，配合产品上市，在短时间之内达成品牌提升以及产品热销。

·明星、线下广告和社交媒体打通

新浪微博是历史上唯一的一个明星、品牌、消费者、意见领袖、消费者在一起共存发声的平台。有明星的广告战役往往辅以大量的线下广告，地面活动和影视剧植入。比酷参与过的“明星”案例有黄晓明的凡客闹太套战役、海俪恩隐形眼镜的罗志祥代言、宝洁卡玫尔的陈翔微博活动、联想平板电脑的“刘谦”以及“郭敬明”合作。在与这些大牌明星的合作中，最大的问题就是，线下广告以及地面活动的覆盖是极其有限的，怎么把这些有限的覆盖变成无限的Social声量是一个核心的问题。在上述成功的案例中，一开始就邀请社交广告服务公司把Social爆点埋入线下广告或其他媒体的案例，会收到很好的效果，这就要社交广告服务公司要拥有广告公司以及公关公司的能力，来胜任一部分Leading Agency的角色。总结下来，我称之为“社交前置”，即在一个广告战役的开始，就把“社交口碑”相关的传播点植入所有广告和媒体当中的打通战略。

·销售渠道和社交媒体打通

社交媒体拥有一个显著的属性就是“即见即想拥有”的冲动型消费，部分社交媒体例如微博、微信都已经开发了社会化商店的功能。消费者在社会化媒体上看到了一个商品Feed，立刻就能直接从商家的社会化媒体账户支付购买，这一商业模式的核心在于：话题性。比酷曾在一周内，帮助奔驰在新浪微博上销售666辆奔驰Smart，这一战役的话题性在于“特别为微博用户定制的炫黄色Smart，其他渠道没有”；也曾经帮助宝洁卡玫尔通过微博引爆在天猫上两天之内卖出2万瓶沐浴露，此话题性在于“购买即可见到明星：陈翔”。

综上所述，社会化媒体，一条微博，或者是一条微信，承载着广告、公关、互动、媒介，甚至销售这五大功能，已经成为一些企业营销发力的原点。社会化媒体已经成为打通上述企业营销几大部分的核心所在，基于社会化媒体的营销战略，创意发想和战役进行，将成为广告进化历史上不可逆转的潮流。

如何用新媒体挖出客户、管好员工、盯住对手

关注微博@全民社交，私信回复关键词【第七章】听申晨的语音推荐。

全　民　社　交

新媒体仅仅是用来为企业做宣传吗？Oh！No，no，no。就拿微博和微信来讲，以前信息不流通，企业获取信息都上演一出“无间道”。现在，当你的员工、客户以及竞争对手都聚集到这里时，你会发现不仅你自身的信息透明化了，甚至他们的信息也都明明白白地展示在你的面前，不需要指着伟仔的头说“我只想做个好人”了。

海航—魅族跨界挖粉丝

2013年5月12日是母亲节，这个时间点，无数的商家都会去做节日营销，以期让自己的产品与对母亲的爱结合在一起，从而促进消费者对品牌的关注。但大多数商家都将促销活动集中在自己的商品上，营销说服力很难保障。

2013年的母亲节有所不同，微博上@海南航空 与@魅族科技 玩起了跨界，并与母亲节中粉丝对母亲的爱意双重捆绑在一起，达到了非常出色的营销效果。

5月6日20：00，@海南航空 与@魅族科技 两个受众群体巨大的企业微博同时发布官方活动：

@海南航空：【母亲节：送你魅族MX2给妈妈打电话】有爱就行动！母亲节，要让妈妈听到、看到、感受到我们的爱。6—12日，以“#我给妈妈打电话#+文字、图片或视频”的形式发微博，关注并@魅族科技，最棒的作者将赢取魅族最新智能手机MX2。另外，转发此微博，评论和妈妈有关的话，随机抽取送出5份 海航母亲节礼包。

@魅族科技：【母亲节：送你往返机票回家看妈妈】有爱就行动！母亲节，要让妈妈听到、看到、感受到我们的爱。6—12日，以"#我为妈妈飞回家#+文字、图片或视频"的形式发微博，关注并@海南航空，最棒的作者赢取国内任意航段往返机票。另外，转发此微博，评论和妈妈有关的话，随机抽取送出20份魅族母亲节礼包。

当@魅族科技 的粉丝为了参与活动**赢取海南航空的机票，最终关注并@海南航空**之后，竟然发现，**关注并@魅族科技，还有机会赢得魅族MX2。同样@海南航空**

的粉丝在迎合其微博参与活动之时，也能得到完全相同的效果。这下，粉丝们疯狂了，纷纷奔走相告，参加一个闭环的活动，如果你要回家看妈妈能赢机票，如果你不能回家，还能得到一台新手机给妈妈打电话。

我们从最终的话题数据来看这个活动的效果。@海南航空 发起的#我给妈妈打电话#的讨论总量达到500多万。当然，这也与话题更接地气有一定的关系，因为在母亲节这天，在外的游子大多数人还是很难真正回家探望母亲的，而打电话确实是一个极为方便而且必须要做的事情，所以参与度超高也是情理之中的事情。

同时@魅族科技 发起的#我为妈妈飞回家#话题的最终讨论量也有16万以上。

等等，先别激动。我们有个观点，如果利益不对等的情况下，跨界合作是很难达成的。而从@海南航空 发起的#我给妈妈打电话#话题与@魅族科技 发起的#我为妈妈飞回家#话题的讨论数量对比来看，貌似@海南航空 占尽先机。那么魅族如何肯接受这样一个合作呢？因为@海南航空 申请了话题的主持人，任何人参与#我给妈妈打电话#话题讨论，即使不是参加活动，也能将海南航空曝光，那魅族在这次活动中得到了什么？这里我们再深层次挖一下这个活动的逻辑，你就能清楚了。

想要手机的用户需求是一定大于想要机票的用户需求的。而@海南航空 的活动微博中要求关注并@魅族科技 。你想到了什么？对的，海南航空在为魅族科技输送粉丝。这就是关键所在了。本次话题传播中，@海南航空 拿到一个落地性更好的话题，并利用与@魅族科技 共同的影响力得到更多的曝光机会（当然粉丝也是不在话下的）。而@魅族科技 利用活动中的规则，吸纳了更大量的粉丝数量。当商家之间利益达到共通，那么合作就会在愉悦中进行了。当然，这里指的粉丝，并不仅仅是@海南航空 原有的粉丝群体，因为很多人在参与活动的时候不仅@魅族科技，还把这个活动告知了很多的朋友，而这些人群中，对手机的需求量也是很庞大的。从而粉丝的输送规模要远远高于@海南航空 微博原有粉丝中活动的参与群体。

接下来，我们一起欣赏下这次活动两家微博推出的精美海报吧。

当我看到这两张海报的时候，想起了曾经在成都饭馆的门口，一个小朋友拿着电话口齿不清地叫着妈妈。我看着小朋友很可爱，说："宝宝真乖，真懂事。"此时，在小朋友旁边的姥姥不好意思地解释给我听："没通电话，孩子父母都在北京打工，春节给录了一段录音，孩子想的时候就给她听听。"突然就觉得孩子叫的爸爸妈妈都特别虐心。在母亲节的时候，一句"妈，我回来了"加上一句"妈，您辛苦了"。这样两张图一起看下来，相信许多人都会觉得奖品并不是最重要的，更重要的是一点儿淡淡的伤感涌上心头啊。不过，两张海报的遥相呼应真心不错。

我们在做新媒体的过程中经常纠结找不到粉丝，甚至有些市场人员为了粉丝数量，不惜购买僵尸粉丝充数。但实际上，微博的粉丝用户是有方法进行深层次挖掘的。基础的方法我们暂且不论。在上面的案例中，我们可以看出，@海南航空 与@魅族科技 的粉丝消费能力有一定的共通性。在做一个微博中传播基础良好的话题时，将粉丝进行相互导流，以期达成更好的曝光效果，无疑是很多企业值得借鉴的好方法。

其实跨界并不是新媒体的专利，跨界合作在营销中是经常存在的事实，也被企业屡试不爽。但玩跨界，如果借助话题再让有影响力的意见领袖火上浇油一把，无疑更能带动受众的参与热情。接下来的案例我们一起欣赏一下。

蓝色光标跨界"小杜杜"驱动乐安全

为了推广联想手机安全应用"乐安全"，服务商蓝色光标也玩起了跨界，联合乐安全与@杜蕾斯官方微博 一起策划争议话题#杜杜搞了乐安全#，驱动受众的好奇心。不但如此，这次活动还走入校园，将学生群体纳入"乐安全"的关键受众人群。接下来，我们一起回顾这个案例，大家可以看看有什么营销的启发。

第一步：争议性话题引爆新媒体

2013年11月4日，@天才小熊猫 发出一条争议性微博，并同步发布#杜杜搞了乐安全#话题。

由于广告趣味性极强，随即迎来大家的疯狂转发，3小时内便登上了热门微博第25位。我相信一定有人十分好奇这条微博的内容，那么到本书的微博中，私信回复关键词【乐安全】查看吧。

由于@所长别开枪是我、@李铁根、@叫兽易小星、@尸姐等大量其他段子手对该微博的二次扩散，最终该微博转发评论数累积达53430次。

我们来看看这样一个话题最终的表现吧：

#杜杜搞了乐安全#话题登上新浪微博热门话题榜第二位，以该话题为标签的微博累积达6万余次，@乐安全 微博关注量一天激增1万。

由于该微博的趣味性，著名APP“内涵图片段子”通过主动抓取，在当天发布的内容中对该微博进行了展示推送，更引起四大微信订阅大号转载，朋友圈进行了大量的分享。

@乐安全 的第一轮推广无疑是非常成功的。但作为联想旗下品牌，其野心远不止于此。

第二步：找到高校突破口，学生自主内容再次燃起新媒体热度

两天后，乐安全版杜蕾斯在全国近40所高校开始派发。而这种线下互动召集了2万余人参与，最终产出相关话题近3000条，而精品内容超过400条。由于前期线上对“乐安全”大量的话题感知以及校园活动中学生群体中对品牌的传播，此时，跨界合作的又一个微博作品华丽丽地登场了。著名微博红人@尸姐 发布长微博“如果乐安全也出安全套的话，一定是这样的”与@天才小熊猫 的#杜杜搞了乐安全#呼应。其作用，不仅在针对性受众心目中一下子将乐安全拉到了与杜蕾斯同样的品牌知名高度，并且让受众群体在各种娱乐性广告中，深深地记住了“乐安全”这个品牌。想看@尸姐 发布的作品吗？赶紧在本书微博中私信回复关键词【尸姐】查看吧。这条微博最终被转发3190次，所覆盖人群规模也是相当可

观的。最重要的是，几天时间，“乐安全”这个品牌从无到有，一系列的跨界合作，吸引了大批@杜蕾斯官方微博 的粉丝以及被这些粉丝的传播影响到的人群，知道并关注了“乐安全”。这在传统媒体时代是无法如此快速完成的。

讲到这里，我们略作停顿。伸伸手、踢踢脚，那个，棍子就不需要拿出来了。我们共同来思考一个问题。这与本章的主题有个毛关系？哈哈，这你可问着了。我们不是说要挖出客户吗？新媒体中聚集了形形色色的人群，什么年龄都有，什么层级都有，有身穿西装的白领，有朝气蓬勃的大学生等等。相当于以前我们在线下千辛万苦要找的潜在消费者，都在新媒体的环境中，尤其是微博的开放环境中，整合到一起了。他们在新媒体中贡献着内容、心情以及……个人信息。是的，你没有看错！他们贡献了自己的个人信息。这里的个人信息并不是指电话号码、银行卡号之类的。有了新媒体，你再要人家的电话号码干吗？你说你要玩电话销售！请自觉头顶十本我的书蹲墙角去。那这种个人信息指什么？我们该怎样获取呢？

首先是第一个问题：个人信息指的是潜在消费者的微博账户、喜怒哀乐、地理位置、朋友圈子以及消费习惯。想太多的同学请再次自觉头顶十本我的书蹲墙角去。只要你足够用心寻找，这些信息都会在微博用户曾发布过的内容或评论中找出来。而这些正是评估一个人是否有可能成为你的消费者的重要依据。话说比电话号码靠谱太多了。

另一个问题：我们该如何获取？方法也许很复杂困难，或许很简单粗暴。复杂的方法是你可以找到一个潜在消费者，根据他的粉丝、关注、评论等任何关系链条一点点挖掘。而简单的方法就是我们前面两个案例中讲到的：跨界合作！

跨界合作的最大好处在于，由于某些自媒体的调性非常清晰，我们根据其调性大体上能判别其粉丝群体的属性，如年龄、受教育程度、地理位置等，甚至还能知道价值偏好、性取向。从这些属性上我们能非常方便地判断，与其做粉丝置换是否可以快速达成品牌价值的传递。在这一点上，新浪安徽在为合肥银泰购物中心做美食季推广时，就充分利用@安徽美食 渠道进行了非常有效的引流。这种引流过程中还有很多的配套操作，比如代金券抽奖活动、现场软文撰稿以及线下受众采访等。由于@安徽美食 针对本次推广的受众非常精准，最终活动的转发数量近万次，线下试吃活动的参与人数也超过百人。为@合肥银泰中心 的美食形象打造和活动受众拉动起到了良好积极的作用。

说到这里，我跟营销人一起吐个槽。经常会有广告主希望我们在推广的时候，给他们做到其旗下每一个产品都能大量曝光。但有时候，我们不得不面对这些产品受众相似，而无法有效击中消费痛点的问题。这一点上，2013年4月新浪河北为招商银行推广三款不同的信用卡时，采用不同渠道进行推广的案例让人印象深刻。

招商银行2013年4月曾同时推出三款不同的信用卡，分别是：YOUNG卡、汽车卡和微博达人卡。

这三种卡受众特征很相似，如果不进行人群细分，在同步推广的情况下，很难真正打动用户，因为受众看到相关信息后会产生心智上的混乱。所以在这种框架下，不同的卡就要有不同的合作渠道才能将真正的用户挖掘出来。基于此，新浪河北定位YOUNG卡的受众为年轻时尚的白领，去做跨界合作的渠道选择偏向了财经类和玩乐类的意见领袖。汽车卡的受众为拥有汽车的用户，跨界的渠道偏向了汽车类的意见领袖。而微博达人卡则瞄准了具有一定影响力的微博自媒体达人用户，为了与YOUNG卡用户进行一定的差别区分，选择跨界渠道的方向主要偏重于美食和旅游。虽然不同方向的跨界人群仍会存在一定的交叉，但做到方向性区分的新浪河北，还是将三种信用卡在做到有效曝光的同时，不至于引起受众心智上的混乱。而结果也是非常可观的，最终总曝光量超过80万，新浪河北为招商银行搭建的专题页访问量也超过25万。最终的粉丝影响规模不小于100万人次。

说了这么多，你是不是又溜号儿了啊？在想接下来你要跟哪个品牌做个跨界合作呢？哈哈，别急。我们还是要把跨界合作讲清楚些。我们看到的这两个跨界合作的精彩案例中，一个是纯粹两品牌之间的合作，另一个是品牌联合段子手之间的合作。这两种都可以是跨界合作的典范。完美搭配的效果好比寿司和芥末，奶茶和珍珠，@申晨 和 @薛木子。但你是否有想过，不管是微博还是微信以及其他的新媒体平台，渠道之间是否也存在合作呢？甚至这些合作不算作跨界，有时候同行业也是可以合作得很精彩哪。我们不妨看一对很基情的合作案例。

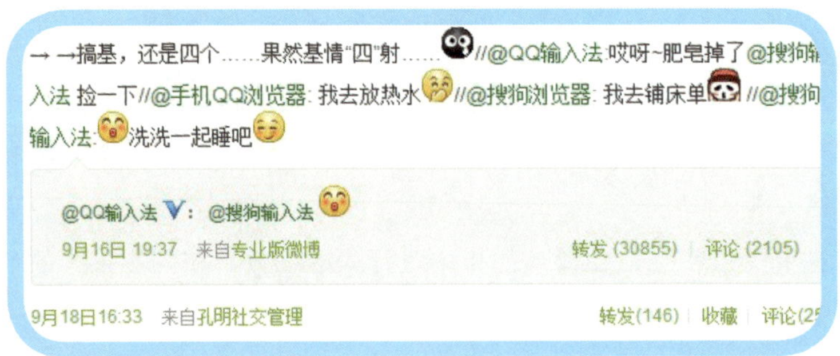

好吧，我承认。我又给你们找到一个很内涵的方法。那个拿棍子的同学，你赶紧抡过来吧。不过，这种合作真是太好了，不是吗？转发3万以上，曝光几千万，放到传统媒体上，那是得花多少钱才能完成的任务，在微博中仅仅几次转发，四个软件都得到了有效的曝光。（此次营销合作用了非常少的成本宣告了腾讯将与搜狗的战略合作，是一次非常省钱省力的合作前期宣传。不仅做到了极为方便的告知，还在网友的猜测和互动中对四个品牌做到了极大的曝光。）

说完了挖掘客户，有同学可能会问：我们不是还有两个主题，管好员工和盯住对手吗？别急，再次套用延参法师的话，生活就是快乐地去存在。让美好相遇，有时候需要静静地等待。

对于管好员工这件事情，我想到曾经的一篇新闻报道，报道中讲道："老板让员工周六加班，员工不爽，告知老板自己生病。老板同意不加班后，在微信朋友圈中看到该员工周六更新的在海边度假的信息，看后老板勃然大怒。"事情描述起来很简单，但我们也可以窥探到新媒体的无穷威力。这种事情放到微博、微信诞生前，老板是完全无法得知员工是否真的有病休息的，但微信朋友圈的应用出卖了该员工的真实动向。所以你看，这种类似的应用是否可以帮助你进行员工管理呢？哎，你们怎么都把老板的微信给拉黑了呀。

另外，作为人力资源经理的我，也不止一次在课堂上提醒企业主可以关注员工的微博，或者加员工微信为好友。这样做并不是一定看他们到底有没有生病（我始终相信诚实的雇员还是占绝对多数的），而是可以关注到员工的心态变化，从而更加人性化地进行员工心理干预，防止不必要的跳槽、抱怨等问题。

除了以上这些，新媒体能够提供给企业主关于员工的管理，远不止仅仅观察员工真实动向以及查看员工真实心态那么简单。有时候用作招聘渠道，运用得当，不仅效果远远大于招聘网站，还能树立企业形象，带来企业品牌良好的传播。我们来看一个非常经典的微博招聘案例。

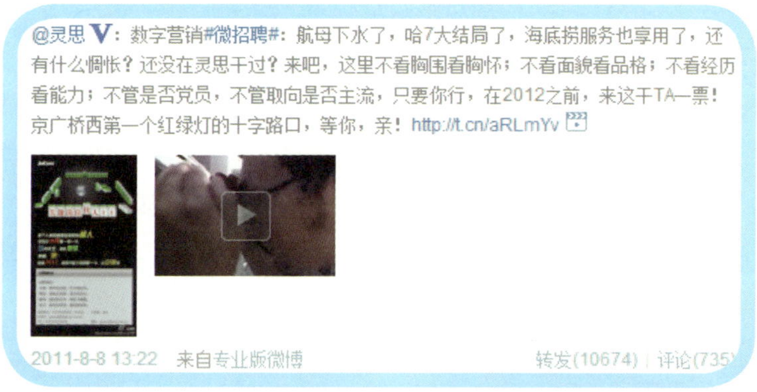

一条招聘广告，虽然文字内容很有趣，但转发上万次的效果一定让你很想看这条微博的配图和视频到底有多精彩。

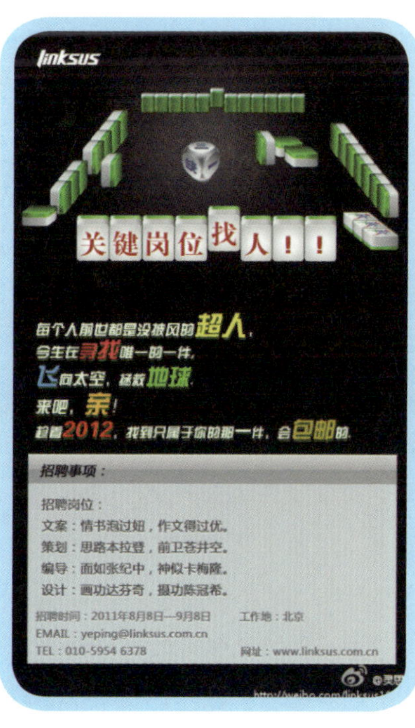

这样的招聘内容太装、太神经病了吧！但是，又太好了不是吗？当然，你也可以扫描下面的二维码或在本书的官方微博中私信回复关键词【招聘】观看该微博所配的视频。

（感谢微奥传媒为本书提供的相关互动）

你看，在新媒体的时代，原来对于员工，从招聘到管理都有了不同的解决思路。或许你还有更多不同的创新方法，也欢迎在微博上写出你的想法，并@申晨。对于精彩的员工管理方法，我会帮你转发！免费的哦！

那么，最后我们说一说对于盯紧竞争对手这件事

首先，你需要关注你的竞争对手。有人问：“我在操作公司的企业微博，或者我已经有了关于我所在企业的V认证，不想让竞争对手发现我对他的关注，要不面子往哪儿放？”我才不会告诉你微博有个功能叫“悄悄关注”，完成关注后，你就只需要等待他们发布消息了。比如对于一家餐饮企业，竞争对手众多，关注后，就可以非常方便地知道对手又推出了什么新菜，又做了什么新的活动，甚至于请了哪个大厨。（你们觉得我老是举餐饮的例子？那是因为我自己就是开动起来的火车。一直都在狂吃、狂吃、狂吃……）这些内容经常被竞争对手第一时间发布在微博上，而且由于微博平台上品牌的公信力，其内容必然都是真实的，这对于知己知彼可是非常方便的。我有一个哥儿们是微奥传媒的CEO，有十几家餐饮机构找他们做新媒体运营，他们在策划一个事件或者规划一个活动时，就非常聪明地从竞争对手处先捕获最真实有效的信息，其创意总能比竞争对手出色，其中微博的信息贡献功不可没。当然，微奥传媒本身对餐饮机构的社会化营销经营数年，自身经验及创意也绝对是一流的。而在微信中，由于信息相对封闭，最直接的社会化收益来自你可以知道竞争对手的SCRM系统是如何布局的，借鉴、超越就要看企业投入的多少和综合创意实力了。

其次，你可以通过竞争对手微博内用户的评价得知消费者对他们最直接的认知。当然，这是需要花费一些精力的，但对于一个企业的产品规划来讲，不管是借鉴对手的优势还是去除与其相近的劣势都是非常重要的事情。

不过以上两件事情，虽然看上去很让人激动，但静下心来想想其实很恐怖。因为，你在盯着你的竞争对手的同时，他们也在盯着你。新媒体就是这样一个很牛的系统，大家同处一个平台，信息的公开和流动让一切都变得透明。无论你怎样想通过新媒体经营好品牌知名度及其口碑，企业始终要明白一个根本的道理——做好产品和服务。为什么说产品和服务是根本？不妨我们来说说安然公司的故事。安然公司原是千亿资产的公司，其总裁肯尼年轻时候花了100美元买了一头驴。后来驴死了，于是肯尼办了一次幸运抽奖，用驴作为奖品，卖了500张票，

每张2元，赚了998元。有人问，难道没有人不满吗？肯尼回答：只有中奖的人不满，所以我把钱还给他了。后来有人推崇肯尼这种思维，但是我认为这种带有欺诈性质的思维是社会浮躁和商业道德沦丧的根源。后来财务造假让安然公司破产，引发全球金融动荡，这一切和肯尼也有直接的关系。所以企业只有将重心落在产品和服务这两个最根本的基础上，你的口碑才会良性发展，而创意和营销只是将你的好口碑更加有力地传递出去。所以，少年，新媒体可以造就一个品牌，但能让一个品牌长久生存下去并在任何新出现的媒体上都能获得最大收益的，永远都是一个企业的良心。

本章总结

由于新媒体中企业和普通用户是共存的，这给任何行业、任何产业都带来了或多或少的变化，而对于品牌企业来讲，这种变化尤为显著。新媒体的信息流动性可以在一个营销创意布局下迅速造就一个全新的品牌，也可以在一些不经意的细节驱动中快速毁掉一个原本有无数消费者基础的多年老品牌。（味千拉面的危机公关，在很大程度上就是由于无法适应新媒体的变化，以及细节处理上的不得当酿成了后来的噩梦。）所以我们在庆幸新媒体给品牌带来机会的同时，也要对其中的重要构成：消费者、员工、竞争对手做出更优化的处理策略。但不管是粉丝互换的跨界合作，还是整合新媒体中的话语渠道为企业背书，得来针对性受众的关注，在任何情况下，企业对产品和服务的重视永远是最重要的。而消费者或竞争对手在新媒体中的信息反馈，在很多情况下可以帮助企业尽快优化其产品或服务。利用新媒体驱动企业的整体变革将是一个必然趋势，动作的快慢在某些行业中将决定一个企业未来的命运。只要新媒体运营人员懂得如何操作，并足够用心操作，这种转型将会很快在企业中发动。

大V闲话——刘寅斌

刘寅斌：上海大学管理学院副教授、
新浪微博传播顾问

我是刘寅斌，现在是上海大学管理学院副教授。1996—1999年曾在全国发行量最大的报纸——《电脑报》担任记者。

2009年下半年，微博上线。我在2010年春节成为微博的用户，并喜欢上这种及时互动、快速交流的互联网应用。2010年春节后，我在我的《管理信息系统》课堂上，以微博为课外作业，让全班同学自由组合，玩微博，每周根据粉丝量排出全班的排行榜，相关榜单也被我发布在微博上。记得刚开始时，全班150名学生，也就只有两三个学生用过微博。

我们当初玩微博，很快乐，也很单纯。同学们通过各种方法增加粉丝，结果在最高峰时，在新浪微博个人粉丝前100强中，我的学生们占了七八个。现在想想，如果一直跟着大势走到现在，那些高粉丝的学生们会不会不一样呢？

就在我们玩得兴高采烈的时候，新浪微博的苗颖通过微博发现了我们的实验。苗颖是我进入新浪微博的引路人，而苗颖的同事李少宇随后来上海负责微博在华东的推广。我和少宇认识后，少宇开始带着我参加新浪微博的各种推广活动。我因为一直在从事为企业和政府提供信息化咨询服务的工作，顺理成章地就开始客串起为企业微博提供咨询和服务的工作。结果，微博发展势如长虹，我自己也跟着新浪微博的成长而迅速成长。

这几年，我为数百家发行机构提供过有关社会化媒体、互联网企业营销相关的咨询和培训服务，每周都会在各地有课程巡讲。微博彻底改变了我的工作和生活。很庆幸，能和微博一路走来。谢谢微博。

新媒体如何
让品牌身价倍增

关注微博@全面社交，私信回复关键词【第八章】听申晨的语音推荐。

同样的用料，同样的工艺，为什么有的衣服能卖到几千元，但有些只能在淘宝中扎堆售卖不到一百元？“品牌”这个词赋予了商品特殊的意义。但品牌的价值如何塑造出来？靠海量广告？靠受众口碑？以上都可以，但在新媒体中，有时候一个好的故事也可以成就一个品牌的快速建立。

褚橙—励志橙的故事

2013年，褚橙绝对是我心目中最牛叉的水果了！而这款产品的爆红正是因为承载到了褚时健的人物故事上，引起这款橙子的大卖。我们一起来看一下这个故事吧：

1928年，褚时健出生于一个农民家庭。

1955年，27岁的褚时健担任玉溪地区行署人事科长。

1979年10月，任玉溪卷烟厂厂长。

1990年，褚时健被授予全国优秀企业家终身荣誉奖“金球奖”。

1994年，褚时健走入人生巅峰，使红塔山成为中国名牌，而其本人则成了中国烟草大王、地方财政支柱，并被评为全国“十大改革风云人物”。

但1995年2月，一封匿名检举信举报褚时健贪污受贿。1997年，他带着将破落地方小厂打造成创造利税近千亿元的亚洲第一烟草企业的荣耀，和被判处无期徒刑的尴尬离开了红塔山。

2002年春节，办理保外就医的褚时健已经步入74岁的年纪。

一个古稀老人，走出监牢后，人们都在想也许在家颐养天年是他人生最好的结局了。然而，褚时健并没有如此选择。75岁那年，在云南承包2000亩荒山，开种果园。

看到这里，相信你已经感到十分励志了，前排的同学请把眼泪擦擦，至少一个老人永不服输的精神早已掩盖了其早年间的不堪往事。但我要告诉你的是，营销中的故事才刚刚拉开序幕。我们继续看这个故事的其他细节。

褚时健使用了以前管理烟厂的办法，与烟农互利。当年其为了让烟农种出优质烟叶，采用由烟厂投资，直接到烟田去建立优质烟叶基地的办法，并且把进口优质肥料以很低的价格卖给烟农。当时烟农有很多都富了，与烟农“双赢”的是烟厂，原料一天比一天好，竞争力也一天天增强。这才有了当年红塔山质的蜕变。如今的果园中，褚时健使用的办法与当年类似。每棵果树产量都有标准，说多少果子就是多少，因为太多将影响到橙子的质量，多出来的一律不要。而一个果农只要完成承担的任务，就能领到4000元的工资，质量达标后还有4000元，年终再奖励2000多元，总数比在外面打工挣得多多了。这样的管理体系，不但果农有了很强的积极性，种出来的冰糖橙也有了很高的质量保障，以至于果农一见到差点儿的果子就主动摘掉。（明年我跟褚老商量下，差点儿的果子就直接处理给我吃好了。）

也许大家有所不知，橙子挂果要6年的时间，时年75岁的褚时健，最终坚持10年后，才从“烟王”华丽转身为“橙王”。果园年产橙子8000吨，利润超过3000万元。

到这里，故事已经讲得差不多了。我们来分析一下这个故事中给产品营造出的卖点：

一、75岁开荒种橙，曾经大富大贵，也曾身陷囹圄，保外就医后不惧岁月无情，种橙10年。这无疑很励志。我们从后来微博中人们对褚橙的消费反馈也能看出，很多人都是因为这个故事从而购买褚橙的，并美其名曰“励志橙”。

二、当年褚时健经营红塔山，之所以品牌成长翻天覆地，就是因为品质管控的方法很牛，而借鉴到橙子种植上，无疑确保了褚橙的品质优良。这一点，在近年来食品安全频频爆出问题的中国，无疑是非常能戳动消费者神经的。没有什么比红塔山因为烟叶品质优良而爆炸式地发展更有说服力了，数据有时候比明星代

言都给力得多。当然，褚时健本身在产品的宣传过程中也成为了明星，但这种明星的身份是兼具产品管理者定位的。这种叠加比电视上风光无限的娱乐明星甚至还有力度。产品后来在宣传过程中所用的宣传语："甜酸比24：1"等概念在褚时健的光环下为产品的附加值锦上添花，成为扩大受众面的宣传卖点。

故事讲完了，接下来就要完成一个关键的环节。谁来把故事传递，又怎样传递给消费者的问题。2012年，本来生活网作为褚橙的官方授权经销商，发起"褚橙进京"行动，从而让这个品牌响彻全国。在这个过程中，新媒体成了褚橙宣传的重要渠道。为什么选择新媒体？（喀喀，这个还需要我解释吗？）

第一，新媒体便于讲出一个完整的故事，从而让受众完整地对褚橙进行了解。比如我们可以发出长微博，或者在微信公众平台中讲出一个励志的故事，期间结合褚橙的卖点进行全方位地包装，而无须投入大量资金去传统媒体中用极短的篇幅讲出一个大家无法听懂的故事。漂亮的故事能迅速成为新闻点，而这种新闻点又会受到媒体的重视，从而主动抓取相关信息帮助品牌进行传播。简单来说，新媒体可以让你用很低的成本去完整地讲述一个营销创意。

第二，新媒体便于口碑的快速传递，因为"冰糖橙"确实很甜，一个好的产品如果能有真实粉丝的好口碑保驾护航，那么产品的销售将变得容易。这其中，新媒体的分享属性是口碑信息流动起来的关键所在。也就是说，新媒体能让更多人知道你的产品。

第三，新媒体可以帮助品牌留住粉丝，从而引导二次购买。关注这件事情，任何一个新媒体都在做。关注品牌的任何一个发声渠道后，消费者就能随时收到品牌发出的信息。因为故事讲得好，吸引了大量粉丝的关注，品牌在新媒体上振臂一呼，就有无数粉丝争相购买。这就造成了褚橙经常脱销的壮观景象。而越是脱销，消费者的购买欲望就越强，就越要关注官方渠道发出的信息。这样的良性循环就构成了信息闭环，从而牢牢地锁住了粉丝的心。因此，新媒体能更好地帮助你维护老客户。

故事有了，大家是否好奇营销的核心——故事传播是怎么做出来的啊？那个拿棍子的同学，你咋就不嫌累呢，得等我一点一点讲出来嘛！

作为褚橙的营销承包商，时趣social touch通过微博营销工具“粉丝通”做出了非常有力的推广，而这个推广的方法在粉丝通的应用上也可以算是教科书式的。首先，时趣为了能将褚橙的故事讲得完整，并能辅助最后的营销，在粉丝通的投放上制订了三组内容制作方向：

1. 褚橙产品的安全；

2. 褚时健的励志故事；

3. 微博粉丝独享优惠。

接下来，他们在投放人群方面也挑选了两条不同的路径。

1. 标签精选+热门城市投放；

2. 大号相关粉丝+热门城市投放。

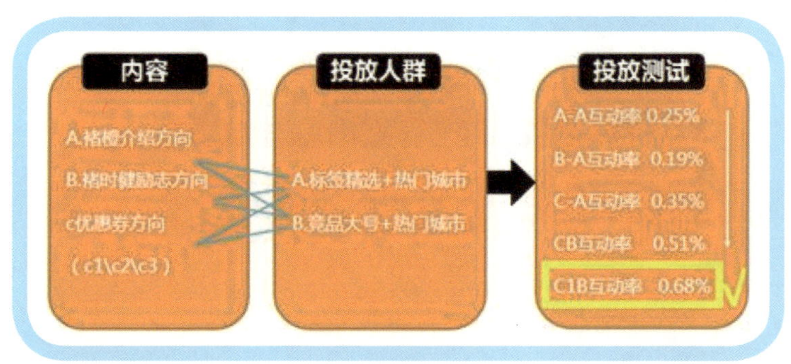

在内容和投放人群两个纬度上制订出这些规则后，时趣对整个投放做出了测试，以确定哪种投放策略会让广告更有效。

最终得出的结论是：优惠券方向的内容，在大号相关粉丝与热门城市的关键词定义下的投放反馈效果是最好的，从而保障了最好传播效果的组合能够得到最大化的预算投入。

这种投入之后，人们在微博中对褚橙的讨论声量逐步被放大，对褚时健的跌宕人生引发了大讨论，从而对褚橙也有了非常高的期盼。

接下来，褚橙产生了第一批尝鲜者，也是在微博上的第一拨真实口碑的传递者。时趣搜集了1000名不同行业的80后创业达人，并进行了褚橙无偿激励赠送活动。这个方向很明显，选择创业达人，意图就是将励志故事进行到底。这其中30%的达人接受了赠送，褚橙在微博中被热议起来。每一个看到褚橙消息的人都想知道这到底是怎样一个老人种出的怎样一颗橙。就这样，褚橙在本来生活网上正式开卖之前，人们的期盼就已经被调动了起来。当然，参与这次口碑传递的也包括像@韩寒这样的80后大咖。

紧跟着，整个故事的真正主角“褚橙”华丽丽地登场了。在橙子采摘前10天，本来生活网在其官方微博上发布话题#云南原产地寻访之路#，首先带动了大家对传说中褚橙就要开始采摘的期待感。

在这之后又对褚橙的采摘、装箱、运输进行了全程直播，并在微博中发起了话题#褚橙在路上全橙直播#，让消费者全方位地了解到一颗橙子从树上到消费者手中

的不容易，这种做法，在水果销售上是比较新颖的。虽然褚橙的价格很贵，但由于橙子也确实很好吃，基本上每一个拿到褚橙的人都对其口碑进行了二次放大。

在整个推广过程中，也会有反对者对粉丝通推广的广告提出质疑。不过这种质疑被大量支持者的声音迅速淹没。有人在微博中曾评论：“你们就知道发垃圾广告。”这时候，有粉丝直接站出来说：“人家一个85岁的老人，种橙子容易吗？我就是要帮他发，你能怎样？”大家看，粉丝经济多么牛，当负面舆情出现的时候，无须官方出面，粉丝就帮你挡了刀。所以说，在新媒体时代，得粉丝者得天下啊！而褚橙由于故事的成功，不仅仅在营销公司的布局下进行口碑传递，甚至于很多微博知名人士都对其进行播报。这里面包括大名鼎鼎的投资人@徐小平，资深媒体人@杨锦麟 等等，就连创业圈著名的@创业家杂志 也在其官方微博中对褚橙进行了报道。这些名人的影响力也增强了褚橙的整个微博公信力，并延续了其励志的精神。

到这里，褚橙的故事大体讲完了。不过我们要强调一个很重要的事情，虽然故事可以塑造、借力，从而让品牌迅速达成，但产品本身的质量才是口碑长期保持的最佳良药。在这一点上，褚橙也是无微不至。首先，褚橙果子的品质是有保障的。其次，其对细节的要求也绝对让别人在其昂贵的价格面前不会大呼失望。我们来看两个细节：

这样的包装，在水果界真心不俗。不仅如此，整个营销过程中，在包装箱上还用了很多网络上的热点语言印制，甚至印上了收货人的名字，也引发80后受众人群的追捧。

（“我很好，你也保重”来自哪里你知道吗？没听说过的话再问问身边的朋友咯！）

而每一颗橙子上独立的编码，也让橙子的来源可追溯，进一步打消消费者对橙子品质的质疑。

对于传统企业的经营者们，这是否也是一种启示呢？

说了这么多，相信很多人又要发出质疑声了。褚橙太特殊了，褚时健只有一个，我们怎么可能像褚时健一样编一段人生故事呢？好吧，我们再来说一个卖水果的。这个人没有进过监狱，也正处于人生的事业期，也靠故事将水果在淘宝上卖得风风火火。

2013年4月30日，微博上有人发出如下内容：

就是这样一条描述，让大家认识了从新浪辞职开卖水果的@徐佳。而这条微博也由于大家的转发成为当天的热门微博。好奇的人都去他的微博上看，这个人是如何发生蜕变的。这也直接导致了其微博向淘宝店的导流。依靠这样一个真实生动的故事，@徐佳 的淘宝水果店铺已经是一家一冠店。在此基础上，他另开设了一家专卖重庆土特产的店铺，销量半个月上钻。

@徐佳 这个案例如果与褚橙比当然微不足道。但由于有了故事的支撑，也逐渐树立起个人品牌，而由于其微博中也经常对产品进行故事化包装，拉动销售的同时，粉丝的积累也是非常可观的。

我们讲了两个人物类的故事包装案例，想必大家也累了。接下来我们换个口味。我知道一定有人在想，我没有出名的想法，在中国，闷声赚大钱才是更多人喜欢追求的成功之路。那是否还能用讲故事的方式来包装品牌呢？答案自然是肯定的。创意是人想出来的，只要有需求，就一定有适合它的创意存在嘛。

桔子酒店的母爱无边

桔子水晶酒店，如果你玩微博比较多，这个名字一定不陌生。貌似这一章除了橙子就是桔子，要么就是水果。我是有多爱吃水果啊，哈哈。

这是一个非常会讲故事的企业，不但故事讲得好，事件营销还玩得漂亮。当然，我们这一章中不讲事件营销。如果你想知道桔子水晶酒店是怎么玩事件的，得耐心点儿往后看。（哇，你们也太狠了吧，都不用棒子改丢板砖了。幸亏躲得快，要不然被砸到了。）

来吧，缓解一下，我们看一个微电影。请扫描以下二维码或在本书的微博中私信回复关键词【桔子】欣赏吧。

（感谢微奥传媒提供本书新媒体互动）

看完后有什么样的感受？你有落泪吗？摆出这个视频不是为了让大家觉得很沉重，而是要讲出一个道理。故事这个东西，并不一定非要从头到尾地进行人物包装，而是可以找到一个简单的特征传播点，融入品牌中去，如果获得了受众的共鸣，甚至于有时候消费者会认为这种特征就是品牌的代名词，那么我们的传播效果就达到了。这个视频后来在微博上播放总量过万，并始终被@桔子酒店 置顶在其微博页面上。告诉受众桔子水晶酒店的企业文化是包容的，是公益的，最主要的是非常有人情味的。而这种人情味影响的也不简简单单是其消费者，甚至影响到员工对企业文化的认知，进而影响到员工的工作态度。大家可以想想，这也是一个良性的循环。员工认可酒店，酒店的所有细节会越发完善，客人的满意度越发提升，口碑也在其营销的承载环境——微博中被不断强化了。

而桔子水晶酒店的故事包装中从未提及过其创始人等信息，这种推广方式还是非常适合绝大对数企业进行借鉴的。

前面讲了几个适合不同企业的故事营销，我们来看看故事营销到底怎样才能传递并打动你的客户。

第一，你需要有讲故事的能力。可能有人说这是一句废话，其实不然。如果你在自己企业中实在找不到有讲故事能力的人，那你可以找营销公司啊。如果营销公司的故事也让你不满意，你还有一张牌可以出，那就是让网友帮你讲故事。我们经常说UGC（用户产生内容），新媒体环境中的UGC可以为品牌注入意想不到的活力。西安市政府就曾在2013年联合新浪网和新浪微博共同举办过一次“西部微电影大赛”，这个大赛以“讲述我与西安的故事”为创作主线，演员征集和剧本征集都在网上进行，最终剧本投放超过500多份，故事轻而易举就有了，而且很有新意。这次活动由于不仅征集剧本，还征集演员，极大地调动了受众的参与热情，微电影未播先热，整个讨论超过10万次。让西安的旅游业通过新媒体渠道得到了极大的曝光。所以讲故事的能力不要把眼光放得太窄，要能够充分挖掘和调

动网民的创造力。

第二，故事不仅要能打动人，还要符合人的基本需求。这就要求营销人员对人性有非常敏锐的把控能力。企业出手的任何一次宣传都需要为商业服务，哪怕是公益也要体现出企业的精神与文化。不管是褚橙的励志，还是桔子的感人，都在引发受众感动和传播的同时，传递了企业的价值。

第三，要有人给你的故事信任背书。像褚橙的故事，仅靠自己吆喝不管用。有了用户体验，有了王石这样的名人出来为你说话，这对培养粉丝对你产品的信任至关重要。

第四，要有敏锐的新闻点洞察力。其实这一点与讲故事本身差异不大，不过如何让故事中的点转换成新闻点，让媒体在不计收入的情况下，心甘情愿帮你传播，才真正体现一个营销团队的运作底蕴。

第五，良好的传播渠道整合。新媒体时代，内容为王固然不错，但渠道在中国的新媒体环境中仍然是至关重要的。跨界合作也好，找行业意见领袖转播也罢，总的来讲，好故事最开始得找到有效出口才能给企业的故事插上翅膀。

第六，懂你的客户。只有真正了解客户的企业才能讲出打动他们的好故事，最终才能将影响力真正转换为消费能力。也许一箱褚橙本身没有那么值钱，但能带给吃的人一种励志的感受，也是一箱橙子的超级附加值啊。

本章总结

近年来，故事营销是企业在推广品牌或产品的过程中十分喜欢使用的手法。故事承载的信息量大，触发受众的心理感知概率高，所以将一个故事融入企业品牌中非常适合培育真实的粉丝经济。粉丝这个词最开始出现在娱乐圈中，由于粉丝们给明星带来商业利益的同时，也担负起传递口碑的重要作用，所以有先见的企业纷纷踏足粉丝培育的商业大环境中。

人物故事较容易吸引拥护者，而品牌属性故事需要找到接近受众生活愿望的有效融入策略。像我的话，就非常适合讲一个胖子是如何立志减肥、最后成功塑身的励志故事，可惜这个故事目前停留在了主人公立志之前。但无论怎样，我们讲好一个故事，并用合理的手段进行故事分发，就能较好地培育行业话语权。这一点上，任何企业都有探索的空间。当然，故事的形态可以有很大的想象空间。一段视频、一个长微博，甚至于140字的微故事都有希望融入受众心智中。你的品牌故事是什么？不妨写出来@申晨，说不定我可以帮你进行传播哦！

热点如何成为新媒体营销的驱动力

关注微博@全面社交，私信回复关键词【第九章】，听微博商学院总监王敏的语音推荐。

好的热点营销不仅能大量吸引受众的关注和参与，运作得力还能给企业带来极强的短期口碑传递。而这种传递恰当地融入企业的特征中，也方便企业在消费者心智中快速扎根。但热点这匹野马也不是任何人都可驾驭的，你需要种一片草原或者在草原中找到一片领地。

病毒营销

1.桔子水晶酒店的创意开张

说到“开张”，你能想到什么场景？成堆的花篮以及烟花爆竹？太俗！领导以及明星剪裁？成本太高!其实这种华丽的过程也没有任何问题，但除了能在极短的开业时间内引发少量路人的围观和给别人带来噪声困扰外，也就没有任何的新鲜感了，没有传递出你的信息。就好像面试一样，你和面试官面试的过程都非常精彩，有说有笑，甚至相见恨晚。然而最后你却惊讶地发现，没有再接到电话更别说Offer了。为什么？因为面试过程中面试官仅仅觉得你很有趣，但是面试官想知道的是你很有才。我们看中的不是过程，是结果。

2012年10月12日，桔子水晶酒店上海北外滩店试营业，临街的一侧道路上人山人海。而这次开业并没有领导或明星的剪裁，也没有在大楼上挂横幅，你一定会好奇这么多的人气是怎样聚集的吧。

桔子水晶酒店之前的所有店面开业，都没有做任何的开业庆典，只是内部稍微庆祝下就开始营业了。上海北外滩店开业之前，虽然也在杭州、宁波、南京等外围城市进行了外围包围上海的市场路径试水，但其市场人员仍然不知是否可以摸清上海市场情况，因为上海的市场情况是与其他地域有非常大的差异的。所以，为了告知上海客人或想要去上海的客人桔子水晶酒店进入上海滩这件事，就需要有一个特别的事件策划。

说到特别的事件策划，就需要异于常规思维。（请允许小弟我再卖一个小关子，我需要让大家能更清晰地认识这个热点的营造过程。）上海给别人什么印象？是小资生活还是东方明珠？其实这些都不足以创造良好的视觉反差，毕竟随着人们生活水平的提高，灯红酒绿的场景与地标建筑无法完全吸引大家的目光，再换个角度来说，对于桔子水晶酒店500元上下的入住费用，其所针对的受众人群对这些场景更是无感。那么上海还有什么可以让大家提炼的特征呢？男人！人们眼中，习惯性认为的上海男人形象一般都是斯文和柔弱的。如果要吸引大家的目光，强壮的男人将会十分有效。

就在这样的策略下，桔子水晶酒店上海外滩店的开业仪式华丽丽地登场了。10月12日当天，在桔子水晶北外滩酒店临街特色的落地窗前，每个房间的灯光映衬下，40位肌肉猛男仅腰间围上浴巾震撼登场，大摆健美pose。试想一下，40多位裸着上身的肌肉男在闹市中展现男性身体的力量，还和你一起互动，该是一番什么样的震撼情景！就这样，不仅通过微博慕名而来的看客，还有闹市中的路人，看到这样的景象纷纷驻足观看，并将所见所闻“喜大普奔”地发布到微博以及微信中。在新媒体上，北外滩开了一家桔子水晶酒店的消息铺天盖地地传开了。这样做有两个非常明显的好处，第一个就是超多人记住了桔子水晶北外滩店，第二个是桔子酒店的内部设计风格，也在新媒体上覆盖了大量的受众。酒店本身无须再有过多的言论，尽可放心大胆地让网民自由发挥了。不仅如此，桔子酒店还将这次开业仪式拍成视频，剪辑出来的短片名字叫作“女王的盛宴”，也十分博眼球。而该片在10月17日发布后，由桔子水晶酒店CEO@桔子水晶吴海 微博发出，引发了7000次以上的转发。播放数量，仅优酷一个渠道就达到18.3万。这不仅让北外滩当天的观众看到了桔子水晶酒店的开业盛况，也让很多不能在现场的网友都记住了桔子水晶北外滩店的精彩。

知道啦！知道啦！你们都想看这部“男色香艳”的广告短片嘛。你看你这个女同学，口水都擦了好几遍了。扫描下面的二维码或在本书的微博（@全面社交）中私信回复关键词【女王的盛宴】观看吧。（感谢微奥传媒为本书提供新媒体互动）

这部凶残的影片看完后有什么感受呢？回答“想和他们一起在爱的赤道上奔跑”的请自觉面壁去。真是的，我要说的是在热点营销上。创造热点这个事情有人说需要天分。其实，有时候更多的是你需要变换一下思维的角度。从推广目的反向推到哪一个创意更容易打动受众。

在这个肉欲横流的网络时代，利用猛男来博眼球，也不仅仅桔子水晶酒店一家曾经这样操作。2013年10月底，新浪黑龙江站在帮助KC皮草嘉年华做推广时，除了向路人赠送“KC皮草嘉年华门票”和线上活动推广外，还曾让身着皮草的猛男走入橱窗，同时配合猛男视频在线上以病毒的方式大面积传播。其地区性推广效果也非常明显。

自然，病毒营销绝非只有猛男一招鲜，利用不同的视觉冲击才是病毒产生的基本条件。在这一点上，2013年下半年，一向稳重的腾格尔以一首与其形象完全不符的歌给营销人华丽丽地上了一课。

2.腾格尔颠覆一曲拉动旅游经济

腾格尔给你什么印象？空灵？纯净？草原？无论怎样，2013年，腾格尔一首《桃花源》完完全全颠覆了大众对他的认知。你说你没听过？哎呀，你真是太out了。赶紧扫描右下角的二维码或在本书的微博中私信回复关键词【桃花源】来欣赏下这个让你吐血的MV吧。

（感谢微奥传媒为本书提供新媒体互动）

看完了吗？如果你没有崩溃的话，我再把你往崩溃的边缘推一把。

“一个打鱼的，这么有福气。”唉，我都快唱起来了。这看上去实在是太不靠谱了，腾格尔那稳重的形象直接被甩得一干二净。说他要转型也好，说他多年的压抑终于得到释放也罢。无论怎样，正是这样的反差存在，让腾格尔扎扎实实地火了。

#桃花源# (20)
全部讨论：9175041
发微博+#话题#，开启话题讨论
#桃花源#
表情 图片

#桃花源#这个话题在新浪微博中讨论量接近千万。就连大名鼎鼎的@happy张江 都编辑长微博段子来对视频进行吐槽。

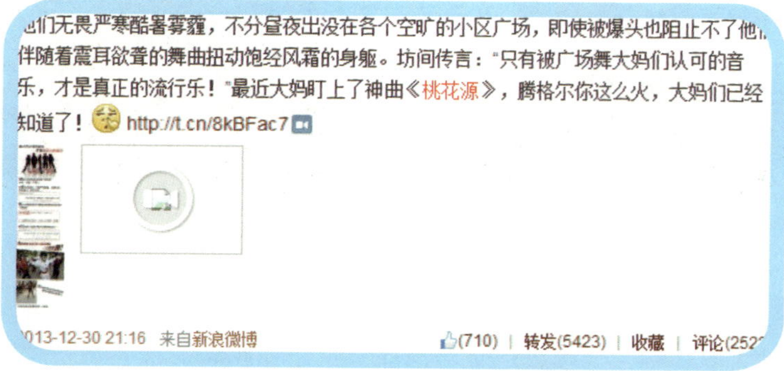

不过，吐槽归吐槽，在网友欢天喜地地对腾格尔进行评判的时候，你是否有注意到这个MV中的景色真心不错呢？而其拍摄地重庆酉阳也因为这首歌的疯传而被世人熟知。

有山有水有美女啊。根据该视频传播后的统计来看，酉阳的旅游人数从之前的每天120人左右，暴增至每天游客上万。就这样一个病毒视频在新媒体中的大肆传播，让一个旅游城市从默默无闻直接成长为很多人的首选目的地。病毒营销的威力可见一斑。

看完前面几个出色的病毒营销案例，你会怎么想？有人是否会总结：病毒营销不就是“俗”和“色”吗？那你可就大错特错了。因为病毒的制造还有“奇”这一说。一个奇特的创意不仅可以让你的事件疯狂传播，而且还能给你节省大量的推广成本。

3. 一秒钟进入战斗状态

可能不怎么去国外的朋友对这个场景不是很熟悉。每年国外都会有生产枕头的企业为了做品牌宣传，邀请大量的人群参加枕头大战。最初由于趣味性，枕头的品牌会被大肆传播，后续报道也会形成病毒在互联网上得到曝光。但由于这样的活动年年办，举办活动的商家就会遇到很多的问题。一是活动噱头逐渐减弱，品牌在事件中的影响力大打折扣；二是枕头中飘出的羽绒的清扫费用以及活动举办的费用都极高，让品牌的营销成本压力增大。

在这种情况下，一个全新的枕头品牌为了节约营销成本，策划了下面一个很牛的营销内容：

一个小伙手持两个枕头，突然将一个塞给不认识的路人，并用自己手里的另一个与这个路人直接对打。而大部分路人都在一秒钟之内进入战斗模式，与其玩得不亦乐乎。这样的一个视频视觉反差极大，而其中调动观看者的好奇心也很强。最终，YouTube上该视频的播放量超过亿次。其带来的影响力远远不是召集一大批人在广场上进行枕头大战所能比拟的。

好了，说了这么多，为了让大家更好地感受这个病毒创意，赶紧扫描下面的二维码或在本书微博中私信回复关键词【枕头】进行观看吧。（感谢微奥传媒为本书提供新媒体互动）

在“新奇”这个点上制作病毒营销，相信是很多企业在做品牌推广时最愿意看到的效果，而新奇的内容无非就是制造话题。如果我们的点子不能达到这样的高度，用一定的纯视觉冲击也有不错的效果。

比如2013年9月末，海南联通在推广其“3G风行卡”的时候，就联合新浪海南站，以组装“联通风行车队”进行海口全城巡游的方式进行推广，其视频由于规模庞大，视觉冲击力强，也对联通风行卡的推广形成了病毒性传播，最终微博中与之相关的内容也突破万条，参与人数超过2万人次。

说了这么多，大家可别光顾着乐呵。我们得透过现象看本质。病毒营销的构造到底是怎样的？

首先，线下的活动现场很重要，但第二天的媒体报道更重要。你制造了一个线下的话题点，但没有找到传播渠道，可就把创意真心埋没了。

其次，有可能的话，结合多方资源共赢，这就要看媒介的力量了。有时候，好的病毒营销，动用很小的财力就可达成。当然，这并不仅仅适用于病毒营销，在所有的营销结构中都可以寻求合作商家的共赢点，一起进行策划。

最后，充分挖掘人们的贪心和好奇心。贪心这一点上，如果指的是财物，活动营销表现更突出一些，但贪心还能在贪色上进行病毒幻镜营造。“猛男秀”、“桃花源”基本上都利用到了这一点。好奇心没什么好啰嗦的，逆向思考是个出路。

热点营销除了制造病毒进行裂变式传播之外，有时候，商家还希望借助网友的心理痛点进行情感营销。虽然情感营销不一定有病毒营销那样的宏大传播规模，但被影响到的受众的忠诚度一般会优于病毒营销，因为打动受众有时候比给受众制造乐趣会更能让消费者对品牌认可。

情感营销

1.Olay借势香港热剧，一并“冲上云霄”

2013年初，港剧《冲上云霄Ⅱ》在大陆热播。由于题材、剧情以及演员演技的突出表现，其受众非常广泛。时趣Social Touch作为Olay的营销商，见缝插针，借势该剧玩起了微博营销。

由于该剧的观众，对机舱内乘务人员的生活十分好奇。Olay顺势而为，发起一个挑起大家好奇心的微博话题：#机舱比沙漠干燥3倍#对受众反映进行试水。

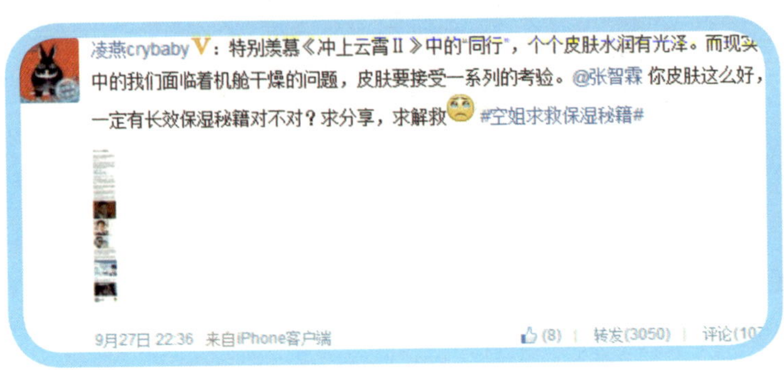

在看到受众对这个结论有了认知，并得到受众较好反馈后，Olay又发起了第二次的话题营销：#空姐求救保湿秘籍#。这个话题由空姐@凌燕crybaby 发起，其发出的长微博中，有对空中生活的真实描述，并对机舱中非常干燥这件事进行了详细讲解，表达了对《冲上云霄Ⅱ》主演张智霖皮肤保养的羡慕之情。还非常隐秘地对“Olay保湿头等舱”活动进行了曝光，并向《冲上云霄Ⅱ》的主演@张智霖求救。

有兴趣观看这篇长微博全文的读者可以在本书微博中私信回复关键词【空姐】查看。

由于这条微博结合热点，并从空姐的真实体验角度进行叙述，充分勾起了受众的好奇心，这条微博被转发3000余次。长微博中提到的“Olay保湿头等舱”活动在引起受众大量关注的同时，参与量也有所上升。

在这个环节上，本次事件营销的主人公@张智霖 登场了。Olay邀请其参与分享机舱保湿秘籍，并通过物质奖励号召受众猜Captain Cool（张智霖剧中饰演角色）提供的保湿方案。接下来@张智霖回应了 该条微博，整个事件推动后，活动最终被转发超过80万次。

同时，#空姐求救保湿秘籍#话题总体参与量达到296万，冲上了热门话

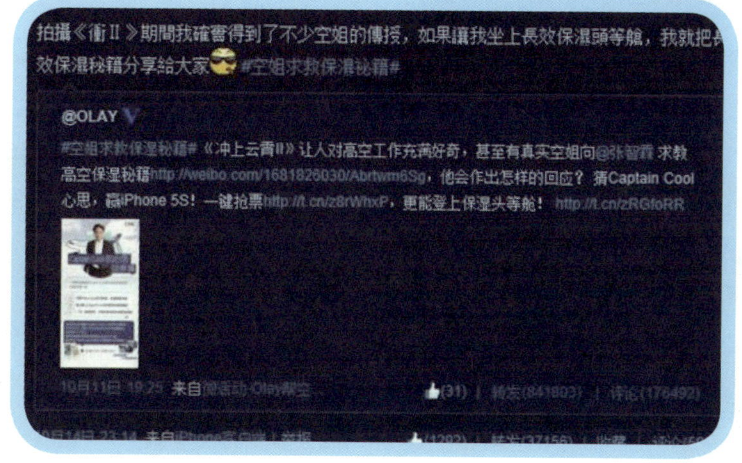

题榜第五位。

借助影视剧或热门电视节目进行品牌植入营销，在热点之上架设新的热点，无疑可借力打力，达到非常有效的品牌曝光。这一点上有超多品牌进行不断的尝试，比如2013年末芒果台超火的亲子节目《爸爸去哪儿》，也被品牌在新媒体上大量侧面植入。这样做的好处是，应用大家喜闻乐见的场景植入，品牌特征如果描述得当，也会较容易在受众心智中扎根（当然，品牌在植入过程中尽量避免可能产生的版权等争议问题）。但并不是所有品牌都能得到非常好的市场反馈，借势进行热点营销也需要讲究天时地利人和。有时候，好的热点或事件还需要借助品牌自身的新闻点进行有机结合。在这一点上，加多宝的很多案例非常值得借鉴。

2.“加多宝”对不起体引爆网络狂欢

2012年底，广药集团与加多宝集团就“加多宝”更名后的广告语问题发起大混战。而2013年1月31日，广州中院的一纸判决书也让加多宝集团看上去不利。因为根据判决，加多宝被要求停止使用“王老吉改名为加多宝”、“全国销量领先的红罐凉茶改名为加多宝”等广告词。

2012年，加多宝通过成功赞助“中国好声音”等高调营销手段实现了市场扩张，同比销量增长超过50%，很明显，加多宝早已在判决前悄然通过“去王老吉化”完成了品牌转型。但作为深谙营销之道的加多宝集团岂会放过这样一个借势营销的好机会。

2013年2月4日，加多宝在其官方微博上一连发了四条主题为“对不起”的微博，配上儿童哭泣的超清晰照片，瞬间成为新闻热点，引发网友大讨论。接下来我们一起欣赏一下这四张创意广告图片吧。

看完你有什么冲动？是要买一罐加多宝一表支持，还是想打开美图秀秀来个恶

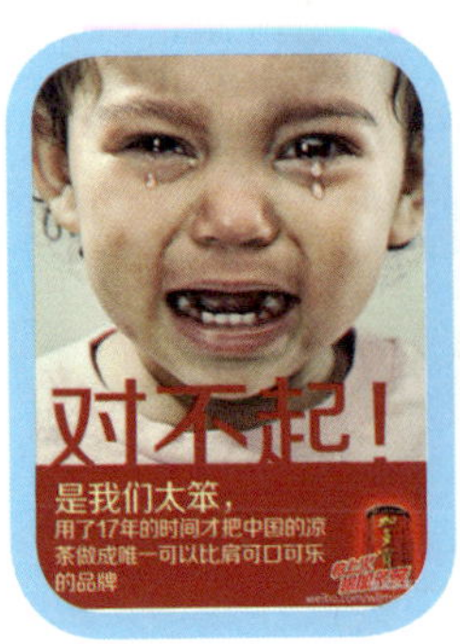

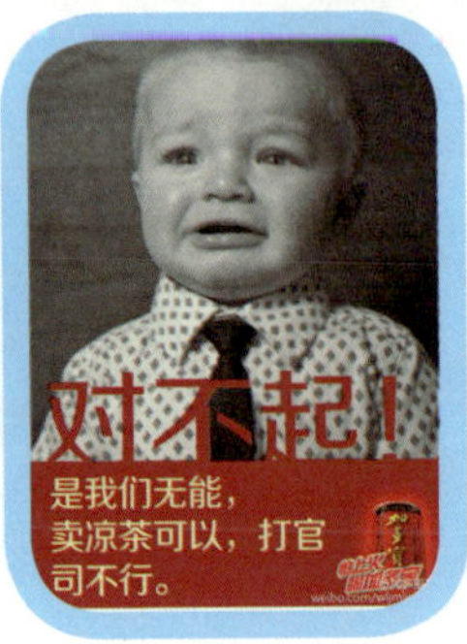

搞？不管怎样，加多宝通过这样四条连续的微博，迅速成为微博中讨论的大热点。

当然，王老吉方面，针对“对不起体”也没有闲着。几小时后，微博中迅速出现了“没关系体”予以回应。虽然“没关系体”并非出自王老吉的官方微博，王老吉方面后来对此事件也不予评论。但“对不起”与“没关系”的创作空间太大了。网民纷纷恶搞，很多品牌的官方微博也迅速跟进，以期借势营销。

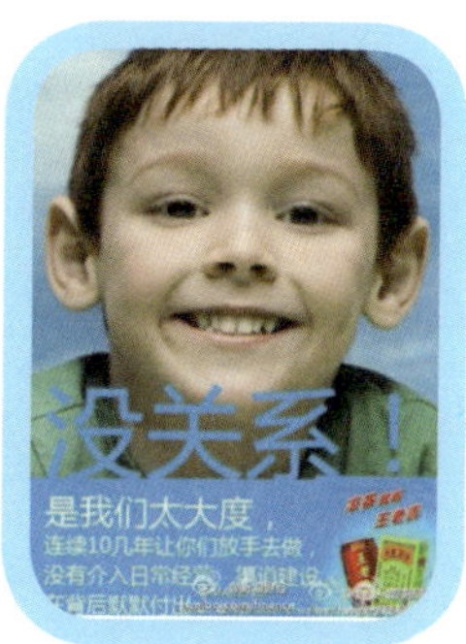

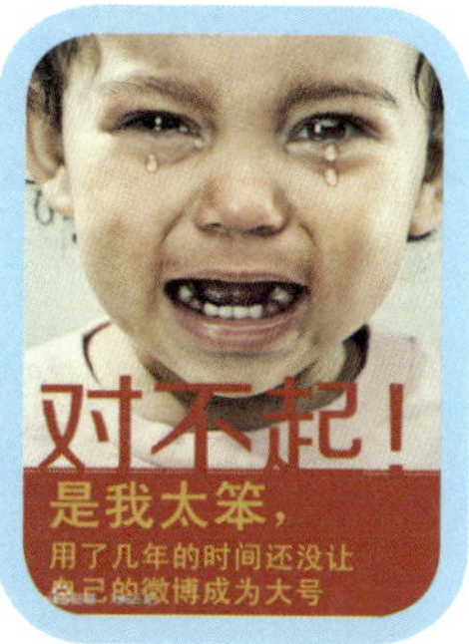

我们来看看网民是如何把“对不起”和“没关系”玩起来的吧。

怎样？有没有感慨网友无穷的创造力呢？当企业学会营造热点或者借力热点的时候，一个创意的投放甚至可以发展成病毒。让网民乐在其中的同时，品牌的传递也就完完全全地迸发出来了。

前面两个情感营销的案例都有比较基础的引线，Olay的营销中借助了热播剧，加多宝的营销中借助了其品牌官司的社会热度。但做情感营销绝不只有等待热点出现这一条出路，主动出击的情感营销有时候也会让人被深深感染。

3.航空公司的圣诞奇迹

2013年圣诞节，乘坐加拿大第二大航空公司“WestJet”的航班，从多伦多飞往汉密尔顿的乘客，在候机厅中看到了一个奇怪的屏幕：上面有穿着蓝色衣服的圣诞老人。当人们在屏幕上扫描一下托运行李的条码，圣诞老人就会问他们想得到什么样的圣诞礼物。很多人都许下了愿望。有人说想得到平板电脑，有人说想得到照相机，有人说想得到玩具，也有人想得到一台大电视等等。接下来，飞机起飞、飞行、降落。一切都顺理成章。但当他们到达汉密尔顿机场等待行李的时候，被圣诞元素包围起来的行李带上方突然响起了圣诞歌，而行李带上传送出来的竟然是每个人想得到的圣诞礼物。这时候，圣诞老人也适时地出现与大家互动，很多人都激动地流下了泪水。整个活动过程，包括乘客许愿、拿到奖品，也包括所有工作人员根据大家的愿望采购、包装礼物等都被完整地录制下来，剪辑后上传到了互联网上，引起了大家的疯狂传播。说到这里，大家想不想体会一下这份感动啊？那就再次拿起手机扫描左边的二维码或者在本书微博中私信回复关键词【圣诞】来观看视频吧。（感谢微奥传媒为本书提供新媒体互动）

看完这段视频，大家有什么感受？你说对了！圣诞节的时候坐飞机一定要托运行李，有活动要积极踊跃参加哦！要不然，你就只有看着别人领取礼物的份儿啦！

不过说到这里，我们还是要回头来说说情感营销。情感是要嫁接到受众的心理感受上的，那么能触及受众心理感受的点除了节日、煽情之外还有什么？没错，那个抢答的亲又回答对了，就是“灾难”。借助灾难进行情感营销也是大量企业捕捉的主要事件点之一。在灾难面前，“公益”是第一要务。公益的结果是灾民受益，而企业品牌也得到足够的曝光。但仅仅说我是公益的，我捐了多少人民币，是否就有消费者来买账呢？答案肯定是No。没有亮点的灾难营销不但不能得到足够的曝光，有时候甚至适得其反，背上发灾难财的骂名。从下面一个案例中我们来看看好的灾难情感营销是如何实现的。

4. 420#雅安寻人#，媒介注入强大的力量

2013年4月20日8：02分，这是我们无法忘记的时间，四川雅安芦山县发生7级地震。同一时间，通信、交通、电力几近瘫痪。在这种情况下，幸存的灾民最大的困扰就是无法传递信息了。寻找灾区失散亲人的下落，一时间成为各地人们最

为关注的问题。在这种情况下，新浪四川利用新浪微博的媒介优势，并联合中国移动的通信技术优势，一起完成了大量不可能完成的寻人及报平安的任务。

寻人的微博用户，只需要利用短信或者微博@新浪四川 及@四川移动网上营业厅，并将需要寻找的亲友手机号码一并发送。如果亲友手机号码曾经对外拨打电话，虽然不一定拨通，但由于移动基站记录了其拨打记录，就会将拨打者的地理位置信息反馈给寻人的用户，从而判断其是否安全。

这种技术联动引发了网民的大讨论，最终相关话题讨论量超过3000万，参与人数超过1亿人次。不仅增强了受众对微博和四川移动的好感度，同时提升了微博的用户数量。在快速资源整合的推动下，仅仅利用技术优势，就实现了一次非常出色的情感营销。

关于情感营销，我们也可以做一些总结：

首先，与病毒营销一样，你不能仅仅把营销场景创造出来，要记得二次传播是营销的一个十分重要的环节。

其次，注意到多方联动也很重要，比如WestJet的情感营销中的商品，绝大部分都依靠赞助达成，你在视频右下方可以看到的商标名称全都是置换资源啊。

最后，与病毒营销最大的区别在于，情感营销，你的关注点需要转移到老人、孩子等弱者身上，这一点是达成受众心理情感痛点的关键所在。

悬念营销

新媒体营销讲求的是分享与互动，在新媒体中进行大量传递的营销形式除了病毒形态和情感形态之外，在热点和事件的层面还能规划悬念，因为悬念也是激发人们好奇心，从而产生讨论的主要源泉之一。而悬念营销做得出色的自然不能忘记Apple和小米，每个单品发布之前都通过媒体做足了制造悬念的功夫。

不过除了3C产品之外，可口可乐在这一点上也做得很出色。

圣诞老人的形象想必大家都不会特别陌生，但你知道这样的形象是怎么诞生的吗？如果你对这个疑问有兴趣，那参加可口可乐2013年圣诞节的#圣诞惊喜 分享快乐#活动就对了。新浪吉林站就在2013年的圣诞季为可口可乐打造了这样一个悬念营销的专题，在这个专题中，有一个可口可乐的空瓶子，规则很简单，在专题页中选择你的微博好友头像，送上圣诞祝福后发布微博。随着祝福的增多，可口可乐瓶就会被注满，把可乐瓶注满的网友就可揭晓悬念的答案。而在最后一天帮助可口可乐注满的网友还有机会抽取奖品。

当然，这个悬念并不会很复杂，甚至于你去百度搜索一下都可以得到答案。不过这种游戏中带着祝福又带着问题的玩法，还是成功地调动起了消费者的好奇心，最终超多3000人参加了活动，给可口可乐做到了比较好的曝光规模。

申晨说热点营销

热点营销并非是很多人认为的异于常人的思维能力，更多的时候在于你是否能够对事情进行快速反应和精心布局。因为异于常人需要的是天才，而快速反应和精心布局才能真正体现一个企业的综合能力。好的创意需要突发灵感，但对市场热点的敏感度是每个新媒体人必备的技能。

对于桔子水晶酒店的“猛男开业典礼”，需要从对受众的整体分析中提炼出事件点来进行发散；而Olay的“机舱保湿事件”，对于名人资源的整合就需要媒介的大力支持；在加多宝的“对不起体”事件案例中，我们可以看到一个企业快速响应的营销机制。可以细想一下加多宝的“对不起体”，从另一个角度看过去，未必不是加多宝集团对广州中院判决不服的真实心理感受。在其筹划的过程中，只是抓好各方面细节表现出来而已。所以有时候，真心也能打动人，而并不一定纠结在我们是否需要怪才或天才的出现才能让品牌在新媒体中发光。

说了这么多，也许有人会想：做一个事件，我好好分析人群，借力打力是不是就可以了？在营销环境中，顺势而为自然是大家最常采用的热点营销方式，但在很多时候，虽然热点很大，但企业顺势植入未必有好的效果。比如被天猫从

“光棍节”变成“网上购物节”的“双11”，就有无数的电商品牌期望通过跟热点做出事件，从而提升当天的销量。但此时跟进热点的企业太多，往往很难真正让品牌杀出。著名淘品牌“张小盒”2013年双11就打出了不一样的营销牌。这一天，张小盒在大家疯狂购物尚未结束时，突然高调宣布自己是“当天销量的倒数第一”，因为双11当天，该店把所有的商品全部下架了。这样的做法固然令人费解，但也充分调动起了网民的好奇心，从而引来大批的围观。

随着围观的人数越来越多，人们在其海报中看出，原来这是一次创意极强的品牌推广。张小盒为了表达其“自由”的品牌态度，而精心策划了一场事件营销。这种态度的表达，也很快在微博中得到了罗振宇、牛文文等意见领袖的大力支持。在这次事件营销中，虽然张小盒放弃了“双11”的销售机会，但利用逆向思路在众多天猫品牌中杀出重围，有力地塑造了其品牌形象。

说到反向思维能力，大家还记得2013年中秋前夕的热门话题#五仁滚出月饼界#吗？当时五仁月饼由于其奇怪的卖相，得到了一大批网友的嘲讽与辱骂。但嘲讽与辱骂并不代表所有人都不喜欢五仁月饼。就像我这种不挑食的，觉得五仁虽然看上去不是太好，但吃起来还是有很多甘甜和味道的哦。新浪广东站也适时地发起反击话题#五仁我挺你#，引发了大量支持五仁月饼的受众支持。不仅如此，广东一家主要生产五仁月饼的食品企业“金九饼业”，也结合这个话题，与新浪广东站进行合作，宣传企业品牌形象，赢得了网友的好感，而其新闻发布会的视频也被大量大V转发。

所以，热点营销，并不能一概而论。哪里热闹就往哪里赶，反向思维，有时候便是极好的。

当然，借助热点进行营销，也不一定全都从反向考虑问题。正向思考，结合情感攻势也会有不错的效果。

2013年12月，江南成为雾霾重灾区，南京当时的雾霾状况尤其严重。有人曾说：“世界上最远的距离，不是生与死的距离，而是我在南京街头牵着你的手，却看不见你的脸！”以形容当时的状况。在这种情况下，雾霾已成新媒体大热，

新浪江苏站与格力空调联合发布了“让口罩飞”的借热点话题，用以推广其空气净化系列产品。参加这个活动也非常简单，只需要到格力专卖店领取防雾霾口罩，借而让受众了解格力空气净化装备。整个活动发布1小时内，转发就超过2000次，网民的参与非常积极踊跃。

借助热点到底从正向考虑还是从逆向考虑，这也非常考验策划人员的临场判断能力。但无论怎样，借助热点的东风，并整合一定的有效推广资源，将品牌有效露出，对品牌以及产品的推广都是非常有效的。下次，我弄一个吃遍全国的话题，你们谁想参加啊？赶紧@申晨 吧！

本章总结

热点营销的方式可以有很多种，在任何一个新媒体媒介渠道中都存在过。普通网络受众都有充分的好奇心，创意足够调动起他们的好奇心，再引发话题，加上新媒体中转载方便的特点，热点即可在新媒体的传播轨迹中成行。

对于热点的创造方面，虽然执行结果不尽相同，但总体来讲无非两类：创造一个热点或者借一个热点上位。在营销过程中，普遍认为第一种方式相对第二种方式有一定的难度，毕竟创造热点更考验营销团队的分析解构能力。但借热点上位方面，只要与品牌特征有关联性，就较为方便进行融合。当然，我们从加多宝案例中可以看出，借热点这种方法，不一定非要借助外围的热点事件，发生在自己身上的事件，也可以借助创意力量迅速化不利为有利。

大数据在新媒体中到底该怎么用

关注微博@全面社交，私信回复关键词【第十章】，听新浪网地方站业务部副总经理李少宇的语音推荐。

你想知道中国互联网中苍老师的接班人会是什么样子吗？你想知道为什么一部豆瓣打分不足5分的《小时代》会卖出近5亿元的票房吗？这些，数据都会告诉你。有人不付出额外成本让数据给企业挣钱，也有人花高价买来一堆数据却读不出内涵。数据到底是什么？数据到底该如何用？本章我们将走入大数据的内心世界。

先说两个将自有数据合理应用到商业运作中的成功例子

沃尔玛利用自身后台数据发现，每当下雨天的时候，蜡烛、手电筒和电池的销量会比其他时候要高一些，得到这样一个信息后，运营人员对货架进行了调整。每当天气预报预测将要有雨的时候，将这三种货品摆到收银台附近，神奇的事情发生了。原来下雨天这三种货品的销售额占总体销售额的5%，由于这个变动直接拉升到了15%。你没有看错，拉升幅度非常大，而数据所释放的信号也让沃尔玛自身受益。

另一个例子发生在国外。我们在国内开车，加油后直接就将车开走了，但国外不同，一般情况下，加完油会去找餐厅吃个饭。VISA根据刷卡消费记录得知这个信息后，迅速嗅到了商机，将加油站的刷卡消费单背面全部开发成广告位，直接印上加油站附近餐馆的信息。

看完这两个例子你有什么感受吗？是的，数据不是摆在数据库里的数字或文字，而是能够为商业行为指引道路的明灯啊！那放到我们实际的商业环境中，我们又该如何使用呢？别着急，听我申晨慢慢给大家展开。

用大数据找到下一个苍老师

@苍井空 已经老大不小了，虽然在AV女优界仍然火爆，但随着年龄的增长，苍老师的身体状态已经大不如从前了。为了苍老师的健康，找到相应接班人也是势在必行的需求。无节操技术男“快刀青衣”在克服语言不通、网络封锁等重重障碍后搜集了1129名AV女优的私密资料作为数据样本，通过个性媒体@壹读 的微博发布了基于大数据预测的苍老师未来接班人。

十人肖像合成的大众脸

具体分析基于星座、身高、胸围等重重参数获得，大家可以在本书微博中私信回复关键词【苍老师】查看。（感谢微奥传媒提供本书新媒体互动）

最终的分析结果是：“她家境比较富裕，并不是苦大仇深、卖身葬父；她是射手座A型血；从小喜欢跳芭蕾舞和骑马；性格外向，渴望尝试不同的生活，追求刺激和成就感；身高在165厘米左右，E罩杯”，而长相如右上的图所示。

觉得怎样？这样一个AV女优，会成为宅男们心中的女神吗？她的容貌会不会深深地长存在你们的脑海里？你会不会在新媒体中成为她的粉丝呢？

当然，这些都不会是我关心的问题。（喂，你们翻个白眼后用一脸充满鄙视的眼神看着我是什么意思？）我们回看这种数据分析非常有趣，也很抓眼球，但对企业的启示是什么？你对行业中的产品信息有无类似的分析过？是否懂得如何去优化你的产品呢？

利用淘宝数据优化内衣生产量

说完苍老师，我们不妨接着说说内衣。不要说我色，我是很认真地跟你探讨人生。看看下面这张图，你能得出什么结论？

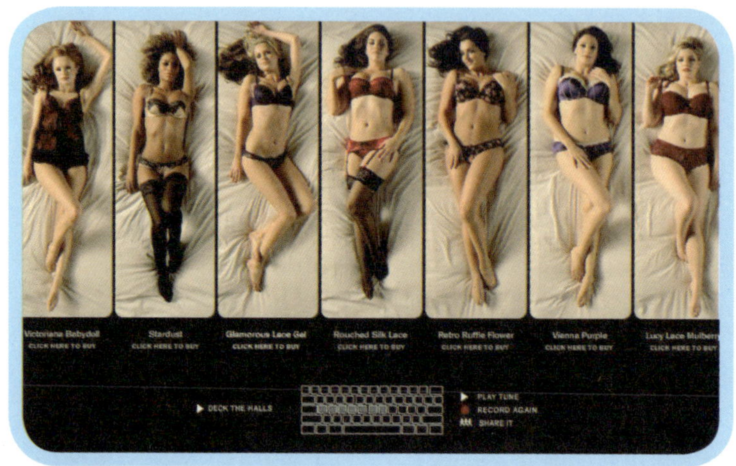

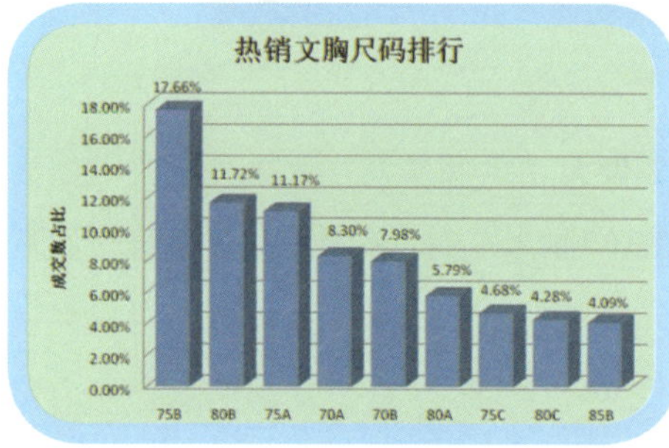

没错，一个比一个大。具体说的是什么？你懂的！虽然你读懂了这幅图，但内衣卖家却不得不面对一个很严峻的问题：由于各位女性朋友的尺寸不同，从A罩杯到G罩杯，我们该如何备货，才能让这样一款不同型号的商品货量足够又不至于压货呢？这时候，数据又发挥了其非常有价值的指导作用。

从这个数据表中，我们很清楚地知道：75B是最常见的尺寸，而D以上的型号基本上可以忽略了。因为这幅图上的型号占了总体出货量的75%以上。

不仅如此，我们换个维度来看销量数据还能更进一步对铺货和消费引导进行优化。

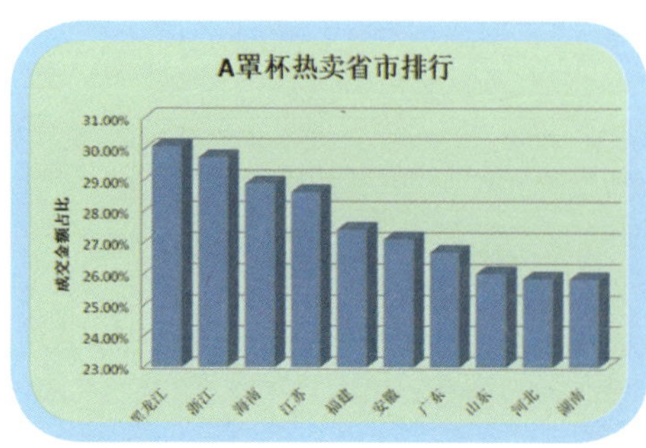

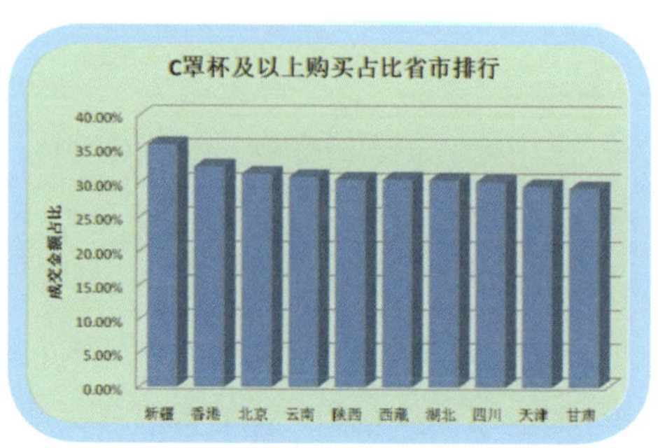

是的，你没看错，黑龙江的女孩子在消费A罩杯的数量上做出了最为突出的贡献；而C罩及以上的购买占比中，新疆的女孩子们有了足够的优势。小伙伴们是否有点儿不敢相信自己的眼睛啊？不过数据在这里，给出了最真实的结论。所以，把妹这件事情上，你们自行斟酌。不过话说回来，我们做社会化营销的时候，知道了每个省份在内衣尺寸上的差异，比如投放粉丝通广告，我们就更能恰当地做人群地域性筛选了。

接下来，我们继续深挖这个行业的淘宝数据，看看还有什么值得运营者们优化产品的信息。

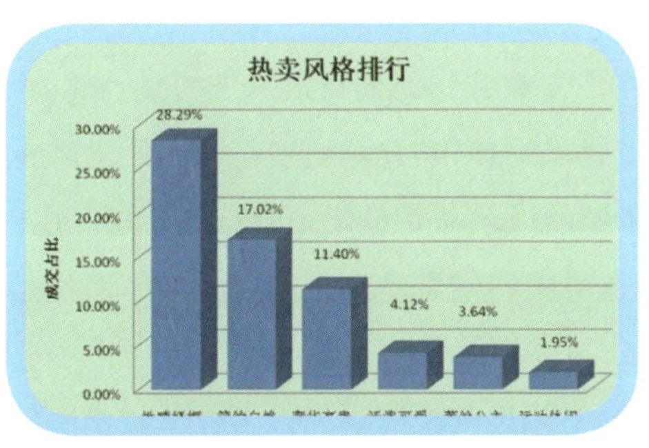

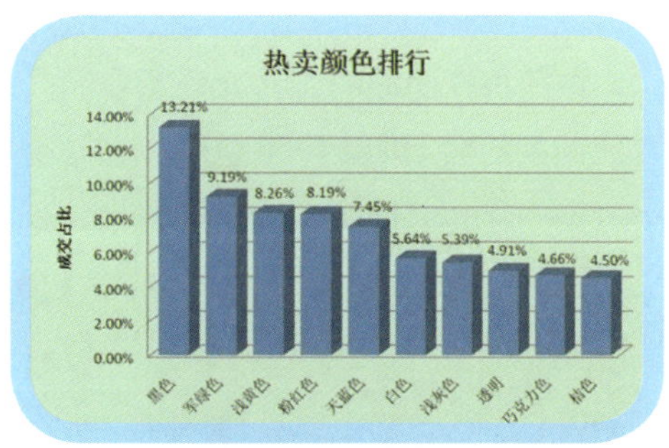

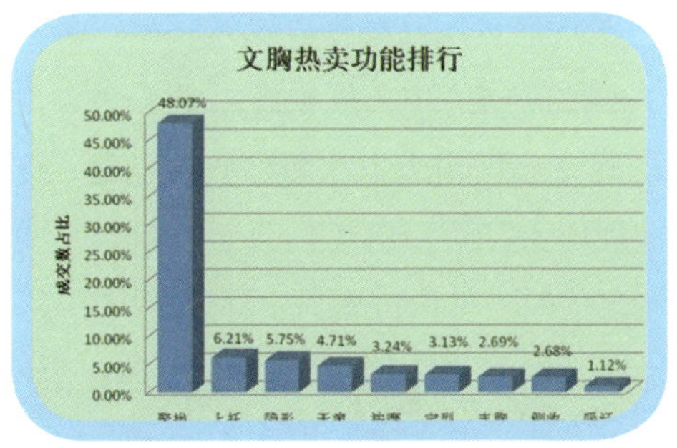

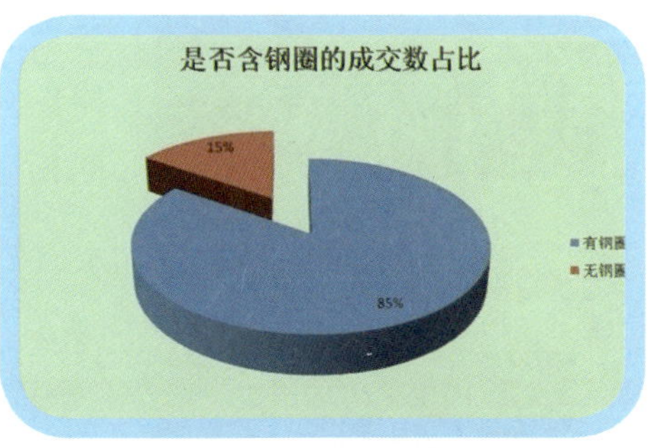

颜色、风格，这些都能在数据中得到足够的优化，从而提升消费者对产品的购买欲望。当然，从后两幅图中我们也可以看到，有钢圈的内衣呈现出的“聚拢”状态，也是买家们的绝对首选啊。如果你卖内衣，通过这个案例知道怎么备货了吗？

有人说，不是在讲新媒体吗？为什么扯到了淘宝？那么我们来想，你知道一件商品下面的评论对消费者的购买影响有多大吗？那可是口碑营销的最直接入口啊。淘宝信息在新媒体中的分享和与新媒体信息流的融合，是可以让淘宝站在新媒体的大队列中，一起为商业产生价值的。

说了这么多与女人有关的内容，想必大家也乏了。接下来我们看看在社会媒体中的数据应用是如何帮助企业做营销的。

可口可乐昵称瓶引爆销量

两年前在澳洲的“Share A Coke”广告广受欢迎，他们将最常见的Amy和Kate等澳洲人的名字印上产品包装。正是借鉴于此，2013年5月，可口可乐利用大数据进行了一次有效的昵称瓶事件营销，这次营销的成功从数据上可见一斑。6月初，可口可乐在中国的销量较去年同期实现了两位数的增长。

可口可乐本次营销最初的入手点是找出网络上的热词，通过声量、互动性以及发帖率三重标准的筛选，最终确定300个积极向上且符合可口可乐形象的网络热词作为本次昵称瓶的主角。这些热词被印上了可口可乐的包装，取代了我们已经习惯的“可口可乐”字样。

这些词由于是通过大数据的方法在网络上筛选出来的，从而更加贴近用户的喜好。这一点上，是传统媒体无法做到的，因为传统媒体中我们很难知道网民喜欢什么样的词汇。

接下来便是如何将这件事传播出去。在这个节点上，可口可乐选择了以黄晓明发送微博的方式进行。

当明星背书这件事完成之后，可口可乐

对昵称瓶产品进行了市场投放。在整个投放过程中，可口可乐仍进行了数据的跟踪。网络上如果哪个昵称被提及的多，可口可乐官方就会发布与其相关的内容进行及时的互动。我就一不小心地收到了这个昵称瓶子，还真是很贴心，很精准啊！

就这样，可口可乐昵称瓶在新媒体中广为流传，也最终促成了其销量的完成。

这个案例的前期及中期，在互联网的海量数据中挖掘出有效信息，从而能够用消费者的语言与消费者交流，在沟通上发挥了非常大的作用。因为数据帮助企业进行了有效的前中期决策，从而让企业在整个操作过程中更加有据可依。这也是数据能够提供给企业用作营销最典型的做法之一。但不得不说的是，创意和可口可乐强大的渠道资源，也在本次营销活动中发挥了巨大的作用。创意自不必重复，但我们可以看出，可口可乐非常熟练地运用其多年经营的渠道优势转化成销量，产品及媒体的运用也是恰到好处。因为将昵称印制到可乐瓶上，被驱动了好奇心进行购买的消费者，第一反应并不是喝掉，而是发微博、发微信朋友圈进行炫耀。正是对于人性的把握和运用，使得可口可乐本次营销从创意出发，明星做话题发散后，真实消费者的大量曝光才是促成整个事件最终转化为销量的决定性因素。所以我当初很庆幸可口可乐公司没有印关于“胖纸”的昵称瓶，否则我一定是被重点@ 的对象！

不过，在这里我还有一个观点要跟大家分享，其实可口可乐本次的数据营销并不是那么完美。试想一个问题，由于最开始可口可乐在网络上透过@黄晓明 的广告推送挑起了受众的好奇心，当产品大量投放之初，一定会引发部分消费者的购买，因为会觉得印有不同网络用语的可乐瓶拿在手中，发到新媒体中都是一件很酷的事情。但如果炫耀的人多了，你还会觉得酷吗？这时候，假设一个竞争对手在新媒体中振臂一呼：一个人人都有的破瓶子有什么好炫耀的！作为消费者，元芳你怎么看？

人性是把双刃剑，在新媒体中受众处理信息的能力是差别巨大的。他们会为获得某些信息而炫耀，同样也会因为收到某些信息而产生情绪反弹。当大量昵称瓶出现在销售渠道中，之前由明星们积累起来的稀缺感荡然无存。去购买一个昵称瓶可口可乐，在这种负面信息的充斥下将变成一件跟风甚至很low的事情。甚至于你的父母因为看到昵称瓶，本来以为购买后能跟你有共同语言，但发现你已经对此嗤之以鼻的时候，这种情绪的反弹将会更加严重。伤害到的不仅仅是销量，甚至对品牌的认知也会有不小的打击。

不过谢天谢地，整个活动过程中，没有可口可乐的任何一个竞争对手站出来对此进行有效的舆论引导，这也就成就了昵称瓶成为大数据营销的经典。无论怎样，可口可乐在互联网中清洗数据，并筛选出能与消费者对话的词语，同时根据数据在整个事件中进行有效互动方面的应用是值得营销人借鉴的。

申晨说大数据

在新媒体中，数据不仅可以帮助企业找到与消费者对话的语言，甚至于可以帮助企业找到消费者本身。由于新媒体中的“发布”“评论”“转发”“关注”等行为，和以微博为典型的平台开放性，我们可以根据受众在新媒体中的足迹挖掘他们更深入的信息，这叫为用户画像，从而打上潜在消费者的标签。通过场景的设置，从而在海量粉丝中找出我们最想寻找的特定人群，这叫作基于场景的数

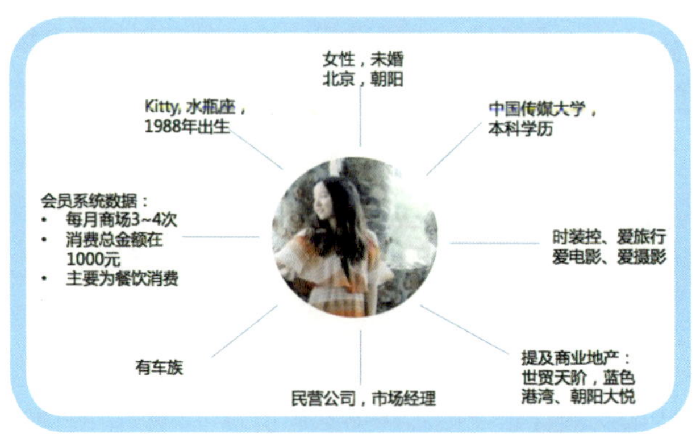

据挖掘；或者目的性很强地找到消费群体的聚集地，分析出精准的消费群体特征，而这一点可看作为商业行为布局打下最有力的基础。更有甚者，透过场景布局让数据自组，把基于兴趣点的人群在新媒体大数据环境中召唤出来，在这种情况下可以快速将企业的活动或者商业口碑下发到最精准的人群中。

1.为用户画像

通过深入阅读一个受众的微博，我们可以得到如下信息：

而这些信息，可以非常方便地为她打上标签：

年龄星座、性别及婚姻状况、常住地点、学历、兴趣爱好、活动地点、职业、资产状况、消费能力……有了这些信息，你就能非常方便地了解到她是否可以成为你的潜在受众，也就知道是否要给她推送广告信息了。在这种情况下，往往我们挖掘的标签越丰富，对企业的价值就会越高，而精准投放也会越好做。

2.基于场景的用户挖掘

我曾做过一个通过内容做用户数据清洗的实验。在我的60多万微博粉丝中成功找出身材姣好、一笑带两个酒窝的空姐。这时，某些男同学猴眼中一定又开始放出了异样的光芒，其实我做学术，十分严谨的心，又岂是你能轻易理解的啊？好了，闲话少说，我们往下看。

空姐作为一个职业，在用户表明身份的前提下是可以提取到的，当然也还有很多用户没有表明身份。另外，身材和酒窝的数据在数据库里恐怕是没有的吧。这时候，我们就需要一个交互场景才能把这样的粉丝清洗出来。

首先，我们先挖掘空姐。换位思考，飞机晚点的时候空姐常常被乘客作为出气筒。为了引发共鸣，我发布微博：“在飞机晚点的时候，空姐也没有办法，你找她闹甚至投诉她，她们也很委屈。第一，这是航空管制的原因或者天气原因，跟她们没关系，第二，她们也得无偿地加班。所以，我们需要相互理解和换位思考。”

这时候，事情变得简单起来，在转发和评论中寻找“感谢理解”、“我们努力着”等关键词，并且在转发中被@出来的人大概是

> “相传人死后，黄泉路上盛开着只见花，不见叶的彼岸花。花叶生生两不见，相念相惜永相失，路尽头是忘川河，河上有一座奈何桥。孟婆就守候在那里，给每个经过的路人递上一碗孟婆汤，凡是喝过孟婆汤的人就会忘却今生今世所有的牵绊。今生牵挂之人，今生痛恨之人，来生都相见不识。可是有那么一部分人因为种种原因，不愿意喝下孟婆汤，孟婆没办法只好答应他们。但在这些人身上做了记号，这个记号就是在脸上留下了小酒窝。这样的人，必须跳入忘川河，受水淹火炙的磨折等上千年才能轮回，转世之后会带着前世的记忆、带着那个小酒窝寻找前世的恋人。所以朋友们请珍惜身边脸上有小酒窝的那个人，无论是亲人、朋友，因为他（她）也许是你前世的恋人，经过千年等待来寻找前世情缘未了的人，去完成前世未了的心愿，请永远不要去伤害他（她），因为不是谁都有勇气跳入忘川河，等上千年煎熬之苦。”
>
> 哎，我写的自己都感动了！！！然后就看看在下面那些写“@XXX所以你要珍惜我”以及发哭表情的人吧，这些都是你要找的人。

空姐。

接下来，我们开始挖掘身材好这个事情。不过这之前我们得好好琢磨下，也许我们可以把身材好定义为丰满个子高，如果你说身材好的好处的话，可能无法引出他们的共鸣，那么我们就反向思考下。人都不愿意被贬低，所以我的内容为："很多人认为，胸大腿长的女生智商往往低于那些普通身材的女生，他们还认为长得漂亮的女生往往情商比较低。"哈哈，然后你就观察这条微博中表示反对甚至骂街的用户吧，她们大概可以看作是身材好的用户。这样一招欲擒故纵就把她们筛选出来了。

最后我们得找有酒窝的那位了。对很多人来说，酒窝就是美的象征，所以我们可以把酒窝与幸运和美丽相结合。我在编辑内容的时候还注意到需要小清新。那么一条长微博就出现了。

最后，我们把这三条微博中筛选出来的人集合在一起，就找到了我们想要的"身材姣好、一笑带两个酒窝的空姐"了！当然，在做这件事情前，你需要有足够大的数据样本（粉丝数），如果你只有6个粉丝，那就没戏了，当然，这也就不算大数据概念了。

3.分析消费特征，用数据找出《小时代》的真实受众人群

有人说，"你可以很讨厌《小时代》，但《小时代》电影的票房成绩足以反映出其受众人群的喜好，从而决定中国电影的未来。"

2013年7月，《小时代》上映，网络上争议不断。首先是新浪微博中，众多大V对《小时代》口诛笔伐，但也引发了《小时代》粉丝们的强烈围攻。接下来，《人民日报》对其发起批判，并伴随着各路大神的高端黑（包括大量对@郭敬明的攻击性调侃）。但在一片争议声中，《小时代》却获得5亿元的票房成绩。要知道《小时代》本身的成本也就2000万元，按照投资回报来看，很有希望成为2013年最赚钱的华语电影。

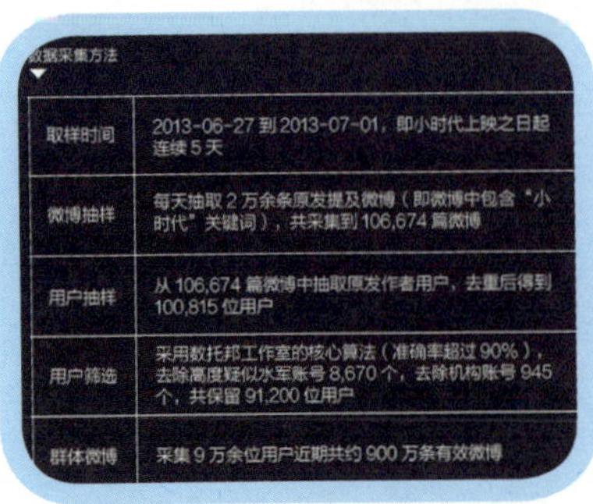

数据采集方法

取样时间	2013-06-27 到 2013-07-01，即小时代上映之日起连续 5 天
微博抽样	每天抽取 2 万余条原发提及微博（即微博中包含"小时代"关键词），共采集到 106,674 篇微博
用户抽样	从 106,674 篇微博中抽取原发作者用户，去重后得到 100,815 位用户
用户筛选	采用数托邦工作室的核心算法（准确率超过 90%），去除高度疑似水军账号 8,670 个，去除机构账号 945 个，共保留 91,200 位用户
群体微博	采集 9 万余位用户近期共约 900 万条有效微博

除了票房，新媒体上的数据也十分惊人。上映第五天的《小时代》，当日讨论量竟达195万；而《西游降魔篇》及《致青春》这两部口碑极佳的话题电影，上映期间最高

单日提及量都不到50万。这也足以看出纯粹粉丝经济催化下的《小时代》，其释放的话题信息量有多惊人。而也正是这些话题量的巨大规模，成就了我们对未来主流观影人群的成功分析。基于这些分析结果，让《小时代2》在开拍前就有了更为明确的招商目标，电影未上映就已经赚得盆满钵满。

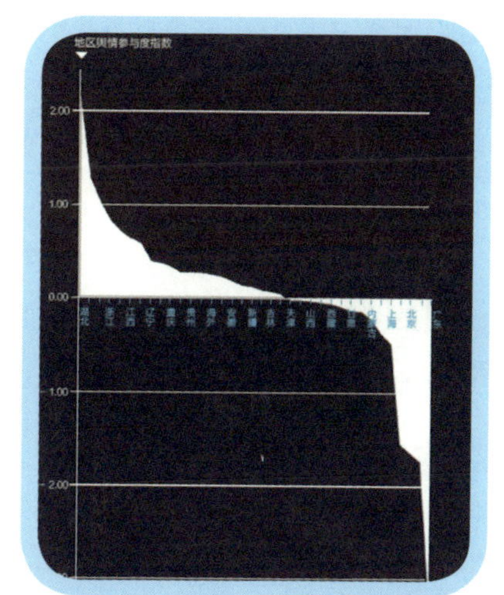

我们一起来看下大数据下分析出《小时代》观影人群的特点吧。

数据采集自“数托邦工作室”：

年龄统计来看，《小时代》的观影人群平均20.3岁，致青春22.5岁，《小时代》的观影人群更为年轻。这也是我们为什么说《小时代》的口味更代表了未来中国电影的走向。其实写到这里觉得说多了都是泪，三年一代沟，我们的时代渐行渐远啊，一种即将步入夕阳时代的落寞感油然而生。

讨论人群中，女性群体超过八成，说明女性更愿意就这种类型的电影进行讨论和传播。不仅为电影提供了票房保障，还为其网络口碑做出不可磨灭的贡献。

他们关注的人 Top50

排序	被关注比例	用户昵称	粉丝数	排序	被关注比例	用户昵称	粉丝数
01	46.66%	何炅	34703286	26	17.11%	陈奕迅所长	7473476
02	40.07%	谢娜	35115730	27	16.82%	郭采洁	1932061
03	38.39%	郭敬明	20424748	28	16.73%	林更新	11932168
04	36.84%	文章同学	39110471	29	16.50%	陈坤	51178834
05	30.65%	小S	27429872	30	16.46%	蔡依林	22189138
06	28.69%	范范范玮琪	37670126	31	16.44%	陈赫	4279412
07	28.67%	柯震东Kai	7193802	32	16.42%	李开复	48667678
08	28.41%	杨幂	25427533	33	15.96%	彭于晏	7341802
09	27.97%	姚晨	48925125	34	15.90%	李小璐Super璐	15641221
10	26.23%	张小娴	42973630	35	15.76%	陈乔恩	22177247
11	25.78%	[illegible]	22673801	36	15.58%	张杰	18765982
12	25.42%	angelababy	29780355	37	25.42%	刘诗诗	6180058
13	23.27%	留几手	5516081	38	15.53%	林心如	48686603
14	21.94%	王力宏	35232974	39	15.39%	舒淇	20222024
15	21.06%	赵薇	43945926	40	15.17%	陈学冬cheney	1304354
16	20.72%	大S	27015333	41	14.79%	李维嘉	7534334
17	20.40%	杜海涛Hito	3621261	42	14.74%	戚薇	15385748
18	19.04%	作业本	6434251	43	14.73%	veggieg	13925605
18	19.04%	作业本	6434251	43	14.73%	veggieg	13925605
19	18.79%	韩寒	18173889	44	14.59%	蔡卓妍	13920185
20	18.40%	梦想家林志颖	18017964	45	14.47%	胡歌	3667509
21	18.35%	黑人建州	10378387	46	14.45%	[illegible]	3867509
22	18.10%	罗志祥	19655837	47	14.28%	白百何	13399621
23	17.57%	阿信	15763076	48	13.88%	edc陈冠希	114195265
24	17.55%	吴昕	8114136	49	13.59%	[illegible]	9501205
25	17.14%	马伊琍	26523433	50	13.52%	[illegible]	1324173[illegible]

从这张表中我们可以看到一个十分有趣的现象：以往话题争议大的电影，北上广基本上是主要的信息来源地，但《小时代》更多吸引了来自湖北、四川、浙江、江苏、江西、湖南等地的消费者。这也充分反映了《小时代》的主要观影人群分布在二三线城市。

我们从下表可以看出主要参与电影讨论的人群都会关注的意见领袖。

50人中超过80%为娱乐明星，《小时代》的主创人员@郭敬明、@杨幂、@柯震东Kai 都榜上有名，接下来就不得不说到《快乐大本营》的主持人们了。何灵、谢娜这两个芒果台的台柱子排在前两位，杜海涛位列前二十，吴昕挤进前三十，而李维嘉也在前五十行列。这样的结果，让我们很容易获得一个可靠的结论：一个电影如果想贴上诸如“20岁”、“偶像”、“女性”、“二三线城市”的标签，去《快乐大本营》上一次节目无疑是上佳的选择。也许这样说，大家无法真正看到快乐家族的功力。2013年初，快乐家族上映过一部电影叫作《快乐到家》，豆瓣和时光网的打分分别是2.7和1.8，算是打分极低的电影了，但却轻松卷走了1.6亿的票房。说到这里，我又不得不感慨，粉丝经济真的是能量无穷啊。话说，我的粉丝们，我开一个餐饮店，你们会不会来捧场呢？

通过对电影参与讨论人群在新媒体中留下的数据，我们仍可继续挖掘，看出他们喜欢用的手机以及他们关注的品牌。

手机方面，超过60%的话题讨论者都在使用iPhone，这可远远大于iPhone在中国市场上的占有率（根据易观国际2013年的统计，iPhone在中国市场的占有率为26.1%）。这说明，喜欢观看《小时代》的受众群体，大部分对iPhone情有独钟。其实，我想说，在淘宝上有一门生意，只要你购买一种服务，无论你用什么来发微博，都可显示来自iPhone。好吧，算我来吐了个槽，你们随便想象吧。

而在他们关注的品牌方面，前十名中@香奈儿CHANEL、@Dior迪奥、@路易威登都榜上有名，说明该消费群体对奢侈品可是有非常强烈的消费欲望的。所以你就知道，《小时代2》在开拍前该向谁去招商了吧？这其实也是大数据能够为一个产品的推广做出最好决策判断的示例。

4.基于场景互动的数据自组

虎牌乐队龙虎榜是虎牌啤酒每年的重点品牌营销活动，新浪厦门在2013年与虎牌啤酒的合作中，就设计了一个针对性非常强的场景。这个场景中鼓励网友线上组建乐队，网友只需要登录新浪微博账号，即可邀请三个好友一起组成乐队，参与“加油助威”以及“乐队推荐”互动。音乐是很多人心中的梦想，这个场景的创意布局就非常方便地挖掘出对音乐狂热的受众群体，并有效地将虎牌乐队龙虎榜推荐给了受众。而邀请好友组建乐队的动作也挖掘出了更深层次的受众关系链条，从而更方便信息的下发操作。

最终，整个活动吸引了超过4万人参与组建乐队，活动的辐射面超过750万人。

以上案例中，我们基本上都可归纳为大数据在帮助企业或产品做决策，这种

决策使得企业不至于在产品设计中或营销过程中走弯路。但不要以为大数据仅仅是帮助企业决策的角色，大数据也可以成为服务的一部分。当然，这种服务并不是直接营销方法的一部分，却可以成为产品特征的一部分。这无疑给想要通过互联网大数据创造财富的创业者们提供了很多想象空间。

有人通过贩卖健康手环，帮助参与运动的人员进行身体机能监控。通过对监控到的数据进行采集，建立起人体机能数据库，并将数据贩卖给手机应用开发商，以开发更加有效的运动指导软件。你可以想象这是多么好的创意，佩戴一个手环，就可以制订完全符合自身条件、几乎是一对一定制的运动指导服务，好比是请了一个私家教练和私人医生。

其实大数据也没有我们想象中的复杂，比如网友通过我的行程和中国的天气数据，发现我去往哪个城市就会为哪个城市带来雾霾的天气影响，从而给我颁发了一个称号：#PM2.5界的萧敬腾#，这就是一个简单的数据发掘与应用，当然这里面更多的是恶搞成分。总体来讲，大数据是能够帮助我们更清楚认识世界的极佳手段，透过这些更加精确的认知，我们可以更快、更有利地做出决策。这种决策可以是营销方向的，也可以是对于产品的改善方面的，而数据一旦应用恰当，其挖掘的商业价值有时也超出你的想象。

这里简单说一个与前面不同的案例：曾经有一个商场，通过对人流数据的分析发现，商场一个支撑柱后面的大量商铺人流稀少，因为消费者会误以为支撑柱后面什么都没有了。为了解决这个问题，商场在支撑柱上装了一面镜子，镜子中反射出支撑柱后面商铺的倒影，让客流暴增。也正是基于此，支撑柱后的商铺租赁价格直接翻番。你看，如果没有大数据，作为传统的商场，又怎能挖掘出客流的走向呢？看到这里，也许有人会说：那些大企业都有足够的资金来进行大数据挖掘。如果没有这样的预算，大数据应该与我无关。其实这样的想法是不对的，在新媒体中，尤其是微博、豆瓣等这样开放的数据形态中，大数据对大家都是公平的。也许大企业能够投入预算，用机器跑出策略方向，但预算局促的营销人员也可以在开放的数据中找到精准的客户。举个简单的例子，新浪微博有搜索功能。

在这个功能下，我们可以搜索与品牌有关的信息，或者与行业有关的信息，而微博搜索功能就是这些信息的清洗与挖掘工具。使用者可以很方便地搜索出对自己品牌有利或不利的信息，有利的信息可以进行销售引导，不利信息可以作为舆情监控对象。而行业产品的相关信息中，用心的销售人员也可挖掘出很多的潜在消费者。如你们所愿，我搜索我名字的时候，大部分的内容都和美食有关。

比如，通过搜索，发现某人提到了你的产品，虽然这条信息中，我们未必可以直接找到其他用户，但通过他的个人信息以及他曾经发出的过往微博，我们可以判断这个人的大体年龄、生活品位、社会层次。甚至于根据他过往微博中与朋友的互动，找出产品其他的潜在受众。毕竟微博作为社会化媒体，讲求社交的真实互动性，而物以类聚、人以群分的说法在新媒体中是能够体现的。

本章总结

在本书第一章中，我们就讲到：大数据通过创新的技术和方法，应用和分析到你过去无法应用和分析的数据。这其中，创新的技术和方法可借鉴，也可基于行业特性进行特殊处理。当然，应用和分析才是大数据应该有的归属。

大数据的应用，最多的时候是帮助企业进行快速有效的决策。在公开透明的数据中进行客户挖掘、客户管理也是十分可行的办法。而把数据收集起来，像健康手环那样，贩卖给开发者进行软件应用，又把这些应用反哺给数据提供者进行健康指导。这样的大数据商业模式创意，也给创业者们提供了更多的数据开发想象空间。而作为消费者，在数据洪流中，要想独善其身，已经变得越来越困难。但反过来想想，提供一定的数据，接受更好的服务，又有什么不好呢？“结束这章前你们还想问我最后一个问题？”答案：“爱过。”

O2O该如何成为

品牌价值的新引擎

关注微博@全面社交，私信回复关键词

【第十一章】，听申晨的语音推荐。

你能想象一个卖煎饼的大妈可以用QQ群兜售吗？一个馒头，通过QQ群也可卖到6块的身价，手慢了还买不到？你心里是不是有一句脱口而出的："我去！"其他的新媒体渠道自然也可转化。如果你认为O2O太晦涩，无从下手。可以根据这一章先从别人身上取一下经。PS：是O to O，不要学习央视主播读成O二O哦。

在讲正式的案例之前，我们回顾一条曾经在网上流传甚远的新闻。“一个学校旁卖煎饼的阿姨，快到吃饭的时间，她的手机QQ响个不停。问她为什么，原来她建立了一个QQ群，还在上课的同学会在群里留言向她下单。然后她记录下QQ昵称后，提前做好，用纸条塞上标签，这样同学们下课后就能直接交钱取货了。阿姨用这种方法售卖煎饼已经五六年了，效果非常不错。”在这段新闻中，煎饼阿姨说她用这个方法已经五六年了，这是什么概念？O2O的概念，算起来在2010年团购网站大规模出现时，才真正兴起。而这么漂亮的O2O应用，一个煎饼阿姨却提前几年就已操作成熟。正所谓是人不可貌相，我的肚子不可斗量。

这样看来，O2O的门槛其实很低，低到一个普通QQ群，就可以帮你架设起非常牢固的CRM系统。在煎饼阿姨案例中，凡是QQ群里的客户不就是可以长期维护的忠实客户群体吗？如果阿姨懂营销，甚至可以开发新的连带产品，在这个群里推广，甚至于给旁边卖饰品的农家小妹做个联合广告，又或者帮学校旁边的小酒店做点儿不定期的宣传。要知道，一个维护了五六年的QQ群，里面的人群量一定不小，其真实影响力也许煎饼阿姨是万万没有想到的。

像煎饼阿姨这样的生意模式还有很多，一个全职妈妈，去台湾朋友家玩的时候，带回来几个坚果馒头，就试着自己制作，而这种创意馒头在社区QQ群里迅速走红。这位妈妈就无心插柳地在这个QQ群里，卖起既有营养、又有嚼头的坚果馒头来了，还要6元一个。虽然很贵，但使用每天仅卖100个的饥渴营销方式，如果消费者出手慢了还无法抢购到。我们算一笔账，一个馒头利润4元，一天100个就是400元，一个月下来轻轻松松1.2万元的利润额到手。看到这里，有没有人想辞职去用QQ群卖产品啊？如果创意好，可以找我来做推广哦。哈哈哈，价格保证公道，服务保证不坑。要知道，天下火炕一般深，唯有申晨情最深呀。

很多营销人觉得O2O很遥远，但真正用心经营，O2O就在我们的生活中。不过前面这些只是前奏，O2O还是有非常多的附加利益存在的。企业需要转换互联网运作思维，线上做好推广互动，线下促成消费增加，进而优化服务体系才是O2O更深远的作用。不卖关子，我们来看看不同类型的O2O在营销环节是如何发光的。

体验营销

体验营销这种方式最近两年越来越风生水起，通过让有影响力的受众试用产品，从而达到在产品曝光同时，驱动受众的好奇心，从而带动消费的营销方式也是屡试不爽。不仅商业如此，就连有些政府部门也在新媒体中玩起体验，从而拉动其口碑传递，进而赢得民意。

1.微博征集110体验者

作为在中部地区公安系统内非常有影响力的@平安中原，就曾在2013年1月7日发起#今天我当110#的话题活动。

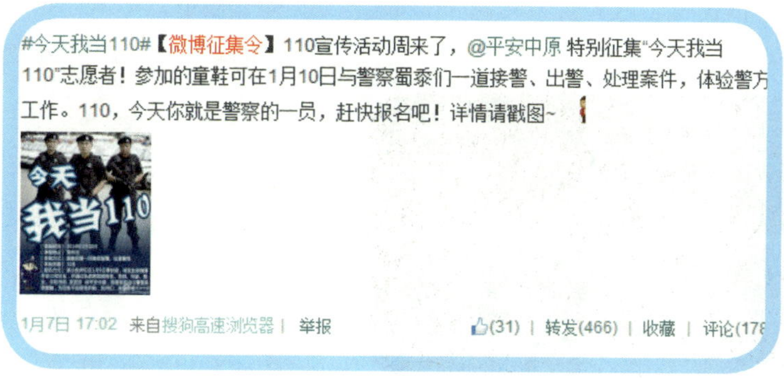

#今天我当110#【微博征集令】110宣传活动周来了，@平安中原 特别征集"今天我当110"志愿者！参加的童鞋可在1月10日与警察蜀黍们一道接警、出警、处理案件，体验警方工作。110，今天你就是警察的一员，赶快报名吧！详情请戳图~

今天 我当110

1月7日 17:02 来自搜狗高速浏览器 | 举报 (31) | 转发(466) | 收藏 | 评论(178

该活动征集10名体验者，做一天的110。这让体验者不仅可以体会到警察的辛苦，还能通过其体验后在线上的传达，有效缓解信息不对称造成的各种误解。其形象的打造非常有效。

这次体验活动中，我们可以看看最终被抽中的体验者，绝大部分是认证用户，且粉丝量较大的，其中还有部分记者。从这个细节中可以看出，@平安中原利用有影响力人群进行口碑传递的思路也非常明显。而这也是体验营销需要掌握的重要节点。

2.小米100个梦想赞助商

小米很火这件事没什么好争论的。不论小米有多少负面消息，但这个品牌通过新媒体的打造，完全绕过销售渠道就达成了抢购的事实，让我们不得不正视这个品牌的发迹史。

小米1手机在推出之前，通过小米公司的工程师一个一个地联系刷机爱好者和发烧友，筛选出100个内测者。这些爱好者和发烧友被推荐MIUI这样一款当时不为人知的全新ROM。而他们不仅仅帮助了MIUI系统的一步步优化，还为最初的MIUI系统在线上和其圈子内大量地传播了口碑。在内测过程中，小米公司还给了他们极强的特权待遇，比如小米1手机的首批内测，开机画面中对这些人挨个进行了展示，冠上“勇敢的上帝”的头衔，并被小米称为“100个梦想赞助商”。

除此之外，小米还专门为这些梦想赞助商拍摄了9分钟的微电

影，从而与这些内测者建立起和品牌之间的强关系。而小米本身的口碑也正是通过这样的强关系一层层地传递了出去。想看2010年小米拍摄的微电影吗？扫描下面的二维码或者本书微博中私信回复关键词【小米】欣赏吧。

（感谢微奥传媒提供本书新媒体互动）

说完这两个案例，我们回过头来看体验营销。体验营销的最终目的还是要为商业反哺的。用线下有影响力的人群，参与到商品使用，甚至商品制作的过程中，从而扎扎实实地为品牌树立互联网口碑，并借此拉动粉丝经济的形成，甚至可以颠覆行业最传统的经营方法。比如从小米的案例中我们可以发现，小米其实卖的不仅仅是数码产品，更重要的是出售一种强参与感。

而作为一家十分有创意精神的公司，小米的强参与感在近年来的发展中也不仅仅局限在与线下人群的互动中，线上的互动也非常出色。比如我曾经问我一个做传统家电的朋友，为什么电视机外壳大部分除了黑的就是灰的？他的第一反应是：这怎么会是个问题？因为几十年来，电视机就是这个样子的。后来我细想了一下，以前家庭墙面的色彩绝大部分都是白色的，黑色和灰色的彩电摆到客厅中才会看上去比较协调，所以多年下来，黑色和灰色就成为电视机的颜色了。但传统彩电企业忽略了一个问题，在现在社会中，消费者家庭的墙面颜色已经变得丰富多彩起来，很多年轻人购买新房后，客厅的颜色可能有黄色、红色等各种亮丽的颜色，再摆上灰色或者黑色的电视机是否协调呢？出于这样的考虑，小米在线上发起了一个讨论，调研大家希望家里的电视机外壳会是什么颜色，一共调研24天，每天送出一部红米手机。这样颠覆式的想法，瞬间在微博中引发了大家强烈的参与热情，最终参与者超过18万人。做一个抽样调查，18万人参与，这是什么概念？我一个做咨询公司的朋友告诉我，一般情况下，18万个样本反馈的价格是350万元人民币。而小米用一个创意加上24台红米手机，不足2万元的成本就完全搞定了。不仅如此，小米还知道了下一步生产电视机产品的生产方向会如何布

局。而其电视机一经上线，也是瞬间销售一空。让用户参与到产品的设计中来，效果真是太出色了。

这是小米电视的一个效果图，看到这样的色彩，有没有想入手一台的冲动呢？不过亲，小米的产品可是要抢的哦！

从前面两个案例中，我们来看，体验营销无论是商业销售，还是政府形象公关，都是非常出色的营销利器。不过体验营销我们不能只看最终漂亮的结果，还要从中提炼出可以实际操作的细节。

（1）寻找种子和关键KOL。所谓的种子就是体验营销的参与者，这个寻找的过程非常重要。小米手机最初的参与者并没有找寻明星或微博大V，而是通过一个个小圈子找到真正在手机推荐方面有影响力的人。这其中还有大数据的应用成分。

（2）及时的互动与交流。筛选出体验营销的参与者之后，需要照顾到与参与者的交流沟通，让他们真正体会到被尊重的感受，进而从用户的角度评判你的商品该如何进化。一旦他的意见被采纳，这个参与者也会为产品带出更加有效的口碑。

（3）O 2 O。这一点十分重要，通过鼓励参与者在线上的口碑反哺，从而拉动销售，这才是商业的最终目的。所以，在产品真正好的前提下，如何激励参与者的口碑传播，也是体验营销策划中非常重要的一环。

对于线下渠道欠缺的020营销人员来讲，体验营销无疑非常有帮助。小米是没有实体店，也不走分销渠道的，所以选择体验作为突破口。但对于一些商家，如果已经有了线下的渠道，那么这些渠道如果可以有效融合到线上口碑传递中，对线下销售的拉动也是不容小觑的。比如新媒体火爆之前，大部分线下实体店的销售主要仰仗所在商圈的人流。但有了新媒体之后，即使店面位置不是最佳，但通过线上口碑的传播，也有机会杀出重围。而场景营销作为020的一个环节就是非常有效的手法。

3.与CNC一起看世界

《CNC带你看世界》是游龙互动公司联合中国新华电视共同推出的系列大型台网互动旅行体验真人秀节目。这个节目的最大特色是首次采用了网友参与节目策划的运作方式，另外在活动宣传的渠道选择上，用到了最流行，也是对旅游节目宣传最适合的渠道。

活动运作过程的第一环节是征集新华社驻海外记者和当地华人的意见进行

行程规划，这听上去就十分有吸引力。因为无论去哪个目的地旅行，人们总会或多或少地留下遗憾，主要原因是在有限的时间内规划出最佳线路是比较困难的事情。而本次活动征集新华社驻海外记者和当地华人意见，就让浪漫法国之旅更有效率，也更让人充满期待，从而很迅速地引发了网友在线上的讨论。这就形成了很好的线下反哺线上的营销传播路线。

既然活动噱头制造出去了，接下来就进入全民狂欢的环节，让广大网友参与到活动中来，进行真正的全民体验营销。当然，游龙互动在活动的策划过程中也充分考虑到网友的参与门槛问题，不可能让每个网友都给出一条个性旅行线路，但可以根据新华社驻海外记者和当地华人给出的线路进行投票。参与投票的网友就有机会免费去法国旅行，并且为了活动的运作寿命，每月每周都有单独的抽奖活动，最大程度地吸引网友的参与，为《CNC带你看世界》的播出做到了最佳的前期铺垫。

这是一个典型的线下——线上的运作案例，在线下制作话题，线上进行传播。让整个互动更加容易落地，参与感更强。除此之外，本次节目还采用了多渠道联合的方式进行宣传。活动宣传方选择新浪微博为宣传平台、微信为用户交互平台、微视为短视频展示平台，实现了真正的台网互动，让网络媒体不再只是辅助的宣传手段，而是让每名参与者通过网络媒体成为节目的真正设计者和体验者，激发了网民的参与热情。

搭建可以在线上传播的场景，拉动线上受众的好奇心

1.与酸奶先生的合照带出品牌的快速成长

广西皇氏乳业在2013年10月推出酸奶新品——莫拉菲尔，希望借助新浪微博进行适当的推广。@新浪广西 基于其卡通形象进行了

周密的策划，为其推出#与酸奶先生玩3D#的线下活动。这些3D形象出现在了超市牛奶柜台最显眼的位置，大大激发起消费者的参与好奇心。

大家纷纷与酸奶先生创意拍照并上传至微博，参与@黄氏酸奶先生 的线上抽奖活动，最终让“莫拉菲尔”品牌的前期曝光度超过了40万。

当然，场景营销不一定只是搭一个合照场景那么单一，也有商家在做场景营销的时候，将其生产的商品本身也融入场景中，从而更加强烈地激发消费者的分享欲望。

2.长沙小浪萌翻消费者

这个形象你能想起来什么？新浪？鸟？其实这就是一块蛋糕啦，而且放到我面前可以一口一个的哦。不过这样的一块蛋糕摆到店铺中会出现什么不一样的效果呢？

在2012年9月，微博发展最迅猛的阶段，@仟吉长沙 作为长沙本土知名的蛋糕连锁店，联合@新浪湖南 一起打造了这样一款新浪微博logo元素甜品。在店铺内一展出，就引起了消费者的极大兴趣。大家争先恐后地拍照，到微博分享，这样的分享也不断吸引好奇者进店购买该产品。但，对不起。这块蛋糕，不卖！要想得到超萌的它，你是需要付出条件的：首先，你需要到店外与海报合影。发照片到微博后@仟吉长沙，才有机会获得这款蛋糕，除此之外，还有20元仟吉代金券。看到这样的号召，合照上传参与者众多，也让仟吉扎扎实实地火了一把。

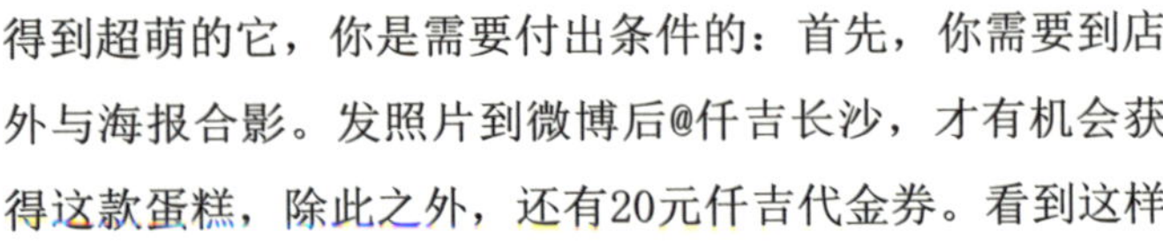

通过这个案例我们能看到什么？首先，场景营销是020的核心所在，但场景是完全融入商品中，从而在曝光品牌的同时，有效拉动产品口碑。另外，仟吉这个案例中，对活动商品的惜售也形成饥渴营销之势。

真正激发了闻讯而来的消费者的参与欲望。

或许你的商品不能让受众参与到设计和生产中来，也或者你并没有线下实体店把场景摆进去。说白了，你可能就是个淘宝或天猫店，这时候，你能不能做O2O的场景营销呢？答案自然是肯定的。

3.淘品牌用O2O玩转媒介整合营销

以往，我们看到过大量来自淘宝、京东、当当等电商平台的广告。但近年来，很多电商平台内的店铺，也开始了塑造品牌的道路。在O2O概念盛行的当下，甚至于店铺广告创意比其所在平台的广告还要给力。

“圣得西”作为天猫中主做商务男装的电商品牌，于2013年10月，在户外候车厅发布的线下广告就酷劲十足。

下面这张图是其众多创意中的一个，我们从海报中甚至都无法得知广告主的任何意图，更没有任何的品牌或logo信息。但海报中的言论：“认命吧，无论你怎么拼命，都拼不过富二代的。但至少你还可以，把自己弄得像个人样。”是能够戳中部分消费者的心理认知的（错别字，我就不在这里挑了）。

很多人看到这样的内容，第一反应不是骂“他妈的又是广告”，而是好奇：“这到底要说什么？”或者“这是谁在这儿贴出来的啊？”接下来我们可以看到，海报下面有一个二维码，由于二维码的认知培育周期已久，很多在公交站等车的人群，忍不住掏出手机扫描，用以解答自己心中的疑惑。

这样一个简单场景的布置和传统户外广告的创新应用，从线下向线上的导流就完成了。不仅如此，由于这个广告的趣味性存在，很多有炫耀欲望的受众，会将这个场景拍摄下来，发微博，发微信，直接导致了二次受众对这个品牌的关注。而这个过程中，品牌本身要传达的“你可以把自己弄得像个人样”的商务男装品牌概念，也就植入受众心中了。我们可以来欣赏一下他们做的系列站牌广告。

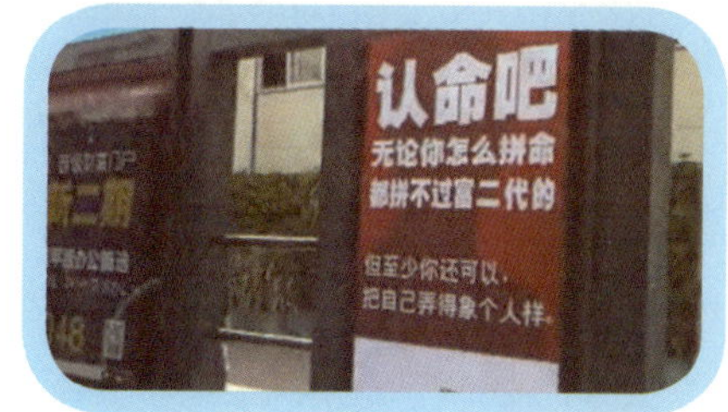

觉得这个文案组合怎样？有没有模仿创意，在自己的推广渠道中一试身手的小冲动呢？不过千万别像这个广告的文案一样，搞出这么多的错别字啊！

其实线下到线上的导流方式，我们都可以用“场景互动”这样的概念进行总结。我们在大数据那一章，讲的可口可乐昵称瓶事件也是一个良好的场景互动。由于新媒体的蓬勃发展，互动也越来越被企业的营销部门重视，但互动中如何创新，并能够结合企业要推广的特点进行有效融入，或有效为销量导流，这些都是020需要解决的问题。

说到这里，也许有人会有疑问：020不是指Online to Offline吗？其实020最开始的概念是这样的，但由于电商品牌的最终购买行为发生在线上，或者有很多企业在做020的过程中并不直接为了销售，就造成了大家对020的发挥百花齐放。线上到线下的理念，团购是不错的模式，因为大部分的商家最终落地是要到线下的。不过线上落地，甚至把线上新媒体作为信息传输管道，组成02020的闭环未必不是原始020概念更好的补充。

说起02020，新浪微博2013年整合的一个持续性话题#带上微博去旅行#就是一个非常好的案例。这个互动场景并不需要营销人员煞费苦心地在线下布局。其操作思路很容易理解，号召旅途中的人发布#带上微博去旅行#话题，并分享旅途中的照片、攻略等信息，从而有机会获得丰厚的奖品。在这个基础上，由于消费者本身的分享，又带动大量受众对这些旅游目的地的兴趣，从而拉动话题形成闭环，并为旅游目的地带来良好的收益。这其实就是一个非常典型的“线下—线上—线下”的营销闭环的良好组合。这其中，新浪微博附带推出的例如#带上微博去拉萨#、#带上微博去普吉#等连带性话题都纷纷登上热门话题榜。这次活动的组织，不仅仅让旅游目的地纷纷得到大量的曝光，“微博”这个关键词在所有话题中的植入，也为微博平台本身带来了出色的展示机会。

正是由于强势的资源整合，和良好的话题互动效果，整个话题的最终讨论数量超过千万。

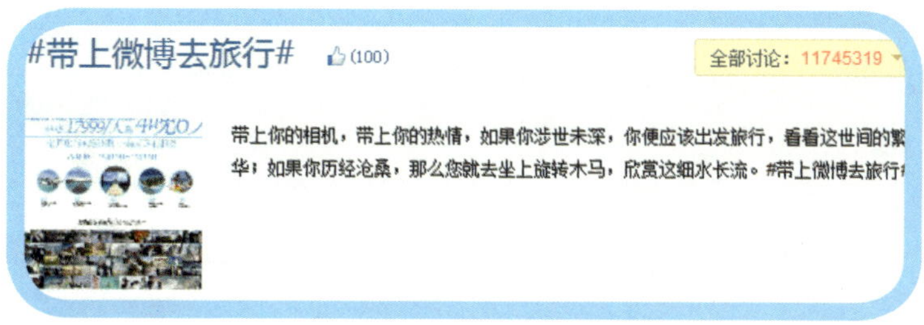

我们前面讲的案例中，创意是主流，执行过程都不会有太强的技术环节植入。不过归根结底O2O的原始概念，是个技术活。很多创意有了技术支撑，会给人不一样的感受。

4.广汽丰田的虚拟动物乐园

重庆博拉互动作为广汽丰田逸致的互动营销商，在该车的试驾预约推广中做的O2O互动就很有趣。

首先，受众可以通过逸致官网、官方微博或直接搜索“逸致动物乐园”等多渠道观看博拉互动为逸致制作的互动视频。这个互动视频表面上与普通视频的不同点在于右下角多了一个二维码。虽然视频本身与普通视频区别不大（因为很多电视台现在播放节目的过程中也会放个微信二维码在上面），但通过二维码下载逸致掌上乐园APP后，视频的中的秘密才会被挖掘出来。因为这个APP可以捕捉有效信息，从而让受众可以参与到视频中来。

当视频中出现动物时，手机识别视频里动物的声音产生震动，震动后2秒内迅速摇晃手机抓取动物，每成功抓取一个动物，APP中就会记录一次。受众可以在视频的重复播放中集齐所有动物，分享至微博，参与抽奖。看完这个案例的描述，小伙伴们有没有被这个互动的高大上震撼到啊？看了那么久书，要不要休息一下？扫描右下角的二维码或在本书微博中私信回复关键词【动物乐园】可以观看该视频哦。

（感谢微奥传媒提供本书新媒体互动）

看完视频之后，问大家一个问题。怎么把动物从动物园里搬出去？首先，你得有一辆逸致，然后把动物装进去，然后从容地开上高速。是不是很简单粗暴实用有效呢！

我们再回头来看这个互动在营销中起到的作用：

首先，视频的互动融入了奖励机制，激发了受众的参与热情；

其次，视频中新颖的互动方式，充分调动了受众的好奇心；

最后，我们可以看到对企业最重要的一点，由于为了收集齐所有的动物，受众需要反复观看视频，这个过程中，逸致汽车的性能和主要卖点会在整个过程中不断被受众吸收，将卖点有效地转化成记忆点，从而拉动了整体的试驾转换可能性。

当受众集齐所有动物，并分享到新媒体中后，即可来到预约试驾页面进行预约，这样一个O2O的互动流程就完成了。在这个互动推出之后，其数据表现也非常可观。10天内，视频播放量超过22万，APP最高单日下载量超过4000次，有效地拉动了受众的参与热情。

博拉互动的这次互动营销，不仅仅是O2O的经典，也是手机、电脑双屏互动的典范。我们知道，现在的互联网人群在手机上每天花费的时间超过6小时，所以抢占手机屏幕上的曝光量是企业营销过程中最重要的事情之一。本次互动，并没有像前面提到的O2O案例一样，购买户外广告资源或制作有冲击力的线下视觉场景，而是将场景搬到了电脑屏幕上，这样的转化既简化了制作流程，又可为产品卖点争取到更多与受众接触的时间，从而更好地达成了与客户沟通的目的。

其实类似的案例，在国外的互动营销中，尺度会放得更大。比如法国时尚品牌VicomteA在其搭建的“诱惑网站”上，做出的互动就非常吸引大家的注意。在这个网站上，用户每分享一件模特身上的衣服，她/他就会把这件衣服脱掉，脱掉的衣服会成为产品链接，分享到社交网络上。这样一个激发受众无限遐想的互动，没有做任何媒体投放，48小时内，有15万条Facebook和30万条Twitter被分享出去。哎，前排的同学不要挤，二维码立马就放出来，或在本书微博中私信回复关键词【诱惑】观看该互动营销的精彩视频。不！要！挤！

（感谢微奥传媒提供本书新媒体互动）

你看，我的衣服都被你们挤破了，晚上回家又要跪搓衣板了。

所以说一个创意十足，并拉动电商流量的广告，激发的受众参与热情是极其夸张的。你甚至不需要为此做额外的媒介购买预算，就可完成仅靠渠道无法完成的任务。

所以O2O中技术的想象空间更大，在转化手法上也会十分有效。

5.卡玫尔用大数据找到与粉丝O2O的沟通机会

2013年秋天，比酷互动和凯旋公关利用大数据为卡玫尔做了“爱与××无关，因为是你，所以深爱”的营销活动，这次营销堪称经典，是因为其利用数据对消费者进行洞察后，更加有依据地进行了广告投放，从而迅速形成了对线上的话题反哺。

比酷互动首先通过微博话题以及微博用户对爱的提及进行语义分析，最终得到的真实结论是：爱与身材、年龄、房产证、星座、性别等关键词均无直接关系，这就成为了卡玫尔品牌营销活动的主线。

这些与爱无直接关系的词被打印出来，在北京的900块公交站台进行广告投放。这种与网民产生真实共鸣的话题瞬间引发了公交人群的注意，人们的讨论也迅速反馈到了微博中，形成第一次营销闭环，#爱与××无关#成为热门话题。

当然，卡玫尔本次营销活动的O2O之路还没有完，因为还要落实到最终的销售上，才能算作一个营销的真正闭环。

在线下广告牌的投放引发网民的大讨论后，4月30日，卡玫尔官方微博突然发布#卡妹浴室大咖秀#的话题，声称第二天将有神秘嘉宾登场，并且他的粉丝自称为一种水果，这引发了粉丝的各种猜测。

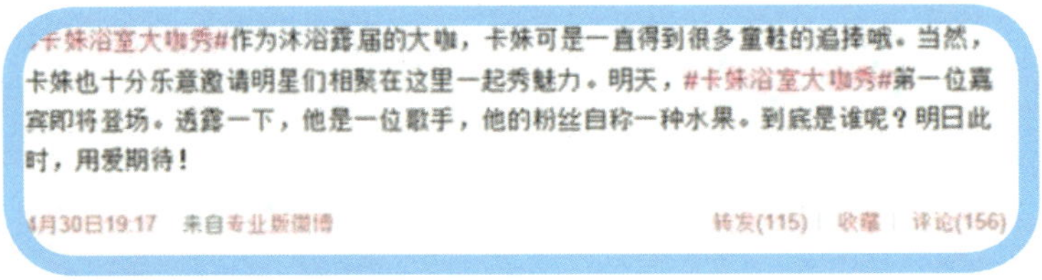

#卡妹浴室大咖秀#作为沐浴露届的大咖，卡妹可是一直得到很多童鞋的追捧哦。当然，卡妹也十分乐意邀请明星们相聚在这里一起秀魅力。明天，#卡妹浴室大咖秀#第一位嘉宾即将登场。透露一下，他是一位歌手，他的粉丝自称一种水果。到底是谁呢？明日此时，用爱期待！

4月30日19:17 来自专业版微博　转发(115) | 收藏 | 评论(156)

紧接着，5月1日官方微博发布【十万转发，众志成橙】的话题微博，号召粉丝勇敢向自己的偶像@陈翔橙 示爱。如果5天内此示爱贴转发10万次，卡妹就能请出@陈翔橙 亲手给粉丝制作的福利。

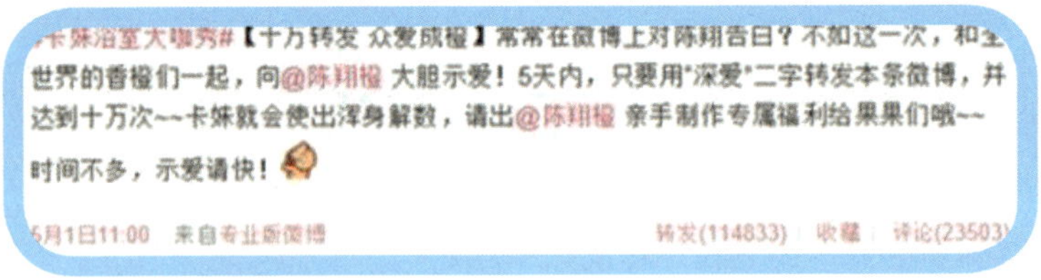

#卡妹浴室大咖秀#【十万转发 众爱成橙】常常在微博上对陈翔告白？不如这一次，和全世界的香橙们一起，向@陈翔橙 大胆示爱！5天内，只要用"深爱"二字转发本条微博，并达到十万次~~卡妹就会使出浑身解数，请出@陈翔橙 亲手制作专属福利给果果们哦~~时间不多，示爱请快！

5月1日11:00 来自专业版微博　转发(114833) | 收藏 | 评论(23503)

也许你会好奇，为什么请出的明星是@陈翔橙。这其实也与大数据的结合有密不可分的联系。比酷互动对卡玫尔的粉丝进行了分析，发现大量的粉丝在关注卡玫尔的同时，也关注了@陈翔橙。这无疑是利用明星号召力为品牌进行传播的最有力保障。果不其然，此帖一发，立刻在陈翔粉丝中引发轰动，短短3天，转发就突破10万。

有了品牌号召力，就为产品销售做好了华丽的铺垫。卡玫尔官方微博宣布，陈翔为粉丝们定制了卡片福利，随促销装赠送。这个卡片非常神奇，在其上撕下一个“遇水显字”的贴纸，将其粘贴到沐浴露瓶子上，洗澡时遇水就会显示出一句爱的表白，最牛的是每一瓶的表白语还不相同。这对陈翔的粉丝们来讲，定制化的表白就如是陈翔亲手送上一般，直接刺激到了购买者的兴奋点。

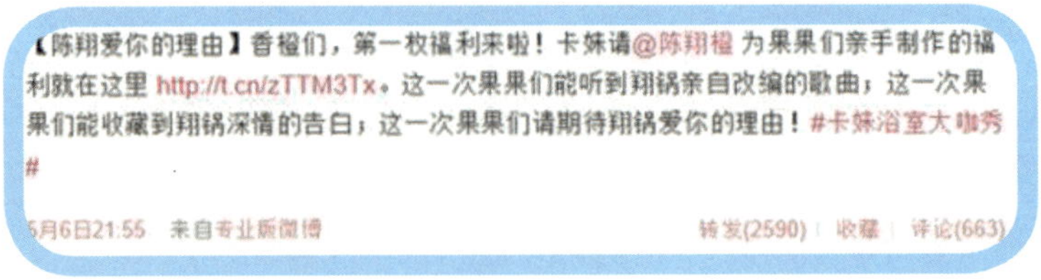

【陈翔爱你的理由】香橙们，第一枚福利来啦！卡妹请@陈翔橙 为果果们亲手制作的福利就在这里 http://t.cn/zTTM3Tx。这一次果果们能听到翔锅亲自改编的歌曲；这一次果果们能收藏到翔锅深情的告白；这一次果果们请期待翔锅爱你的理由！#卡妹浴室大咖秀#

5月6日21:55 来自专业版微博　转发(2590) | 收藏 | 评论(663)

这之后的销售效果十分理想，光微博内能监测到的晒单和对@陈翔橙 爱的回应，短短三天就超过500人，同时天猫内的销量超过万瓶，合作伙伴屈臣氏现场销售过千瓶。

基于微博大数据计算生成的广告创意，在线下形成效果良好的互动后，反馈到互联网上，营销就变得十分有依据。这次营销的成功不仅在销售过程中有了极大的提升，其长尾效果也非常明显，卡玫尔的百度消费者搜索指数一举超越竞争对手力士，并保持了长达一年之久。

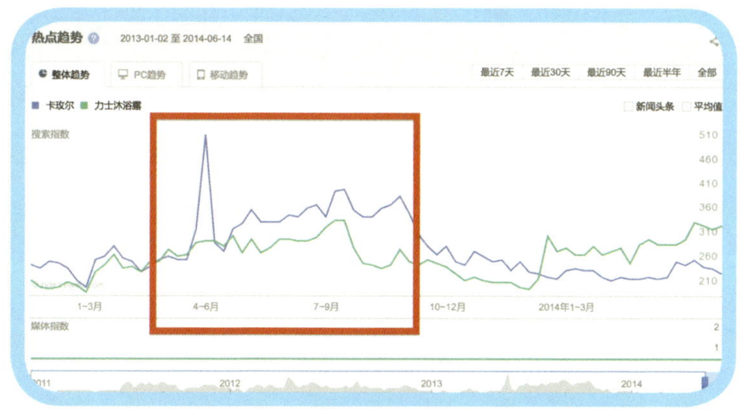

申晨说O2O

O2O的商业形态以及营销形态可以千变万化，也可创意无限，但归根结底，O2O是要为销售负责的。而广义上来讲，只要是线上与线下的相互导流行为，都可归纳到O2O的范畴，所以O2O的导流目的性都不弱。而说到导流，就需要到有人流的地方，将O2O的场景发布出去。这其中，商圈、公交站牌可以是好的渠道，而新媒体由于流量巨大，更是众多广告主互动营销的首选。移动互联网培育了互联网受众走到哪里都拍照分享的好习惯，也可成为商家进行O2O转换的有力武器。如何勾起受众在互动场景面前的分享欲望，是创意制作过程中要考虑的最基本条件，而产品的植入就是创意如何落地的任务了。就好比一杯好茶，创意越好茶越香，越能帮你吸引更多的受众，但如何让受众喝下你的茶，就是O2O中需要深思的地方。

作为商家本身，应用O2O也不要思维狭隘，因为O2O本身的概念中就存在争议，只要能为店铺吸引人流，从而转换成销量的方法都是好方法。很多人都希望通过O2O拉来直接客户，但也有人用O2O的观念找到分销渠道。比如，一个有多年粉条加工的村子，就是用QQ群维护分销渠道，用帮助别人致富的理念打造他们的商业帝国。说到QQ群，其实微信群在互动中大家也不妨一试，因为二维码的渠道分发效果要比QQ群号一串数字的效果来得更为直接。在本书第十四章中，我们会来充分了解微信营销体系下的各种营销互动，包括部分O2O的精彩创意，值得你的期待啊。

来说说你的商品想怎么利用O2O进行营销吧！不妨发微博@申晨，我可以跟你一起互动哦！

本章总结

O2O的理念本身不复杂，创意的制作过程也可简单纯粹。不论O2O最初的发布地在线上还是线下，一个值得大家分享的场景制作是必要的。因为O2O应用到营销中，最重要的是利用场景的新鲜感，让受众在新媒体中为品牌或产品拉动口碑的传播。为受众创造新鲜感，与娱乐大众的概念十分相似，创意首先要好玩，最好是闻所未闻见所未见（三俗不在本书讨论范围内）。这样，新媒体的扩散性不仅为品牌带来了更广大的受众范围，也可帮助品牌带来有创造力、有想法的良好评价，对企业本身是一箭双雕的好事情。不过有时候，除了要让受众在场景的带动下自动信息分发外，渠道整合在大多数时候也是必要的，如果意见领袖肯为你在新媒体上摇旗呐喊，那自然是精彩的画龙点睛之笔。喀喀，那啥，美食界的意见领袖找我就可以了。

政府在新媒体中

如何与人亲近

关注微博@全面社交，私信回复关键词【第十二章】，听微博商学院总监王敏的语音推荐。

全　民　社　交

浙江省旅游局如何通过一条微博，让浙江旅游资源的整合长微博转发2万次以上？一张领导悬空的PS照片引起的巨大舆情旋涡中，会理又是如何成功脱身，并为当地旅游业进行了良好拉动？政府在新媒体中该不该开设账户？怎么开？这些都是我们本章要讨论的话题。

我们首先用两个知名微博，了解“政府版”微博与“企业版”微博的主要差异。一个是最先以政府名义入驻新浪微博的@北京发布，一个是知名B2C平台@当当网。新浪微博在最近的一次版本更新中，尽量让不同属性的微博有了视觉上的统一，但总的来讲，针对每一种不同的类别，还是稍有差异。

@北京发布 的微博首页中，我们可以看到这样几个板块：焦点图、焦点视频、公告栏、政府微矩阵、微博内容、友情链接。

@当当网 的微博首页中，直接展示的几个板块为：焦点图、焦点视频、微客服、联系方式、友情链接。

首先我们来看一下视觉上的差异，在政府版微博中，焦点图和焦点视频都是集中在第一屏的，属于同级别模块的关系。

而企业微博中，焦点图与焦点视频板块都在屏幕左侧，更加体现出微博的信

息流动效果。

而在政府版微博中，取代焦点视频位置的是一个政府版本中独有的模块“公告栏”。

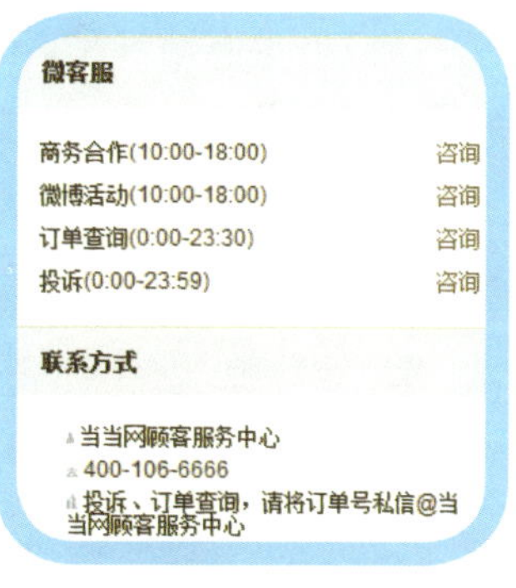

但政府版本，原有焦点视频的位置在企业版微博中，是几个咨询模块和企业联系方式。

从这些细节点的区别上，我们可以看出，企业版微博更突出了服务的特性，而政府版微博更多的是信息发布功能（当然，在基本的新媒体分享体制中，互动、话题甚至是拉动当地经济的营销方法都是可用的）。以前我们查看政府公告，有时需要去看社区的公告板，再方便一点儿，需要去搜索政府的官方网站。现在有了新媒体，我们只需要打开政府的微博，就可以第一时间获取到政策信息，这无疑优化了群众获取政府咨询的渠道。当然，有时候，重要的公告，只要受众添加对相关政府的关注，政府部门一条微博的推送，就可以直接发送到首页中。只要合理拉动受众关注，政府管辖下的人群再也不会落下任何一条惠民政策。当然，由于微博的信息透明性，群众也有了向政府表达自己意愿的入口。不管这种表达最终是否正确，至少政府部门可以通过新媒体得到最直接的民意。

面对越来越聪明的网民，政府面对负面的表达方式该如何进化

1.会理打太极，转危为安并带动旅游经济

好事不出门，坏事传千里。我在给政府部门的朋友指导微博运营时，经常会听到他们的苦衷。政府部门为群众做再多的好事，大家都认为是理所当然。这一点本来也没错，毕竟为人民服务是他们的本职。不过一旦出现一点儿纰漏，在新媒体中，政府部门很有可能就成为众人批判的对象，事态甚至会被无限放大，有时候更被上纲上线地批判为整个公务员队伍的问题，更有甚者被说成是众人皆知的秘密。所以有人就觉得新媒体的出现，将政府与群众的矛盾给扩大化了。无力应对之下，越来越感到迷茫，这种迷茫是双方面的，不但群众想了解政府的真实想法，政府也有倾听民意的真实愿望。但由于对信息不对称的恐惧，让部分政府部门始终不敢迈出拥抱新媒体的第一步。

还记得下面这张神PS照片吗？2011年6月下旬，四川会理县官方网站出现这张明显带有PS痕迹的照片，照片中三名县领导悬浮在半空，“考察工作”。

6月26日晚，有网友在天涯社区发帖，称在四川会理县政府网站上发现一件“令人吐血”的事：县领导视察通乡公路的新闻中，所配图片疑为电脑软件合

成，三位领导被PS“站”在公路上。这件事也被网友迅速发表到微博上，引发了网友对会理县的领导进行PS恶搞。

我们先来欣赏一下网民强大的恶搞能力：

站在月球上指导工作的三位领导，是否让大家觉得可气又可笑呢？网友的创造力是无穷的，在新媒体的大环境下，政府是不能用伪装的办法向网民传递信息的。

在网民恶搞的过程中，接下来的结果大家应该可以想得到。“政府假大空”、“面子工作”、“对不起纳税人”等言论瞬间在微博中爆炸式传播。

由于事件本身的爆炸是在微博中发生的，为了能够尽快挽回颓势，会理县政府于事件发生一天后（6月27日）顺势开通了新浪微博，并通过这个新媒体渠道开始了为自己的正名之路。

6月27日18：24分，@四川省会理县政府 开通微博账户后的第一篇文章就是道歉声明：

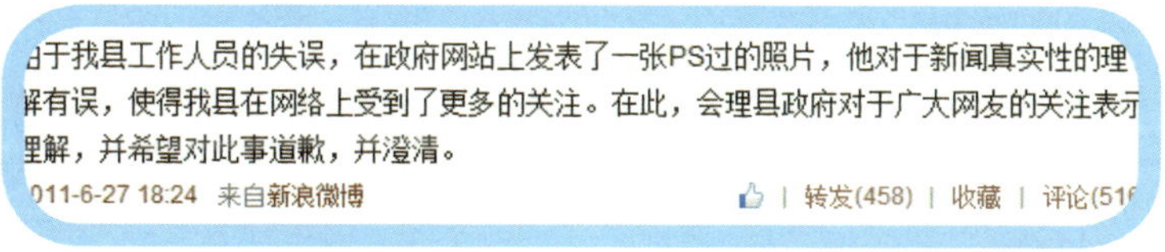

由于我县工作人员的失误，在政府网站上发表了一张PS过的照片，他对于新闻真实性的理解有误，使得我县在网络上受到了更多的关注。在此，会理县政府对于广大网友的关注表示理解，并希望对此事道歉，并澄清。

011-6-27 18:24 来自新浪微博 | 转发(458) | 收藏 | 评论(51

由于事件本身的轰动性，一个刚开通的微博发出的第一条信息就被转发超过400次。不过由于仅仅是一个道歉，其后续的跟评中出现了两极分化的表现。有的人觉得事情没什么，反而感谢这件事给大家带来的欢乐。毕竟，网友后续的PS太好玩了。但也有人质疑，虽然道歉诚恳，但政府对发布的照片不加审核，也是非常大的失误，甚至有人在评论中说会理县政府做作。

紧接着，3分钟后，@四川省会理县政府 又发布了一条微博，这张图片的当事人发布道歉信，从技术层面讲解这次图片处理失误的具体原因。

看完这条当事人道歉微博，大家觉得如何？虽然评论中依然还有网友对会理县政府和当事人持批评态度，但总体的舆论已经开始转向，甚至有人对恶搞PS县领导这件事上升到政策层面进行表扬。因为将领导进行恶搞这种事，在新媒体之前是很少允许在中国互联网中出现的。但这次事件不仅有网友对县领导的恶搞，而且在进行了大量传播之后，竟然没有关闭评论，没有进行任何的删帖处理，并

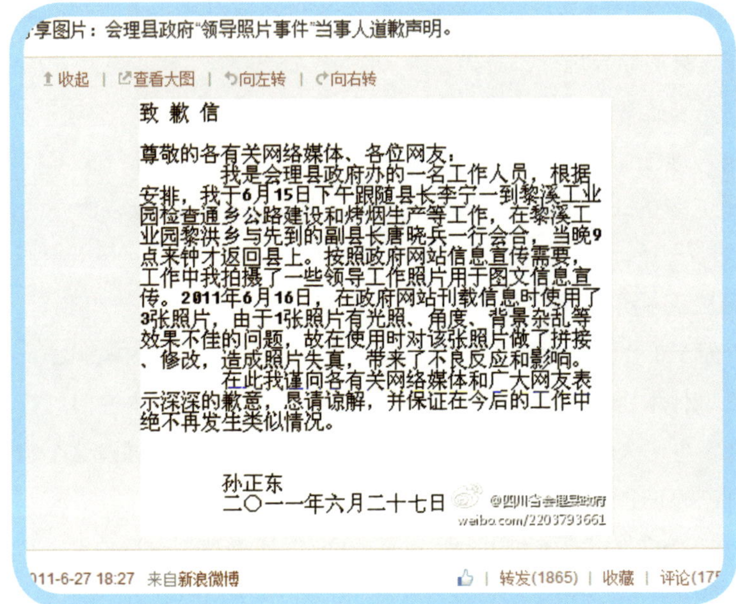
享图片：会理县政府“领导照片事件”当事人道歉声明。

收起 | 查看大图 | 向左转 | 向右转

致 歉 信

尊敬的各有关网络媒体、各位网友：

我是会理县政府办的一名工作人员，根据安排，我于6月15日下午跟随县长李宁一到黎溪工业园检查通乡公路建设和烤烟生产等工作，在黎溪工业园黎洪乡与先到的副县长唐晓兵一行会合，当晚9点来钟才返回县上。按照政府网站信息宣传需要，工作中我拍摄了一些领导工作照片用于图文信息宣传。2011年6月16日，在政府网站刊载信息时使用了3张照片，由于1张照片有光照、角度、背景杂乱等效果不佳的问题，故在使用时对该张照片做了拼接、修改，造成照片失真，带来了不良反应和影响。

在此我谨向各有关网络媒体和广大网友表示深深的歉意，恳请谅解，并保证在今后的工作中绝不再发生类似情况。

孙正东
二〇一一年六月二十七日

@四川省会理县政府
weibo.com/2203793661

011-6-27 18:27 来自新浪微博 | 转发(1865) | 收藏 | 评论(17

且政府竟然出面低头道歉了！

当然，在评论中，我们仍能看到部分网友对会理县政府的质疑，会理县政府并没有放弃对这些受众的积极舆论引导。13分钟后，该微博继续更新内容，张贴出了两张图的拼图：

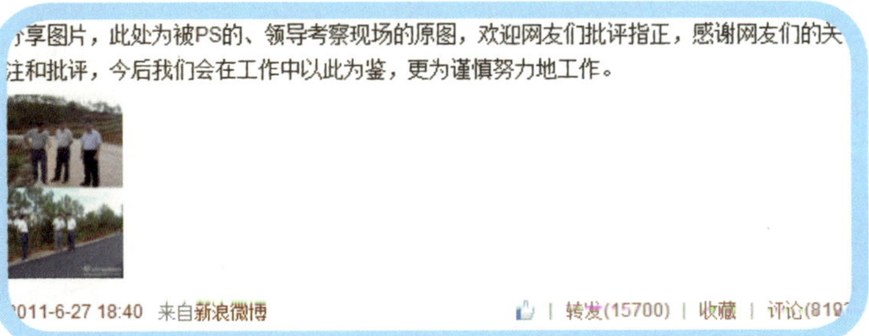

配图如下：

大家感觉怎样？毫无PS痕迹吧！也印证了当事人道歉信中的技术描述是有诚意的。而这条证据鲜明的微博，迅速引起了包括@华西都市报 在内的大量意见领袖的转发，最终被转发超过1.5万次。在微博被转发的过程中，@四川省会理县政府 还积极解答大家的疑问，诚恳但不卑不亢地承认错误，从而得到了大家的谅解。甚至有人在评论中为会理县政府出主意，让当事人接受正规培训等。

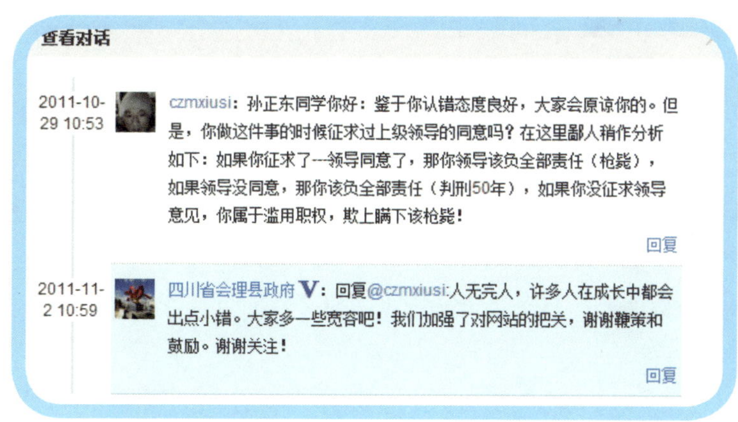

接下来，@四川省会理县政府 微博安静了1天时间。当看到大家的负面言论已经渐渐平息，并有部分言论开始转变风向后，该微博发布了一条内容：

享图片：会理置县于西汉武帝元鼎六年，因"川原并会，政平颂理"而得名，现有文物点301处，有省级文物保护单位4处，州、县级文物保护单位41处，于1992年被四川省人民政府公布为首批省级历史文化名城。现分享一组图片(未ps)，欢迎各位网友到会理旅游观光。

11-6-29 13:50 来自新浪微博 | 举报 | 转发(366) | 收藏 | 评论(3

因为前面的PS事件已经为会理县积累了大量的关注度，善于抓住机会的会理县政府开始在微博上做起了旅游广告。想欣赏会理县风景的朋友可以在本书微博中私信回复关键词【会理】查看哦。由于会理在照片中看上去真的很美，大家不再讨论PS照了，纷纷赞叹，四川竟然还有这么秀美的地方，并有网友开始号召大家一起游会理。整个传播过程中，@人民网四川频道 官方微博也与@四川省会理县政府 进行了互动，对这个不为人熟知的小县城进行了更大规模的宣传。

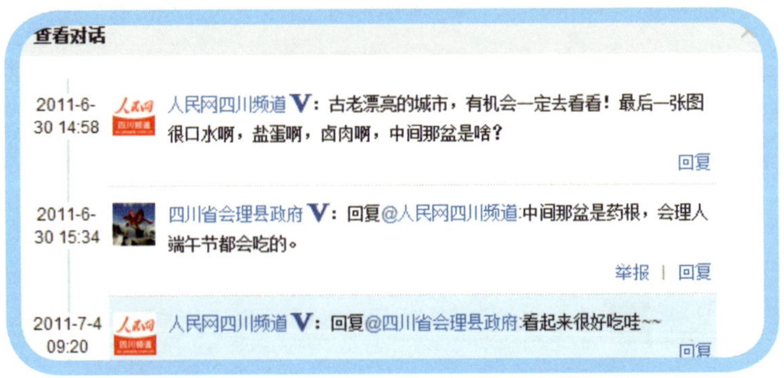
查看对话

2011-6-30 14:58 人民网四川频道 V：古老漂亮的城市，有机会一定去看看！最后一张图很口水啊，盐蛋啊，卤肉啊，中间那盆是啥？
回复

2011-6-30 15:34 四川省会理县政府 V：回复@人民网四川频道:中间那盆是药根，会理人端午节都会吃的。
举报 | 回复

2011-7-4 09:20 人民网四川频道 V：回复@四川省会理县政府:看起来很好吃哇~~
回复

看到这里，有没有人在想，既然负面舆情处理后对当地的宣传效果这么好，不如就顺势做一个类似事件的呢？别闹了亲，负面舆情大家躲都躲不及。对于当地政府微博，最好的办法肯定是去做些正面但有效的事件或内容，拉动当地产业才是正途啊。

从这个教科书般的政府舆情案例中，我们可以看出会理县政府对于这个事件后续的处理方式，让处于舆论风暴中心的会理县政府迅速脱险。不但如此，还借势对当地旅游业进行了大力宣传，一举两得的同时也给了我们启示。政府在信息公开透明的新媒体大环境下，在任何一个细节的处理上都要非常细心，这就要求对政府部门的工作流程进行优化，从而避免工作漏洞造成不可挽回的损失。

2.余姚，为谁服务？

2013年10月7日，受台风“菲特”影响，浙江余姚遭遇60年来最大的水灾。整个灾难在新媒体的舆论环境中一波三折。

当时的救灾工作虽然在进行，但当地媒体并没有进行有效的播报，而微博中又大量充斥灾情严重的照片，并被频频推上热门。

信息的不对称，让当地群众认为政府不作为，故而十分气愤。

11日晚，宁波台记者在事件报道中的部分言论伤害到当地灾民。民众认为其粉饰灾情，随即围堵转播车，并将护送电视台记者的宁波特警警车砸坏。

当时，像这样的图片在微博中大量传播，给救灾工作也造成了极大的影响。

针对这样的情况，@余姚公安 在微博发声：

@余姚公安 V：市民朋友们，余姚已经遭遇天灾了，我们一定要保持冷静，千万不能意气用事，冷静、冷静、冷静……

10月12日00:43 来自专业版微博 转发(12755) | 评论(10673)

通过这样一条微博的评论，我们明显看到，民众并没有对@余姚公安 的这一号召领情，但由于灾情严重，人们没有对这件事进行更大规模的发酵，毕竟救灾才是第一要务。灾民们逐渐投入救灾和自救中，媒体也开始积极对灾情和救灾进展进行播报，从而分解了群众的激动情绪。

就在这时，中央电视台对余姚的专题报道中，播报了一个十分不和谐的画面。一个领导在视察水灾时怕把自己的高档鞋子弄湿，让年近六旬的村支书背着在水中行走。

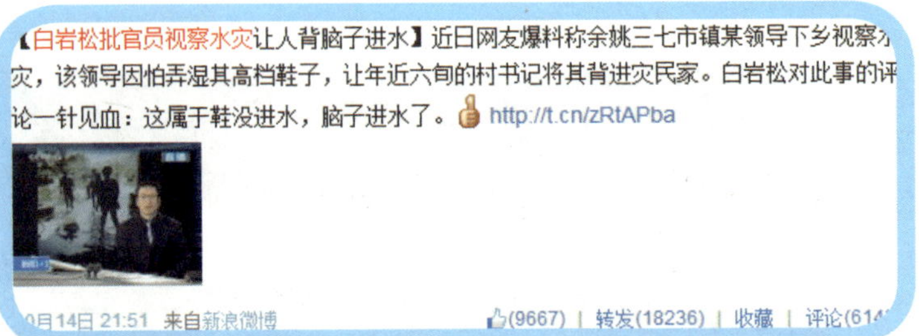
【白岩松批官员视察水灾让人背脑子进水】近日网友爆料称余姚三七市镇某领导下乡视察水灾，该领导因怕弄湿其高档鞋子，让年近六旬的村书记将其背进灾民家。白岩松对此事的评论一针见血：这属于鞋没进水，脑子进水了。 http://t.cn/zRtAPba

0月14日 21:51 来自新浪微博 (9667) | 转发(18236) | 收藏 | 评论(614

这个视频被@新浪视频 转载后，迅速引发网络舆论大爆炸。@南都评论 在其微博刊文：

#南都街谈#官员是人民的公仆，本该俯首甘为孺子牛，他却一跃而起，跳上了人民苍老的脊背，令其趟过洪水，奔赴他作秀的目的地，他脚上的高档鞋子，在污浊的水中，愈发高贵冷艳。这毋宁是余姚水灾当中最反讽、最残酷的一幕。幕后之后，我们看见了公权的错位与官民的颠倒。 http://t.cn/zRtXvZh

南都街谈

话题详情 2

让整个事件上升到了体制层面。同时@南都评论 也扯出12日@余姚公安 发布的“冷静”言论说事，引起了大量转发和对余姚政府的批评声。“为谁服务”迅速成为了大家热议的话题。

从这样一个事件中我们可以得出很多启示。首先，新媒体环境中，人人都可以是新闻来源，救灾过程不能透明及时地公布，造成的后果非常恶劣。因为民众发布的信息得不到政府的回应，从而片面信息会让更多的群众对政府产生质疑。其次，猪一样的队友，让政府在救灾的困难中几经努力下挽回的一点儿颜面，统统扫地。再就是，政府自身在新媒体中的联动也有缺失，宁波特警警车被掀翻的事件，就是由于媒体信息不对称导致群众反应激烈导致的。

当然，政府微博绝不只是为处理负面舆情而生的。靠新媒体积极引导舆论走向从而为政府树立互联网形象，以及通过合作拉动本地经济的成功案例比比皆是。结果虽然都是好的，但方法上却有所差异。

3.借力网络热点，塑造政府公关形象

2013年9月5日，@人民日报 发表长微博，倡议【请不要拒绝导盲犬】，来号召大家对盲人的关注。其中由于很多公共场所拒绝导盲犬，导致盲人在这些地方遇到超多困难，该条微博引发了网上的大讨论，转发数量超过8万，成为当天名副其实的热门头条。

大连市作为中国首个导盲犬培训基地所在城市，对该话题的传播义不容辞。新浪大连站随即联系中国导盲犬大连培训基地与残联，发起“接纳导盲犬”倡议。并在@新浪大连 中告知网友，大连公交车是接纳导盲犬的，从而在该话题中为大连市的政府形象公关起到了积极作用。当然，这些还不是这个案例的全部，

【请不要拒绝导盲犬……】在这个城市，5岁的导盲犬珍妮和主人陈燕，一次次被挡在门外。第一次去银行，被赶出来。第一次去快餐店，被拒绝。第一次去公园，保安抢过珍妮的导盲鞍就往外拖，还把手在陈燕眼前晃，"真看不见？"每次被拒绝，陈燕都很伤心，珍妮也很伤心。接受导盲犬，为什么这么难？

013-9-5 07:40 来自人民日报微博 (12941) | 转发(87116) | 收藏 | 评论(1503

我们继续往下看。

在9月5日@人民日报 发布倡议当天，快速反应的@新浪大连 就完成了#接纳导盲犬#的专题页面，实现了专题内“传递爱心发微博”功能。由于话题热度高，专题制作针对性强，当天就有超过1000人发布带#接纳导盲犬#话题词的爱心微博，微话题也进入话题榜全国第29位。

接下来，在9月11日，新浪大连还在达沃斯商业灵感晚宴上，邀请与会嘉宾马蔚华、蒋锡培、孙燕生、王玉珍等企业代表参与活动，手持“接纳导盲犬”微白板响应倡议，留影支持活动。次日，邀请大连本地微博大V、媒体记者等人，原文转发#接纳导盲犬#长微博，通过名人效应有效拉升事件的关注度。到此，#接纳导盲犬#的话题也持续走高。不过这些还不够，一个话题在能提升政府形象的时候，是要持续进行下去的。9月15日，新浪大连邀请全运火炬手盲人杜青带着她的明星导盲犬Visa，与60名青年志愿者一起走到大连市三大商业圈中心，号召市民响应#接纳导盲犬#倡议。活动当天，共计近300名普通市民参与活动，近200家企业贴上接纳导盲犬的爱心贴纸，微话题的参与与排名再次提高。

在这之后的9月17日，迎来了第六届残疾人代表大会开幕，新浪大连由于前期话题运作出色，也得到了新浪总部的大力支持，#接纳导盲犬#微话题迅速攀升至全国热门话题榜第2名，创造微话题最好纪录的同时，也大大提升了大连市的公众形象，为大连市塑造“宽容大度，顺应民意”的正面形象起到了良好的作用。包括@人民日报、@新华视点、@央视财经、@中国导盲犬、@大连日报、@大连晚报、@新商报 在内的多家国内媒体也对该话题进行了回应和互动。

此话题最终的结果也很出色，9月29日，新浪大连带着部分爱心企业一起走进导盲犬基地，实地捐助共计价值逾2万元的现金与物资。

能够快速捕捉网络热点话题，并将自身优势植入话题中引发网友讨论，从而树立城市形象是对政府宣传非常有效的方法，但这十分考验政府组织内部的反应速度。所以并非每一个政府部门都能在实际操作中真正做到位。所以，在跟随热点宣传上，不一定非得捕捉临时突发的话题事件，有时候，在新媒体平台自身提前组织的一些大型网络活动上，能够借风，并充分发挥创意和渠道人脉优势，来打造政府形象或拉动本地经济，也是非常好的方法。而这种方法由于可在活动发生前很长时间进行规划，也可让整个话题的操作更加稳健。

很多情况下，政府微博都为本地旅游宣传做了很大努力。新浪上海站2013年借助新浪大型网络活动#带上微博去旅行#，对上海旅游资源进行宣传的例子就非常出色。

4.借力微博大型活动，增强上海旅游动力

配合“‘中国梦·我们的梦——美丽上海在行动’主题系列宣传教育活动”，上海东方宣传教育服务中心官方微博@东方日记本 携手新浪，于2013年8月12日—9月25日，开展以#美丽上海#为关键词的“美丽上海·随手拍”活动，但拍摄照片上传至微博的活动门槛较高，如果仅靠号召和宣传是很难激发起群众的参与热情的。而这个时间段正好在新浪微博大型活动#带上微博去旅行#的举办周期内，由于新浪本身对该活动投入了大量的资源进行宣传，并配上大量奖品以作引导，网友参与热情很高，且绝大部分参加者都会将旅游照片一并上传至微博中。

在这样的背景下，@东方日记本 与新浪上海站一拍即合，“美丽上海·随手拍”的参与门槛难题也就迎刃而解了。

新浪上海站为@东方日记本 快速制作了搭配在#带上微博去旅行#话题中的专题，并通过大量话题的植入来拉动网友的参与热情。如“吃货随手拍”“最美笑容随手拍”“最美风景随手拍”等，也大大提升了活动的参与度。

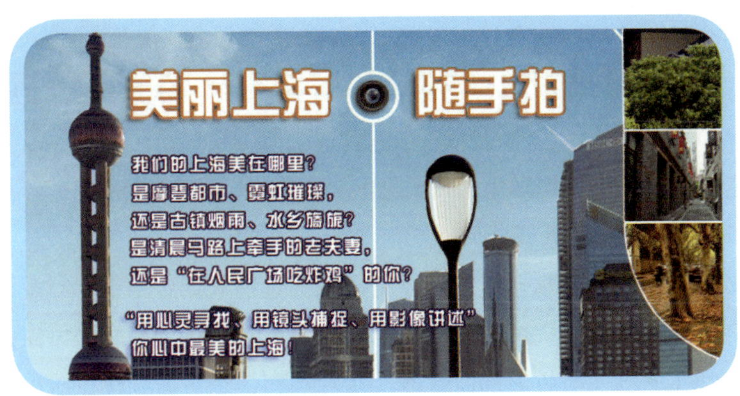

在整个活动的45天周期内，吸引了约23万人次参与。这样的参与规模，在单独一个“随手拍”活动中是无法想象的，但植入微博本身的热门活动中，就非常有效地拉动了网友的参与热情。#美丽上海#话题的讨论参与量最终超过700万，“随手拍”活动产生的美丽上海主题照片约37.2万张，而专题页的访问量超过2800万次，这对上海的形象打造是非常积极有效的。这45天中，@东方日记本 的微博也大为受益，粉丝增量超过26万。其活动微博中互动最高的一条微博，互动量上万，活动期间绝大部分微博的讨论量都过百。这对一个专做教育宣传的政府

【#美丽上海#随手拍启动啦！】上海美在哪？是摩登都市、霓虹璀璨，还是古镇烟雨、水乡旖旎？是马路上牵手的老夫妻，还是“在人民广场吃炸鸡”的你？微博发照片，加#美丽上海#，@东方日记本，平板、手机…大奖多多等着你！猛戳http://t.cn/zQpZvSv

2013-8-12 08:44 来自专业版微博 | 举报 (48) | 转发(10472) | 收藏 | 评论(30

微博来讲，数量是极其可观的。

前面讲了这么多，我们可以回头来看一下，无论是最开始的危机公关，还是后面两个案例中的热点营销，我们可以发现，其实政府微博在做宣传的时候，所采用的办法与企业在微博中做宣传所采用的办法，某种程度上是非常类似的。不管政府微博版本与企业微博版本上是否有差异，其存在的平台生态环境是完全相同的，在相同的生态中，其公关和营销的手法也不会有太大的出入。所以在接下来的案例中，我们可以看到非常优秀的政府体验营销和情感营销以及与意见领袖的互动营销。将线下组织的事情反哺到线上从而拉动本地经济的发展，对政府来讲也是一件非常务实的事情。

5.做一回重庆人

为了对重庆旅游资源进行大规模的宣传，重庆市政府联合@新浪重庆 在微博中开展#做一回重庆人#的话题活动宣传。细致的细节把控，让整个活动最终在微博中口碑极佳，仅一个招募帖，最终转发超过2万。

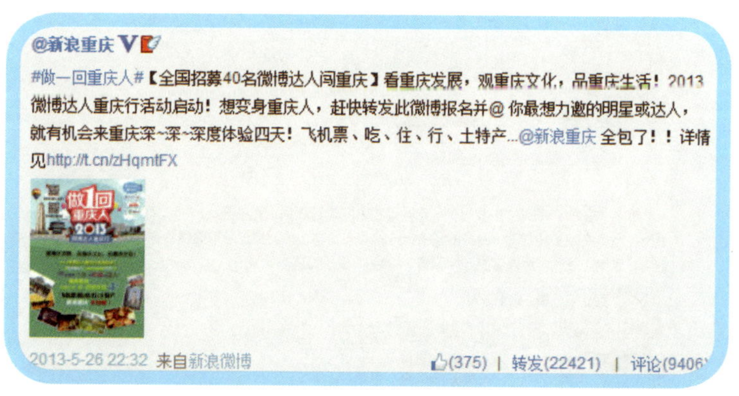

重庆这座城市有着悠久的历史和人文故事，所以用#做一回重庆人#做话题，直白又不失文艺地拉动了受众的感情线，吸引了一大票网友的参与。2.4万多个报名达人中，@新浪重庆 必须筛选出60个达人参与本次活动，这是一个非常有难度的工作，因为这不是从参与人群中毫无目的地找出60个人，而是要在2.4万多个人中，筛选出有影响力、有话语权的人。经过一番努力，最终敲定的参与者质量都极高。这其中包括大名鼎鼎的@延参法师，依靠快乐大本营主持人@杜海涛 上位的@涛儿妈，另外还有一大批有影响力的媒体代表、旅游达人等。

对于达人们旅途中的各个环节，@新浪重庆 也做到了事无巨细。不仅仅详细规划达人们的旅游线路，以便给大家留下良好的旅途印象，旅行包中给达人们准备的物品也是应有尽有。

正是这种细心的工作，在达人们旅行结束后，在微博中博得了极其漂亮的旅行口碑。

猜猜下面三条微博都是谁给重庆做的宣传吧。在微博中@申晨，并说出你的答案，我会选择三个人给你邮寄礼物哦。（感谢微奥传媒提供本书新媒体互动）

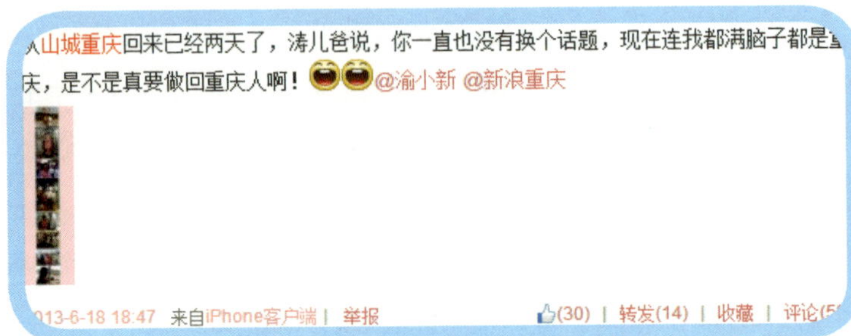

体验营销是一个非常好的营销方式，利用微博达人的影响力，带动活动的参与数量，从而拉动当地旅游资源的大量曝光，对政府推动旅游经济是一个十分有效的方式。截止到活动结束，全国共有400余家媒体报道和转载了相关新闻700余篇，百度搜索“微博达人重庆行”关键词，可找到相关结果494万个。参加本次活动的微博达人共发布1180余条原创微博，#做一回重庆人#微博话题提及量达9万余次，覆盖人数超过1.7亿。

6.风云三晋旅行侠微任务征集令

说到这个案例，本身的操作手法与#做一回重庆人#有些类似，无非也是招募达人，参与旅行活动，在线上宣传当地旅游资源，拉动旅游口碑的案例。那你能猜出来我为什么还要分享吗？凑字数？你太小看我对新媒体的研究啦！新浪山西站的这个政府旅游资源推广中，用到了“旅行侠微任务”一说，这主要利用了受众的炫耀心理，而非情感心理，并且还有一个最最重要的不同点在于，本次活动邀请的达人也与#做一回重庆人#有极大的差异。#做一回重庆人#活动中邀请的达人，有法师、有名人、有记者、有旅行家，但#风云三晋旅行侠微任务征集令#活动中征集的达人仅关注摄影达人。用摄影达人手中的相机来将山西的美景表达得尽善尽美，是本次活动最重要的目的。

所以说到这里，你明白这两个案例的不同了吧？还不明白？那我还是劝你回头将这本书前面的基础案例反复读几遍吧。哈哈，其实重庆的案例中，主要打覆盖面，让有话语权的意见领袖影响更大规模的受众；山西的案例，主打精度，对旅行过程中美景的还原度要求颇高，这种方式影响到的人群更加细分，目的性也更强。

在整个推广过程中，山西省旅游局官方网站联合新浪网和新浪微博，三大平台进行联动，最终#风云三晋旅行侠#成为热门话题，超过121万人参与了这次活动的线上讨论。针对活动发布出的达人摄制图片超过3000幅，且非常精美。让我们来欣赏下山西在旅行侠相机中呈现出的美景吧。

怎么样？有没有想把山西列为你下一站旅行目的地的计划呢？

申晨说政府进驻新媒体

政府面对新媒体的第一反应不应是反感或害怕。与民众走到一起的机会，让政府部门不仅可以更好地倾听民众声音，甚至可以帮助政府完成在新媒体出现之前难以落实的工作。举个简单的例子。招商引资是很多地方政府都在进行的工作，微博的出现，让政府有了更快捷的渠道去接触到更广阔的人脉。通过搜索创业、管理等相关标签，能够快速找到合适的投资人、企业家、创业者，从而达成自身产业园区组建的目的。再比如，公安部门通过微博，可以更快速地在全国发布通缉令或寻人告示。

也许有人会想到，既然前面说到微博中的生态，让政府微博与企业微博的应用方式相似，那政府可不可能组织活动呢？答案自然是肯定的，而且由于政府的资源面广、可信度强，有时候，一个活动的组织，其号召力比企业微博还要来得给力。

2011年的时候，@浙江省旅游局 开展了一场名为“百家精品景区万张门票大派送”的活动。2011年9月20日每天9点至18点间，网友可以通过“秒杀”免费获

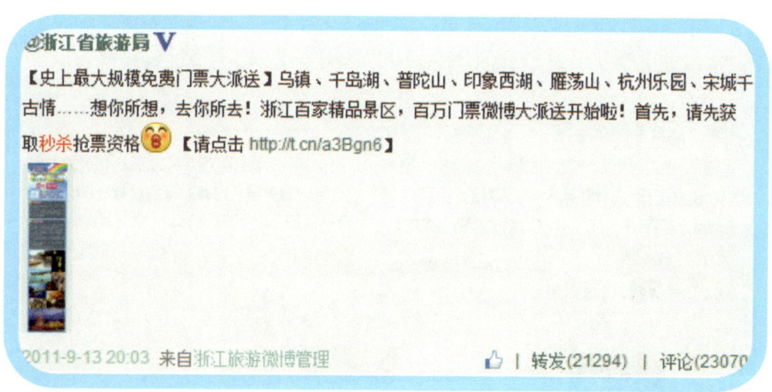

取3张心仪景点的门票。推出的门票中涵盖了浙江省全部4A级以上景区。活动推出第一天，1000张门票就被全部抢空，很多网友甚至提前半小时等待抢票开始。最终，这个活动被转发超过20000次。

人们在互动中不仅帮助浙江省的各大旅游景区做了免费宣传，更达到了景区本身宣传中不可能达到的互动效果。举办这种资源联合互动的活动，政府具有先天的优势。既帮助景区拉动了客流，也大大提升了政府职能部门的影响力。

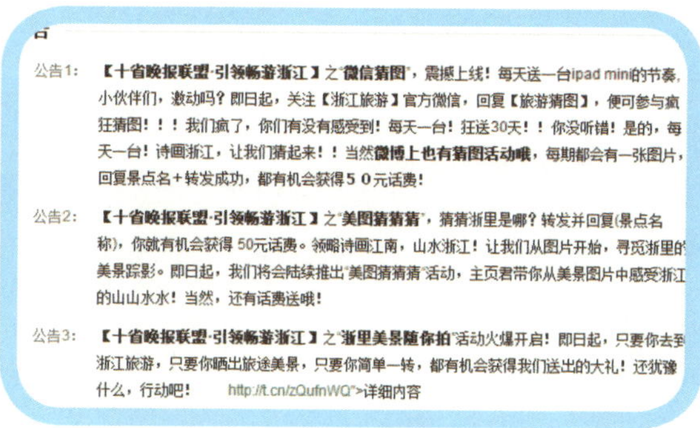

@浙江省旅游局 不仅资源联合互动活动做得出色，其新媒体的联动推广也非常有特点。在微博政府版这样一个定制化微博中，公告板的利用方面，@浙江省旅

游局 也别出心裁。

别人的政府公告板都是各种政策解读，而@浙江省旅游局 把公告板办成了一个活动集中地，而且还在其中为微信公众平台导流，从而可以在更多的新媒体平台上为其受众提供服务。

再比如，武汉市在“国际园林博览会”的吉祥物和口号征集上，也联合@新浪湖北 和新浪网一起联动，并在2013年11月中旬，发起有奖转发活动，号召网友转

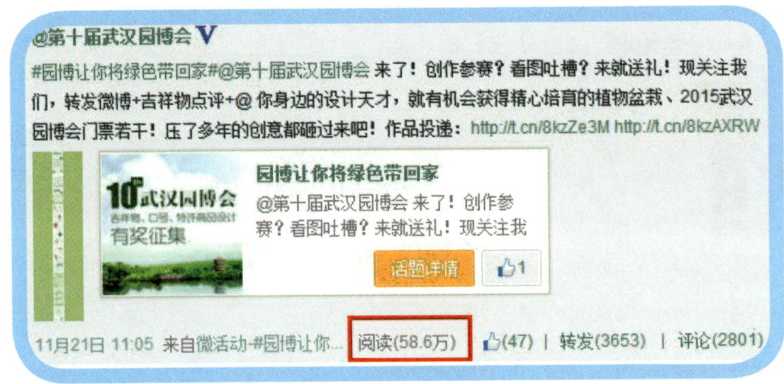

发祝福视频，以及对吉祥物进行点评等，转发者就可获得绿色植物，从而拉动了网友积极参与的热情，对园博会的推广起到了极大的作用。而连带着宣传过程中不断的活动营销，最终园博会的话题参与总量超过7万。

这种宣传比传统媒体时代投放大量的电视广告，在成本上也有非常大的节省，且政府还能在整个过程中了解到群众对这种活动真正的心声。

再回到危机公关的话题上，我们可以从本章最初的两个案例中仔细思考。舆情不会因为政府不开微博就不存在，政府不能怕群众有质疑声，能够像@四川省会理县政府 那样不卑不亢地讲事实、摆证据，从而对群众思想进行合理疏导才是正确的做法。能够积极做好信息公开的政府机构或职能部门，才能更有效地控制舆论的产生，也只有积极学习如何做好信息对称，才能在大是大非面前博得群众的认可，并与政府一起积极应对困难。

本章总结

新媒体的出现，大大改变了网民获取信息的通道。以前我们获取信息通过电视新闻、报纸等，不仅不及时，而且经过加工后的舆情控制权是在媒体和政府手中的。但新媒体时代，当事人可以通过手机拍照等手段，第一时间发布最真实的消息，甚至于媒体的记者采集通道都转移到了微博、微信这些新媒体平台中。政府要想第一时间掌握舆论导向，就需要真正融入新媒体中与广大网民共生共存，用正确的处理方法应对可能的不利影响。

新媒体平台，并不是仅仅帮助政府处理舆情的。在日常工作中，提供内容服务也成为大量政府新媒体平台的运作要务。比如@北京发布 @上海发布 等相关政府微博，就通过合理的内容规划，不断为粉丝提供天气、路况、资讯、美食、旅游资源、政府政策解读等服务。所以政府新媒体运作是一个系统化的工作，不仅代表了政府形象，更成为了政府辖区人员获取第一手信息、真正了解政府工作的入口。比如@北京发布 2010年9月15日发布的特警演练观摩活动，就是群众更深入了解政府、对政府工作更多一分理解的有效案例。

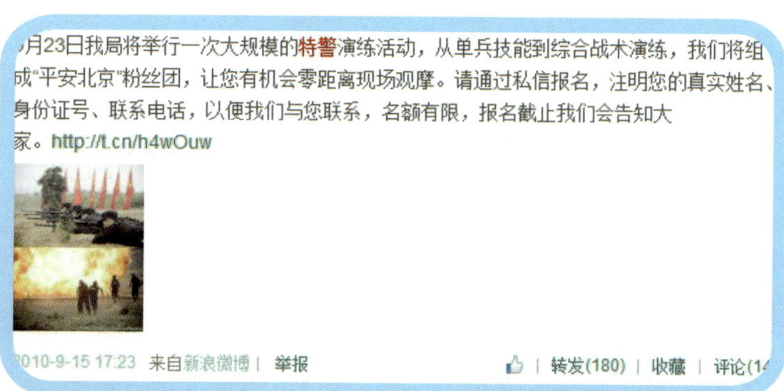

你的政府新媒体平台是怎么运作的？或者你对政府新媒体平台运作有什么好的建议？欢迎写出来@申晨。我们不妨一起讨论下。

大V闲话——武大沈阳

【政务微博的“十百千”指标】以前开政务微博就可获表扬，现在门槛高了，不仅要开，而且要做好。如每周至少帮网民转发或私信或线下解决10件小事；至少和100位网友互动，获得交流认同；通过粉丝服务平台，让网友能够主动查询了解1000次内容。做到这“十百千”指标，才真正达到了优秀的政务微博标准。

【政务微博的O2O闭环】使用“轻”的政务微博撬动“重”的政务服务，关键在于：地面推广的决心和举措；宣传部门和业务部门畅通信息流；政务信息的粉丝服务平台化，网民痛点的发现和满足；粉丝分析和互动；传统媒体的二次扩散；有公信力的服务效能评估；形成正向反馈的政策鼓励氛围；标杆案例的快速推广。

【政务微博小编的素质要求】1.明法，不侵犯民权，法治是公信力底线，把权力关进笼子里，在玻璃房中办公。2.守责，信息公开，为网民服务是政务微博的基本目标。3.惠人，和网友友善互动。非敌我矛盾，应持减震降温思维。4.善言，不单向传播政绩，自然亲近。5.实务，行胜于言，服务优先，杜绝粉丝量崇拜症。

【政务微博服务】随着粉丝服务平台的上线，政务微博必然向政务办事大厅移动化、呼叫运营中心数据化和移动官网社交化方向发展。利用政务微博为百姓服好务、办好事、尽好责是各政务微博的新任务。政务微博也会由宣传发布主导向事务服务方向并行。政务微博将更能够体现网络群众路线的实在性和时代性。

武大沈阳：武汉大学教授博导，新浪微博社区委员会专家成员，清华大学新闻与传播学院教授。

【G-O2O】政务服务中的线上线下融合。包括：

1.政务大厅业务的移动化；

2.信息公开和政务大数据移动化查询，如政务微信服务号和政务微博扩展应用；

3.官网留言板、微博民生反馈、微信用户留言、论坛意见收集，并将之机制化反馈；

4.政务微博聚合活跃网友进行线下活动的推进机制；

5.政务微公益、官员代言。

【不敢面对网友的政务微博是社交媒体的负资产】经常和新浪、腾讯的人聊，看着他们辛辛苦苦拉政府部门来开微博，等微博开起来之后，有些官员在政绩单上写上一笔，后面就开始沉睡不发微博、漠视不回评论、虚空不做实事，这种微博在求真、围聚和互动的新媒体环境中显得特别刺眼，确实是政务传播的负资产。

看一家互联网公司的微博运营之道

关注微博@全面社交，私信回复关键词【第十三章】，听新浪网地方站业务部副总经理李少宇的语音推荐吧。

快书包，这样一家靠“一小时送达”吸引客户的初创小公司，将生意搬到微博后，竟取得了意想不到的成功，目前经营的范围除了图书，还拓展到高端食品、日用品领域。@徐智明 是如何做到的？如果你对新媒体营销的整体运作感到困惑，不妨阅读本章吧。

一个基于新媒体成长起来的品牌，应该具备什么要素？细读过前面内容的你一定可以多少说出一些。由于新媒体在传播上的优势，包括借助热点或制造热点进行相应的包装，再深入一些的会找明星或KOL来给品牌背书，有的制作O2O场景进行互动，再高大上一点儿的用大数据对运营进行优化。但别忘了，新媒体中的互动特性，让消费者和品牌的对话更加平等，在这样的环境中，如果要想杀出重围，你需要有异于常人的品牌形象定位，并能经营一个好故事。当然，品牌形象定位也可以是故事的环节之一，放到商业环境中都可叫作卖点或品牌增值点。所以对于快书包和其创始人@徐智明，本章我们将从他们的定位和故事开始说起。

打动人的创业故事和精细化的定位管理

徐智明创办快书包的时间在2010年5月。2010年这个时间点很不错，国家倡导创业，微博作为社会化媒体的典范也在这一年开始大爆发。正是借着这个东风，一个借助微博，用社会化电商思维经营传统图书发行行业的创业成功案例——快书包，就这么华丽丽地登场了。

徐智明，江湖人称老徐，早年经营龙之媒书店多年，看到当当、亚马逊在线上销售图书做的是风生水起时，遂于2010年卖掉一套房，再筹得200万元天使基金，凑足300万元，快书包就这么鸣锣开张了。有电商经营经验的朋友也许会说，300万元的启动资金对于电商品牌真的不算什么，因为物流、流量购买在前期运营中需要实打实地砸钱啊。但在2010年金融危机，国内大量过剩资金又都极力关注团购的大背景下，能够通过天使基金融到200万元，去做一个已有当当等巨头耕耘非常成熟的图书电商市场，这无疑引起了众多创业人群的好奇心。也正是这种好奇心，成就了快书包故事的起点。因为新媒体中，激发好奇心有时候就是最有价值的广告，有人热捧，有人质疑，而就在大家的不断讨论升温中，快书包的品牌慢慢地沉淀，逐步为人熟知。所以，对于传统电商，300万元不算什么，但对于善于在新媒体中讲故事的电商人，300万元培养一个品牌那就绰绰有余了。

说完故事的起点，也许你会急迫地想知道故事接下来的走向，别急，我们来看看快书包的定位。为什么要说定位？如果一个品牌的建立，仅仅是创业者的一腔热血和幸运地融到了启动资金，那这个故事想必很快就会被淹没。一个良好的定位形象才能够让品牌真正培养消费者的使用习惯。毕竟，一个电商，售卖的是服务和产品，而非仅仅一个小故事。其实服务和产品形象打造的有特色，也可以是故事中很重要的一部分。快书包就是这样一个典型的范例。

快书包成立之初，对外的宣传为：只聚焦于金字塔尖端的那一小撮人群，只做少量的品牌，但承诺一小时送达，即“有限品种，有限空间，有限时间”的概念。当时微博中还有一个故事说：有一个人在北京，坐飞机前用微博在快书包下订单，在上海，下飞机后很快就能收到货。这样的小故事，被大家纷纷转发，赞其服务十分到位。而这种“一小时送达”的口号一出，争议就来了。由于不做大众生意，很多人不看好，认为电商中小而精的生意是在作死。与之相对的，确是“一小时送达”的承诺，又吸引了大量关注和赢得众多的用户体验口碑。

快书包的故事营销野心不仅仅在一小时送达定位上，其独特的快递包装也非常有新意。

这种采用乌镇的手工蓝印花布包袱皮作为商品的送

货外包装，不仅环保更是对传统的敬重。虽然让徐智明付出了更多的产品成本，但在众多电商品牌包装中，辨识度极高，也让网友在互联网上竞相传播，而这种传播对于品牌建立之初非常有帮助，蓝印花布包裹成为顾客来快书包购买商品的重要理由。做电商的人都知道，流量购买是花销最大的成本之一。而用蓝花布吸引眼球，从而在新媒体中利用噱头导流，比真金白银做流量购买划算了太多，并且品牌的树立也比流量购买更加有效，比硬广投放节省下来的成本就更加巨大了。

也许看到这里你开始激动了，心想着，把自己说成一个比惨王，抑或著名富二代，然后对商品加上不同的包装，也许就能成功创业了。NO！因为这件事细细想下去，还有很多值得探究和亟待解决的问题。对于快书包最初只经营图书，并且经营的图书产品针对人群还是“金字塔尖的一小撮”，是无法形成规模效应的。而图书产品，对于经销商来讲，毛利润本身不会太高，如果不能大量出货，还是会面临很大危险的。另外，最终驱动消费的，大多数情况下还是价格，图书属于较为标准的产品，如果不是垄断资源，而客户并不急于一小时内收货的话，只是通过故事想激发第二次消费，也会存在一定的瓶颈，在这种情况下，@徐智明就需要寻求突破了。

合作中的微博热点营销为快书包带来突破

快书包成立一个月之后，就进军了微博这个当时发展很火热的平台。按照老徐的说法，家底薄的小公司，最开始谋求的是一个不花钱的推广方式。开心、人人、豆瓣、BBS都试过了，最后发现效果最好的还是在微博上。这也直接造成老徐对微博的极度重视，不但让营销部门将微博当成第一重点来做，后来还亲自上阵。直到快书包发展到今天中等公司的规模，微博运营还是老徐直接指挥的。从这一点上，我们可以看一个问题。品牌的建立，营销非常重要，而最高管理者的重视程度及计划的落实程度也决定了品牌的最终建立成效。

2010年6月22日，@快书包 发表一条微博：

多顾客都对快书包的包袱皮很感兴趣，在这里展示一下包书的过程，感兴趣的朋友也可以自己买块包袱皮亲自体验一下，包袱皮的用法很多呢！除了包书还可以做别的用，上传你的包袱皮使用创意，有机会获得韩寒《独唱团》哦！参与办法：@快书包+图片即可参与！（本活动限北京地区配送范围内的用户）

2010-6-22 15:13 来自新浪微博 | 转发(20) | 收藏 | 评论(17

读完这条微博的内容，聪明的你一定能看得出来这是一条活动营销，这个活动中，快书包借助其核心卖点之一——蓝花布包装，很方便地建立起020体验营销场景。不仅如此，我们透过这条微博，还能得到一个信息，韩寒非常火爆的著作——《独唱团》将在@快书包 发售（韩寒在其博客中对该书也做过大量宣传，且筹备周期很长，对于该书的其他描述，各位还请自行搜索，在本书中就不详细描述了）。韩寒的号召力是不用任何怀疑的，而快书包一小时送达的承诺，对这本书的消费者来讲也极具吸引力，因为可以对偶像的著作先睹为快，从而吸引部分韩寒粉丝选择了快书包这个购买渠道，而快书包承诺开放销售后一小时送达的消息，在粉丝群体中也不胫而走，快书包的品牌在微博中也快速散播开来。在快书包微博中宣布其开放预订，到发售当天，订单骤然暴增至1000多单，由于该书的发行渠道很广，抢下这1000多单也算成功虎口夺食了，并且最重要的是让众多消费者记住了快书包一小时送达的承诺及其非常亮眼的蓝花布包装。承诺带来的效果很美好，但随后的现实也十分骨感。订单的暴增让快书包始料未及，这也就让准备不足的老徐，在送货问题上食言了，从而面临非常严峻的危机公关问题。

四两拨千斤的危机公关

在说这次危机公关之前，我们来看一下@快书包 的微博运营另一面。微博是一个社交网络，用户最初进入微博的核心目的之一是沟通交流，而由于微博的开放性，与线下无法接触和认识的人交往成为可能。所以微博上，人们更愿意跟“人”沟通，而非“品牌”。因而，快书包在其微博运营体系中，不仅包装和运营@快书包 微博本身，@徐智明 也是快书包微博矩阵中非常重要的一部分。老徐本人也十分重视和精通通过微博打通人脉关系，与投资人、供应商还有媒体朋友的联系，也让快书包获得了大量名人精英发自内心的、免费的背书机会。也许看到这里你可能会问，这与快书包送货食言的危机公关有什么关系？动脑筋想想看，一旦出现危机，如果有不少名人精英帮你说话，那么危机是否可能成为机会呢？@徐智明 在微博中苦心经营的人际圈，在本次危机中就发挥了非常大的作用。绕开快书包，其实我微博中建立起的人脉，有很多也是通过与大家交流“吃”的经验积累起来的哦。这一点上大家不妨试试看，讲一个你喜欢的事情在微博中与人讨论，并深耕细做下去，一定会有不小的收获。而@快书包 和 @徐智明 这样的微博矩阵组合，让这两个微博账号截止到2013年底，都有了超过10万的真实粉丝，对其后续的品牌推广有非常深远的影响。闲话少说，我们来看看@快书包 是如何处理本次危机的吧。

2010年7月6日，《独唱团》的派送是在五条欢乐的派送直播中开始的。

但细心的你一定能看得到，这样的欢乐都是在《独唱团》发行当天上午进行的，但欢乐很短暂，下午就出现了无法完成一小时送货的问题。而且由于预计不足，这次不要说一小时，按照老徐的说法，三天能处理完积压的订单就不错。

徐智明并没有因此慌张，而是用其沉稳hold住一切。首先在@快书包 中发表声明，告知消费者无法完成一小时送货的任务。

并且客服全员上阵，在微博中帮助消费者查询订单的物流情况，并好言安慰大家。在客服积极配合的疏导和安慰中，大部分的消费者在其评论中也表示了理解。

这还不算完，@徐智明 在其自身的微博中也积极与未能按期收货的消费者沟通交流。下面这段对话很有意思。

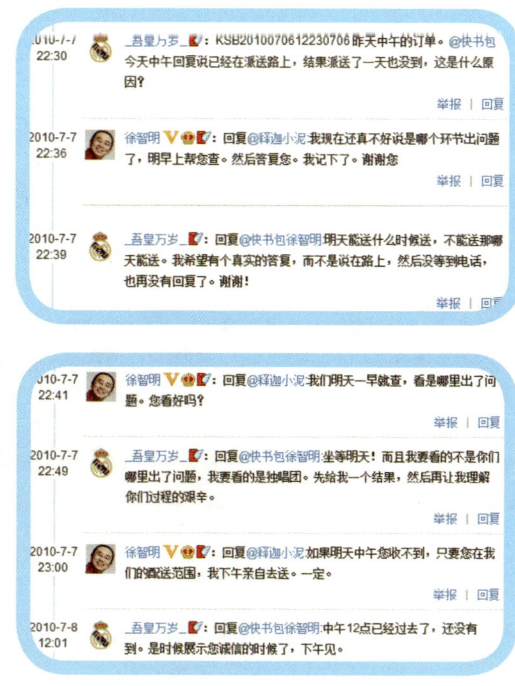

一个在微博中较有知名度品牌的老总，为了实现送货的承诺，亲自上场，这无疑让消费者有很大的好感。不但没有让消费者继续抱怨下去，还赢得了好口碑。不仅这样，@徐智明 还亲自写道歉信，在微博中发表。

《快书包总经理徐智明的致歉信》http://t.cn/7fYTM 今天我们没保证所有下订单的朋友拿到《独唱团》，更没办法保证大家在一小时内拿到书。万分抱歉，真诚道歉。很多朋友体谅我们、理解我们，也关心我们，提醒我们注意防暑。在此徐智明拜谢了。
2010-7-6 19:16 来自新浪微博 | 举报 | 转发(45) | 收藏 | 评论

看看网友的回复，并没有因为快书包不能按时送到而大加抱怨，而是表示了理解，并高喊加油。

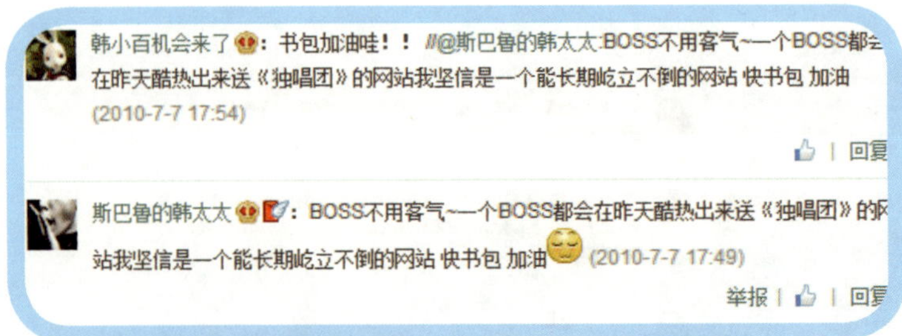

由于@徐智明#三伏天亲自送书，只为实现送货快速的承诺，不仅仅激发了消费者对快书包的理解和支持，老徐长时间经营的微博人脉也站出来为其说话，让

整个舆论风向更加乐观。

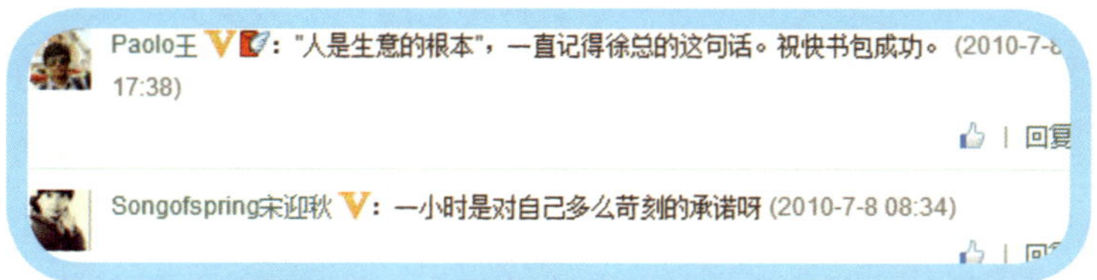

在这个案例中，我们可以看出，有时候，无法兑现的诺言，消费者并不是真正在意的，更多的时候，消费者希望看到商家在处理问题时的诚意。这才是危机公关中商家应该首要表达的。快书包在这个舆情处理后，不但没有因为危机丧失人心，反而因为这件事的曝光，让更多人记住了快书包能够快速送货的特点，从而在《独唱团》事件后迅速走红起来。

回首往事，@徐智明 并没有感叹创业的艰辛，也没有被最初铺天盖地的骂声影响情绪，而是十分高兴，因为他觉得，做了十多年图书生意，第一次感觉到离消费者这么近。这无疑让老徐看到了微博中更深远的机会。这次危机的处理，也让快书包找到了很多应对订单爆棚的经验。等到《史蒂夫·乔布斯传》开卖，快书包做了详细的预案。三天时间里，他们把其他所有商品都下架，只卖这一本书。这就大大减少了订单的复杂性。因为快书包本身的定位就是“有限品种，有限空间，有限时间”，所以商品数量的骤减也没有对消费者的购买造成过大影响。而所有配送人员，也都随身背着《史蒂夫·乔布斯传》，一旦有顾客临时想买，现场就可处理，不用再回仓库取货。这样的运作最终证明是成功的，《史蒂夫·乔布斯传》的销量比《独唱团》多了许多，老徐那也是相当地开心啊。

微博帮助了解客户需求和产品优化

本书中曾经讲过大数据，想必大家还能回忆起来大数据的主要作用。如果忘记了，那你就赶紧再回头看看大数据那一章的内容。大数据很多情况下可以帮助企业做决策嘛！老徐曾讲过，图书销售相当特别，尤其对于畅销书来讲，基本上没有人会在一本书上架之前就知道它会畅销，所以采购是非常艰巨的任务，需要极强的判断力。如果等到图书开卖后知道其畅销了再统计采购，销售周期早就错过了。这时候微博又给了老徐另一个强有力的武器——感知消费者动向。他要求采购部门必须泡在微博上去了解大家在议论什么，并经常告诉员工，如果这东西微博里都没人议论，就甭采购了。后来验证到，这样的方法不但适合于图书，在快书包开始做食品和日用品之后，这样的方法也是同样适用的。这种方式在股民中也有过成功的例子，曾经一个老股民，也是泡在微博中看一些上市公司的声音，正面信息多，就买入，负面信息多，就卖出。在整个股市行情不好的2012年竟然也赚得盘满钵满。呃，好像跑题了。我们继续回到快书包中来。由于老徐看到了微博的强大，除了根据微博中网友的议论决策采购外，还能让网友直接在微博中下单，你直接在@快书包 的官方微博中告知客服需要订购什么商品，一小时内收到货当面付款即可。这也大大改善了用户体验。不仅如此，老徐的快书包现在处理公司事务全用微博，发现投诉，只要@客服总监就可以了，有人提出采购意见，@采购副总就可以了。老徐认为，以前打电话、发短信和邮件才能解决的事情，现在@一下就可实现，省时高效。也许这个观点不是所有人都能认同，不过对于一个初创的公司，让全员融入新媒体，每个人都能变成营销中的一个环节，用户体验随着新媒体水涨船高，对企业的发展未必是件坏事。说句题外话，各位认为你们现在阅读的《全民社交》可以有多大规模的销量？微博中写下来@申晨，数量级相当的有机会得到我的亲笔签名图书一本哦！（感谢微奥传媒提供本书新媒体互动）

特色产品的内容营销

一个品牌要想长久地保持热度，就需要内容的支撑，在微博中深耕细作的@快书包 尤其懂得内容营销的重要性。对于一个特色电商品牌来讲，有故事的产品无疑给快书包注入了更加有效的活力。想必大家还记得本章我们曾经讲到，快书包故事起点中的一个很大的特色，就是其图书的蓝印花布包袱皮，这种包装的原料来自乌镇。由于成千上万的快书包消费者对这种包袱皮非常喜欢，也正是看到了大家在微博中分享的对这种蓝印花布的喜爱，颇有营销眼光和生意头脑的老徐，打起了周边产品的主意。

老徐通过微博知道，北京某三甲医院主治医师@莲子清如许，作为一直陪伴快书包成长的超级顾客，其拥有2万名以上的粉丝群，是一位自由设计师和手工爱好者，尤其热爱使用自然素材和中国元素设计。经过沟通，老徐从南通王振兴老爷爷的家庭作坊做原料采集，联合@莲子清如许 设计并手工制作了蓝印花布系列产品，作为快书包的又一大特色华丽登场，并且每件产品都烙上独特的印记和故事。

@莲子清如许 为快书包制作的第一款产品，是用蓝印花布缝制的中药制剂鼻炎包，2011年11月上架。这距离@莲子清如许 在2010年7月1日第一次购买快书包的图书有16个月的时间。说到这里，大家可以体会下，通过故事的前期包装，并深入挖掘消费者的微博内容，还能促成一个特色产品的成型。这在传统媒体时代是一件完全无法想象的事情，但微博作为一个开放的平台，就让这样的不可思议真实地发生了，而且整个故事的承接非常平滑：一个喜欢其图书包装的粉丝，为品牌做了一件产品，得到品牌的采购机会，从而得以合作，听上去多么美妙啊！那个，你们有什么好吃的，也可以找我来合作哦。哈哈。不过闲话少说，我们接下来看看这个产品的营销传播方式是怎样的。

首先，@快书包 在经营这样一件创意产品的初期还是十分小心的，每一个新设计的产品在上架前，都会在微博中投放产品的种子，对新产品进行介绍推荐，同时会跟踪商品的销售数据，以便在一周内调整新商品在微博的转发和发布频率。

在新品推荐结束前后，会写一条详细的图文结合的长微博，以优美的形式设计符合产品内在和外在特征的内容。当然这个过程中还会组织一定的活动和话题，从而吸引其粉丝对新产品的关注。

接下来，就是整个营销中最终的环节——粉丝晒单了。粉丝晒单是快书包营销体系中非常重要的一环，我们细细研究发现，在新媒体中真正经营成功的品牌，利用粉丝晒单的方式非常普遍，这包括大名鼎鼎的@小米手机、@黄太吉传统

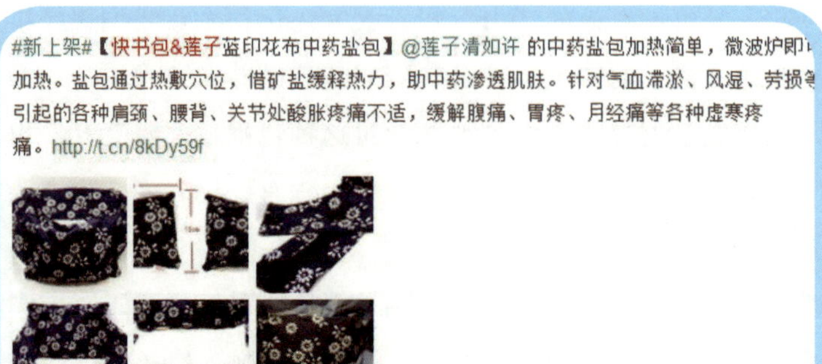
#新上架#【快书包&莲子蓝印花布中药盐包】@莲子清如许 的中药盐包加热简单，微波炉即可加热。盐包通过热敷穴位，借矿盐缓释热力，助中药渗透肌肤。针对气血滞淤、风湿、劳损等引起的各种肩颈、腰背、关节处酸胀疼痛不适，缓解腹痛、胃疼、月经痛等各种虚寒疼痛。http://t.cn/8kDy59f

1月3日 10:45 来自新浪微博 阅读(7.7万) 推广 | (5) | 转发(44) | 收藏 | 评论(1

【IPAD套的"布"】IPAD套主体采用"国家非遗产项目南通蓝印花布展示基地"南通王振兴老爷爷家纯手工染制的甲骨文蓝印花布，王爷爷，从事蓝印花布工作40多年，退休之后开办家庭作坊，继续传承蓝印花布手工艺。王爷爷对自己的产品品质一丝不苟，因此布料的出产并不很多，更显珍贵http://t.cn/zlnJitj

2012-10-23 14:09 来自新浪微博 | | 转发(35) | 收藏 | 评论(2

美食 等，这会非常有效地为产品积累起口碑优势，在传播中，让消费者越来越喜欢产品，并产生强烈的消费欲望。不过这不是一个零基础的微博就能搞得起来的，你需要前期的基础粉丝培养，或者像快书包一样，需要有非常大辨识度的产品定位特色。对于普通产品，消费者是不会有兴趣在新媒体中炫耀晒单的。看看下面这些晒单，是不是对品牌很有帮助呢。

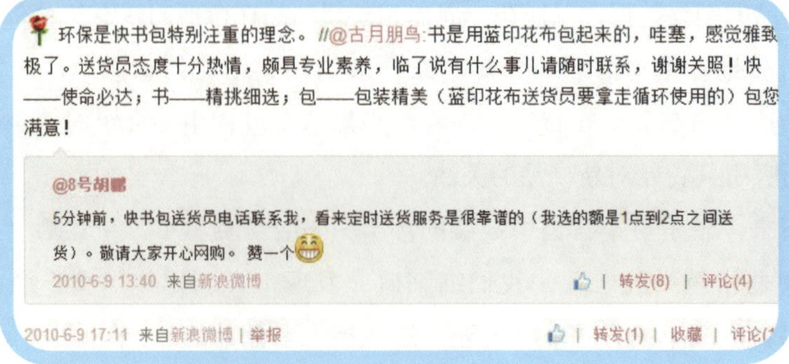
环保是快书包特别注重的理念。//@古月朋鸟:书是用蓝印花布包起来的，哇塞，感觉雅致极了。送货员态度十分热情，颇具专业素养，临了说有什么事儿请随时联系，谢谢关照！快——使命必达；书——精挑细选；包——包装精美（蓝印花布送货员要拿走循环使用的）包您满意！

@8号胡嘟

5分钟前，快书包送货员电话联系我，看来定时送货服务是很靠谱的（我选的额是1点到2点之间送货）。敬请大家开心网购。赞一个

2010-6-9 13:40 来自新浪微博 | 转发(8) | 评论(4)

2010-6-9 17:11 来自新浪微博 | 举报 | 转发(1) | 收藏 | 评论(

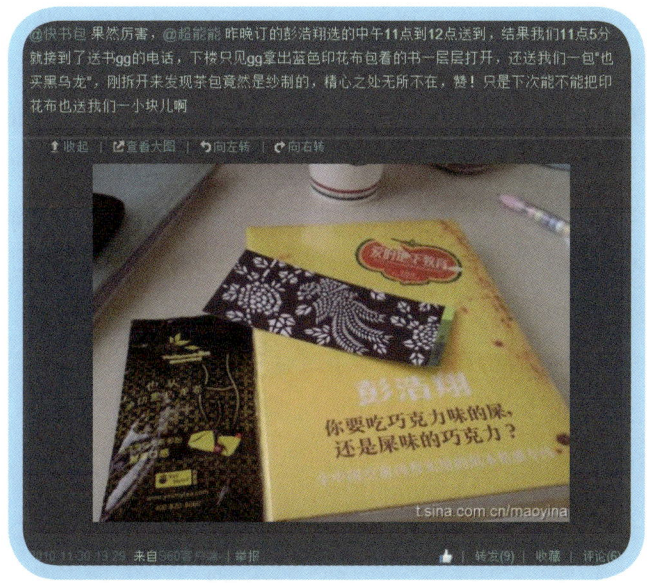

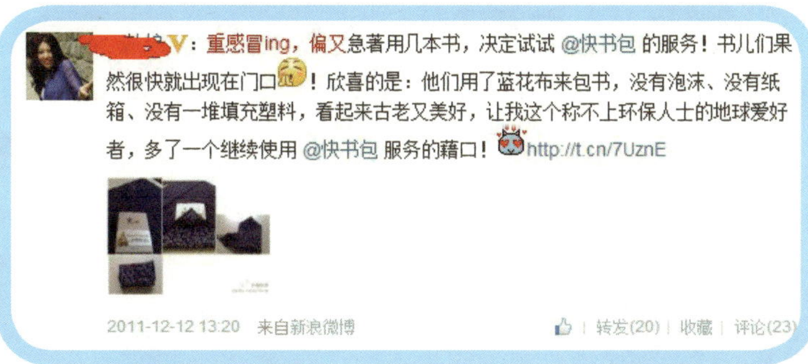

虽然这个产品的整个营销过程中，没有邀请意见领袖为其背书，但@徐智明 @快书包 @莲子清如许 的互动，在粉丝群体中的传播还是达到了1+1＞2的效果。所以，找到一个有特色、有影响力的粉丝消费者，并跟他合作，这个生意是很不错的。

从这个推广案例中我们可以看出，虽然蓝印花布系列产品不属于大众产品，用户量也无法达到几十万的规模，但精耕细作的深度运营，可以让消费者和品牌在互动中建立起良好的忠诚度，并能够在整个产品的创意研发过程中，为品牌做持续的定位传播。由此带来的用户大量重复购买行为，使用户获取成本无限地降低，这种特性远远优于传统媒体或传统电商。

到2013年底，蓝印花布系列产品已经开发了多达22款，从2012年开始的产品营销，让其成为快书包众多产品中的明星产品。甚至一些热门产品，如叶底藏花包及iPad为主打产品的日用系列，一经推出都会出现抢购乃至断货的情况。在快书包产品中，蓝印花布系列的被晒单率是普通产品的6～8倍，微博曝光量是普通产品的几十倍，几乎每条微博都有用户在咨询各种蓝印花布产品的购买使用问题。其由访问到购买的转化率也是相当惊人，平均达到12%以上，最高的甚至超过50%。

快书包为产品加上特色、加上故事进行包装后大卖的产品，当然不止蓝花布系列一个。《养生日记本》也是在微博的推广中逐渐沉淀下来的一个非常有特色的明星产品。这个产品是从悬念营销开始的。

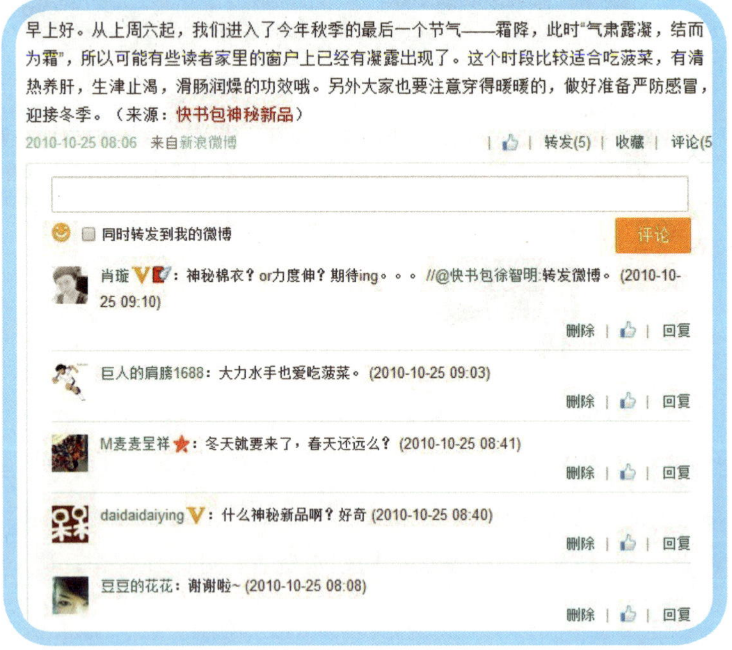

这样一个“快书包神秘新品”勾起了粉丝的兴趣，接下来的营销就水到渠成了。虽然快书包跟粉丝们玩悬念，但谜底揭晓后并不会让你觉得吃惊，而是感觉很温暖。因为《养生笔记本》就是把日常养生之道拆解到每一天中，从而告知你每天的养生该如何去做。在整个营销过程中，除了晒单、活动营销之外，@快书包

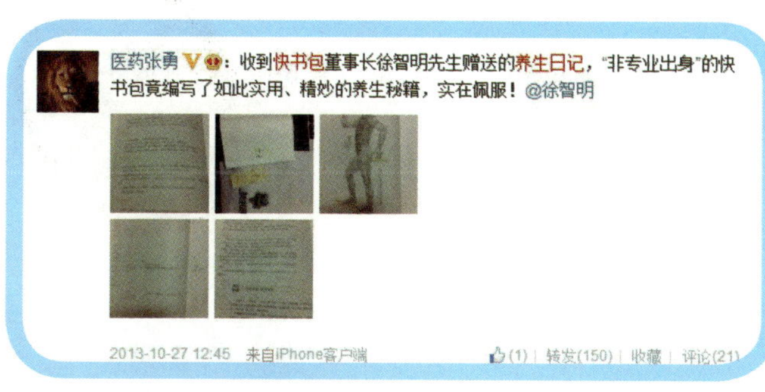

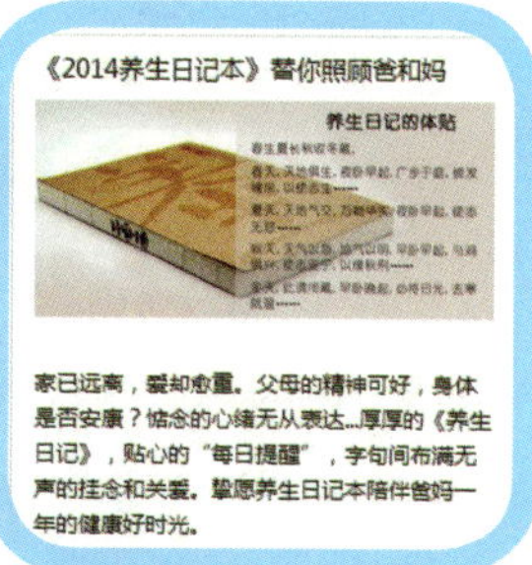

也融入了很不错的营销内容。

由于这本《养生日记本》的实用性，也得到了医学业内人士的免费宣传。

这样的晒单无疑是锦上添花的浓重一笔，让产品的可信程度大大提升了。

所以，我们可以好好观察快书包的内容营销，其实产品组成的内容未必不会引起消费者的兴趣，还是要看你如何将故事融入产品中，让产品广告成为粉丝和消费者需要的内容，这才是新媒体时代的产品设计之道。而产品即内容的微博营销方式也是电商们最需要去攻克的难关，只有将产品不引起受众厌烦地融入内容中，才是社会化营销的生存之道。这一点，其实本人也是很擅长的。

本章总结

通过阅读本章，大家能得到什么样的营销结论？对于一个品牌通过新媒体渠道从无到有的构建，你又有什么好的见解？运作过程中，互动、体验、定位、故事、矩阵、合作、管理，哪些词更能打动你？不妨在微博中@申晨 说出你的观点或者让你觉得有所收获的营销点，我们一起来讨论哦。说不定我还可以帮你做营销诊断呢！

大V闲话——徐智明

徐智明：快书包网上精选便利店CEO

微博体之“我看微博营销”

【人人都是传播者】传统的传播方式下，消费者是受众，不拥有传播工具；微博时代，“我是有微博的人”，人人是受众同时也是传播者；企业要以卓越的消费者关系让消费者成为品牌传播者；企业的社交媒体不能仅做成“自媒体”；要与消费者互动起来，共同完成社交媒体时代的关系和传播。

【微博改变卖东西的流程】微博是让人尖叫的产品、尖叫的地方；传媒思维是商家说，微博的本质是顾客说（转）；以前是“广告—品牌—渠道”，现在是“需求发现—创意尖叫产品—网络直销—顾客传播—新顾客”；媒体、组织、个人的传播，微博本质上改变了传播主体的效果比重。

【如何让消费者成为传播者】设计服务元素，成为传播话题；提供让人尖叫的产品；用超出一般标准的服务赢得传播。

【微博创意新要求】创意概念：关于广告信息传达方式的基本想法；优秀的创意概念很容易产生执行点子、有无数执行点子；企业微博需要的不是段子，是创意；微博的创意要有更灵活的创造性；除基本概念外，要更能抓住时机、事件、话题、流行语。

【企业的每条微博都是广告文案】写之前先想一下对谁说话；说对象想听的，而不是说我想说的；要有用、有趣、有条理；朋友会帮你传播的；用广告文案的写作方法写微博：图片引起兴趣、标题吸引阅读、正文展开说明、结尾号召行动。

【官微应该100%讲有关自己的内容】可以有关品牌、产品、服务、历史、技术、团队、顾客体验等等；但一定要有趣、有用、有条理；要抱持着与顾客、潜在顾客分享、互动的心态。

如果企业自己都发现不了自己的产品和服务有趣的、值得和顾客分享的内容，那这个企业还如何立足呢？有这些就不需要早安晚安和别人的段子。

【一举一动都是品牌】品牌是消费者所有印象的总和；以往品牌来自广告、消费体验、公共关系，消费者可以获知的真实、细节信息有限；微博让品牌更透明，一举一动都成为品牌的一部分；淘宝让人人可以开店，微博让人人可以做品牌传播。

【领导人站在品牌建设第一线】企业官微和领导人个人微博作用各不同；个人微博才能发挥社交属性；危机公关时个人微博作用大；微博最没有网络使用门槛，一批年长的企业家给我们做了表率；多使用碎片时间就好；听别人讲不如自己泡，自己熟悉就不会瞎指挥，能识别假数据，并为微博部门配置合理的资源。

【有人在微博骂我怎么办】骂是正常的；骂声原本就存在，只不过之前没听到；坦诚沟通是最笨拙又是最锐利的武器；微博给了人们消除误会转变骂声的平台；千万不要吵架；骂也是一种关注；挨骂使骂人的人得到纾解，是有功德的事。

【企业成员认证微博账号别为品牌减分】不求有功，但求无过；一定要监测、约束，避免负面；不参与政治话题的评论和转发；社会话题的参与要适当，具体问题具体分析；一定不能和顾客争执、吵架；不要指名道姓议论竞争对手。

【客服变成品牌建设的重点】客服处理过程变成一种公开的表演；过去的投诉、不满扩散性差，处理也是一对一、私密性的，现在完全是公开的；客服也变成了营销，投诉处理也是营销；官微私信必须开放。

【如何处理顾客投诉】有态度（先回应，5分钟之内）；有真相（查真实原因，光道歉不行）；不回避问题，更不能置之不理；一次性解决问题；尽量由客服部门主管直接参与私信投诉、私信处理；公开投诉、公开处理用户评论（即使用了私信或者电话，也要再发一次评论）；不要请求顾客删除投诉或不满的微博（顾客自行删除是我们的荣幸）。

【怎样做好微博客服】发自内心的友善；认真琢磨顾客心里所想；没有顾客的错，只有沟通误解；要一次性解决顾客的问题；要有超越一般标准的服务态度，迅速回复；注重细节；不要用反问句，反问语气代表不赞成对方观点，且生硬不柔和，容易引起对方反感；多用陈述句，对顾客的疑问认真解释，不要和顾客对抗、发生争执；多使用“您”而不是“你”，表示对顾客的尊重；官微语气应正式、客气、端庄，还需要乖一点，可以偶尔卖卖萌。

热火朝天的微信

到底该怎么玩才对经营有效

关注微博@全面社交，私信回复关键词【第十四章】，听熊猫传媒集团培训总监张华栋的语音推荐吧。

全 民 社 交

微信对公众号降权了，微信开放自定义菜单了，微信开放支付了，微信推出社交游戏了，微信群升级到100人了……各种微信的消息一桩接一桩，根本停不下来。这个本在移动端的IM工具越来越强大的同时也变得臃肿。企业对微信该怎么用？微信中怎样做营销？不要手足无措。我们可以用一章的内容好好聊一聊。

理肤泉用微信玩转O2O，小样派发无压力

2013年6—7月，理肤泉发起舒缓喷雾50ML装小样派发活动。小样派发是美容化妆品行业的常用手法，这种做法无非是让潜在消费者进行试用，从而在得到消费者认可后产生购买行为。传统的小样派发做法是通过短信或邮件的方式进行宣传，这样做有非常大的弊端。比如，无法控制门店小样领取的人流，也许一个在商业中心很繁华的店里，由于小样出货速度快，很多潜在消费者无法拿到小样。再比如，小样控们是小样派发的灾难，你的小样一派发，这群人就会在各个门店中四处领取，没几天，淘宝中就出现了小样的廉价销售行为，对品牌损伤巨大。相关的问题还有很多，为了解决这些问题，理肤泉充分利用微信的API开放接口，开发了小样派发系统，将这些问题很好地进行了解决。

做好人流引导，有效控制小样库存量

由于传统的短信通知模式很容易被潜在消费者忽略，理肤泉在其已经培育了大量粉丝群体的微信公众账号中，推送小样领取的消息。在收到预约消息后，粉丝可以回复系统提示的数字进行门店预约。这样做的好处，就有效优化了门店可能的领取数量。当一个门店的预约数量达到上限后，理肤泉的微信公众平台会提醒粉丝预约其他门店的领取。这样一个操作流程也避免了门店内无法申领到小样

的粉丝对品牌的抱怨。

做好身份验证，小样控无处遁形

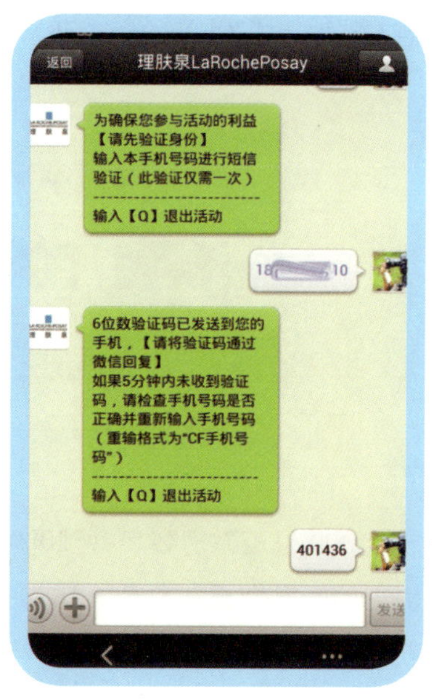

参加理肤泉小样认领的粉丝，在预约门店前需要在平台内进行身份验证，验证方法也很简单，根据提示输入手机号，系统会用短信发送一串验证码给到受众，在得到验证码后，受众在平台内回复即可。这样做的好处，保证了每个申领人只能申领一次，在小样认领后，系统会有记录更新其状态。除非小样收集者有大量的手机号码进行申请，这无疑增加了小样控们的申领成本，小样到达的有效率大大提升了。

以上两项操作下来后，企业发现，小样认领的客户满意度非常高。200多个门店的认领人数达到80000人，实际参与率超过60%。这在传统小样发放的模式中是无法想象的。由于有了微信的客户维护，小样派发变得貌似简单了很多。但理肤泉本次活动的操作不止于此，因为小样派发出去后，不仅仅要让受众试用，如果可以得到受众的反馈是再好不过的，这种市场调研行为在过去可是要花重金请专业机构执行的。

大数据应用优化产品销售

由于小样派发过程中，在微信中收集到了大量用户的反馈信息，并且根据手机号绑定的模式，理肤泉确切地知道哪些预约人员进行了小样领取。接下来的操作也变得简单，仅针对领取人员直接在微信中发送调查问卷，最终统计到小样领取的人员中，40%进行了问卷反馈。这些反馈对于企业来讲，无比珍贵。企业不仅知道受众对新品的口碑反馈，还能够针对于不同的反馈，进行不同产品的推荐。而这种推荐，属于针对性的广告投放，用户完全不会对广告的到来感觉到厌烦，反而感受到品牌对其定制化服务的关心。消费者在这种活动中与理肤泉的距离变近了。

我们来系统看一下这个案例，在整个操作过程中，微信公众账号变身成一个真实有效的客户管理系统，在与客户沟通过程中，还对资源和供应链进行了优化。但这系统的开发成本远远低于过去动辄几百万元，但数据又不完全精准的ERP系统。（当然，ERP系统要解决的问题比单纯的客户管理远远复杂，只是微信可以融入其中，成为ERP的一个环节或更精准的定位工具。）

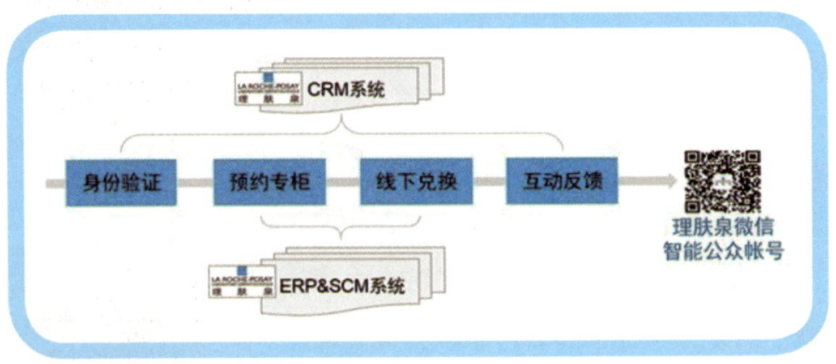

理肤泉是微信客户管理020的先行者，但银行系统对于客户管理及服务，在微信上的开发会更加复杂。比如招商银行就可在微信公众账号中，实现持卡人便捷获取账户信息的行为，对用户请求提供实时响应，甚至于消费提醒等服务。说到消费提醒，这其实是一个对银行或相关金融企业非常有利的应用。以前银行对用户进行消费提醒需要通过短信执行，如果免费推送，银行就要付出大量的短信成本，而手机绑定后，通过微信推送，不仅节省了成本，还能优化用户体验。当然也有很多银行的短信提醒，需要用户付出额外的费用，这种费用的收取一直都存在很大的争议。所以微信与用户消费行为的直接挂钩很好地解决了这些矛盾。不仅如此，微信中还能融入银行的咨询服务、活动推广等，让整个平台看上去非常人性化的同时，还兼具了营销作用。

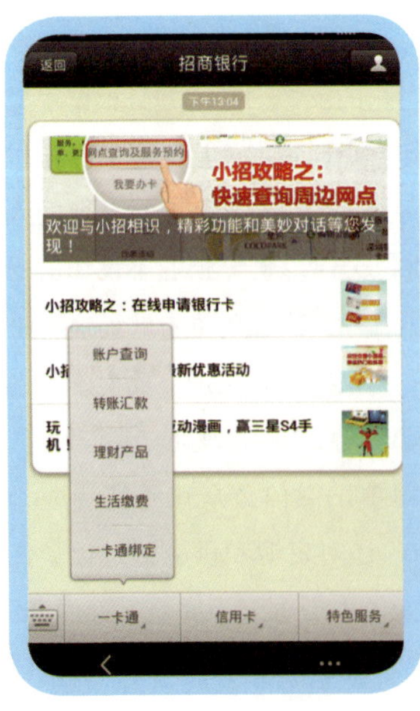

当然，微信的功能性开发肯定不止于此。人机交互的任何效果基本上都能在微信上植入。这也给很多企业带来非常大的想象空间，这些想象空间的实现上包括：线上支付、线下进店享受服务、自助售货机微信支付后直接取货、微信遥控互联网电视、微信遥控家电等。这些功能的实现技术性较强，也与不同行业的特性有直接关系，我们不在本书中一一讨论。不过要注意到的是，用微信做会员管理正成为各种服务行业或零售行业的主流应用。这一点的开发上进展迅速，会员管理也会直接促进O2O的快速发展。在本书中，我们还是要看一看微信中，有什么好的营销策略或带动销售有关的管理机制。看了那么多文字，是不是觉得很累了，再坚持学习一会儿，等看完这段文字，你就可以……看下一段文字了！

吉利GX7飞机争霸开辟微信营销新思路

微信由于其封闭性，很难用话题的手段直接做粉丝转化。更多企业将微信用作客户管理通道，从而拉动二次消费，这也基本符合微信目前的应用定位。那么，做活动营销除了简单的抽奖之外还能否有新颖的运作模式呢？吉利在推广GX7的时候就为大家开辟了很好的思路。

活动营销一般要满足几个必要条件：一、新颖好玩；二、操作门槛低；三、奖品激励丰厚（此处的丰厚并不一定非要奖品多么值钱，至少要对针对性受众极其有吸引力，假设你的受众是动漫迷，那么一些特别的动漫周边产品则对他们更具有吸引力）。

2013年9月23日，吉利借势微信游戏“飞机大战”，组织了一次“飞机争霸赛”的到店引导活动。其主要操作平台并非大家熟悉的微信公众账号，而是利用一个微信私人账号来进行了活动组织。参与方式很简单：

扫描活动页面上的二维码，或搜索“GEELY-GX7”，添加该私人账户为好友，便可参加“飞机争霸赛”活动。每天的第一名能获得一台iPad mini，通过微博、微信分享活动链接的还有机会得到100元话费的分享奖。这个流程其实很容易理解，因为大家知道，微信游戏只能看到你与好友的分数比较，你只要添加了吉利个人账户为好友，他就能把添加者整合到一起，在其打飞机排行中，通过截图就可公正地评判谁的得分最高了。

这个活动的好处在于，基本活动方面不需要另行技术开发，用户认知度高，参与热情也就带动起来了。所以基于此，我们可以想象，很多企业在做微信活动

营销时，也可考虑用“斗地主”、“天天爱消除”等微信游戏通过用户PK的方式进行植入。相信不久的将来，人人都是香港电影里面的赌神，在参与游戏互动的时候大喊“晒你冷”。

最终，该活动的私人账号成功添加好友24265人，微博有奖转发活动参与总量超过100万，活动网站的浏览人数超过3000万人。当然，这些曝光量的组成也包括病毒视频投放等手段，不过这不是我们要说的重点。很多人以为，做成功的互动营销需要大量的技术和预算来做开发，而本案例的最大亮点在于并没有在微信中，花费额外预算做二次开发，也没有进行复杂的客户管理和引导。仅仅利用微信已有的游戏功能，就把人气大量地聚集了起来，并让整个品牌得到了非常大的市场知名度和影响力。

在微信营销的过程中，互动营销的模式还有很多，但最终都是要促成消费，不管这种消费是来自线上还是线下，商业目的是必须存在的。但也有另外一种营销生态在微信中快速成长，这就是自媒体平台。微信公众账户在2012年8月份低调上线后，就有大量自媒体人蜂拥而至，希望将微博运营的模式搬到微信上，从而拓宽自媒体的影响力。最早进入的人群已经积累了非常可观的粉丝规模，那么其广告渠道的作用也日益凸显。这种形态很像微博中的大V或意见领袖。不过由于微博与微信的转发形态存在很大差异，其影响力也有非常大的不同。比如微博中，我们可以通过大V之间的联动，让事件的影响力逐步放大。但微信公众账户中的信息无法看到自媒体之间的联动，仅仅是到达了其粉丝，充其量被粉丝转载到朋友圈中，而联动所带来的迭代效应几乎是不存在的。不过，无论怎样，微信中的自媒体人经营地风生水起，并且部分微信公众账户的粉丝忠诚度较高，其影响效果也是很可观的。仅仅想做硬广模式投放的商家可以考虑与这些自媒体进行合作。

商家对于一个平台的应用热情，主要还是依赖于这个平台对商家的变现能力。淘宝和天猫为商家节省了大量的实体经济所需要付出的场地等成本，并可将生意快速扩展到全国的方式吸引了大量商户的入驻，因为其互联网覆盖全国的模式让企业的变现规模迅速扩张了。微信的出现，势必对淘宝模式造成一定的冲击。因为淘宝和天猫是希望把商家拉到线上进行销售，而微信在其商业布局上，由于其O2O的天性存在，将这些商家的线下经营热情又给放大了出来。在这一点上，绫致是一个先行者。

绫致的O2O布局

Only、Veromoda、Selected、Jack&Jones，这些品牌也许你都很熟悉，但有很多人并不知道，他们都来自同一家丹麦服装公司——绫致。由于绫致的四个品牌几乎分布在所有你能想到的大商圈中，所以有“无绫致，不商场”的说法。由于天猫等电商平台的兴盛，对这些品牌的线下销售冲击很大，甚至很多客户将其商圈中的线下店当成了试衣间，一旦有觉得合适的衣服，会选择去电商平台上选购。这不但冲击了传统服装行业的商业生态，也让线下店员的销售热情大打折扣。

微信支付功能的出现，让这种状况只需两步就能有很大的改观。第一步，打造微信商城；第二步，将所有服装的条形码做成微信支付二维码。这样做与电商有什么不同呢？或者说对商业的促进有什么好处呢？答案请听下回分解。噢、噢、噢，这当然是开玩笑，怕你们看书太累了。

首先，购买服装的人，或者到店选购的用户，通过二维码可以成为品牌的粉丝，便于后续的客户管理和二次消费转化。

其次，一个店面中最多能有100多种服装的展示，但该品牌可能有上千种服装款式，无法全部在店面中出现。如果一款服装的款式，客户很喜欢，但喜欢的颜色已经缺货，那么就可以通过店员的引导，直接在微信商城中对喜欢的颜色下单，通过邮寄的方式完成最终的交易。这就大大增加了服装购买的转化率。而顾客的选择从100种款式增加到了上千种，无疑带给顾客更多的新鲜感和满足感。不过在这一点上，有人会对销售环节存在疑问。有人会考虑，如果并没有直接对店面中的衣服形成购买，而是通过微信商城购买，那么店员的积极性怎么提升？毕竟这就绕过了店员的绩效这个环节。其实这个也很简单，只需要给店员一个特定的二维码，客户在下单前，先扫描店员的二维码，再进行微信商城中的选购，即可计入店员的绩效。甚至于，客户并没有在店面现场下单，但在扫描店员二维码的情况下，回家之后的下单都可计入店员个人绩效中，相当于以前店员只能卖100种款式，而现在增加到了上千种，成单率大大提高。这无疑对店员的积极性是非常大的提升。因为其销售的边界也无形中给扩大了很多。

这样的一套系统运用后，绫致的020就形成了闭环，势必导致商家对线下店的重视，而这一点正是触动到阿里巴巴利益的关键部分。辛辛苦苦拉到线上的商业模式，在微信客户端的普及中，用户又回到了线下。

申晨说微信

讲了这么多，我们可以看到，微信能实现的东西确实很多。小样有效派发、活动组织、O2O商业模式开发，甚至物联网中要实现的家电控制，都在微信的战略部署中越走越深。有的商家也将微信的功能发挥到了极致，甚至于出现微信看房、微信景点导览等各种附加服务。以前需要大量投入才能实现的功能，现在一个页面开发就搞定了。

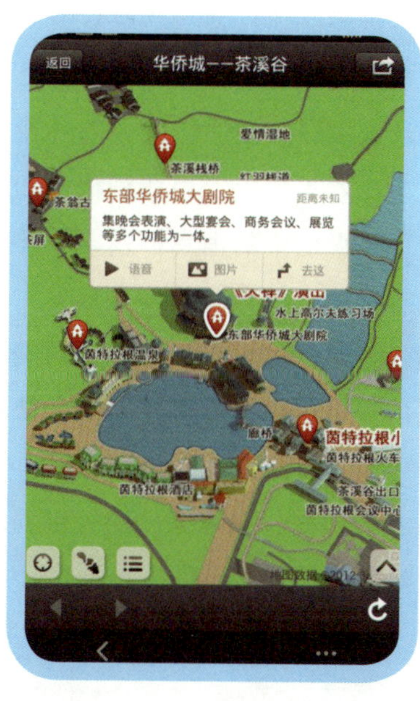

虽然我们看到微信似乎包罗万象，但所有这些仅用两个字就可涵盖，那就是“服务”。你没听错，微信无论怎么做，都无法摆脱这样一个服务的定位，可以让你的服务变得便捷，可以让你的服务增值。这些服务无非是不断优化你的客户对品牌的感受，但缺乏开放环境中话题爆发驱动力的特点，也让微信终归不能真正成为像微博那样拥有强大的信息出入通路的社交媒体（转发是封闭的，不能搜索）。那么微信在这样一个新媒体大环境中到底会走向何方？我们不妨来总结一下：

（1）IM越来越强大，在与QQ的内部竞争中优势也越来越明显；

（2）自媒体的快速发展，让微信的订阅号板块变成一本杂志集；（这里还是要强调一下，微信本身的订阅号板块确实是一个媒介平台，但是这种非即时性信息平台的存在，更像是一本本杂志的整编。）

（3）强大的服务功能，几乎可以囊括你能想到的任何企业所提供的线上服务；

（4）商城，虽然我们还无法预见未来微信是否会抢占C2C这块蛋糕，但有易迅、京东作为导入口，其B2C的大框架已经基本完成，其中微信支付的日益优化，也对支付方式有了全新的定义；

（5）游戏分发入口，任何一个游戏的接入都会形成短期的大规模下载，微信的用户群规模能让任何一款游戏瞬间爆红，而其中的游戏道具售卖也有极其可观的收益空间。

不过大家在关注微信强大的功能和服务优势的同时，似乎很多人忽略掉了在微博这个传媒平台上，也在积极地加紧服务体系布局。其粉丝服务平台不仅已经完全实现了微信中的消息群发、粉丝管理、数据统计、支付等功能，更主要的是微博具有微信不能具备的信息链条完全开放的优势。这在两个社交平台的服务对抗中如何分出优劣仍是一个很难明确的问题。不过大量自媒体人微博账户会在粉丝关注后，私信提示回复【dy】，获取长文订阅，想必经常摸索微博的朋友有所体会。

以本书为例，书中提供的关键词回复查看信息的互动方式，就是完全基于微博的粉丝服务平台实现的。

这个服务平台的基本操作方法与微信公众账号基本相同，也免去了社交媒体经营者重复摸索的烦琐。而信息在微博的全开放平台中的快速传播和数据的便捷性，为“传播加服务”构筑了坚实的翅膀。

本章总结

微信确实是非常强大的，但强大的外表和无所不包的想象空间中，它的使命是点对点的沟通以及商业服务。如果把微信比作企业的运营部门，那它应该是客服部、二销部、资源管理部。但相比较而言的微博可以比作市场部、销售部、公关部。至于品牌部，应该是微博与微信联合完成的任务。而由于微博中粉丝服务平台的强势植入，微博账户中亦可提供客服、二销、资源管理功能，这给企业社会化媒体运营部门提供了更加便捷的操作路径。所以，不要以为有了微信就可忽略微博的价值，也不要以为在微博中仅仅做大力度的推广就能将口碑长期地维护。一个好的品牌及市场策略一定是两者并重的，有些企业甚至以新媒体中的这些功能作为基础框架，来优化整个企业的内部流程以及操作规范。只有企业内全员足够重视，在未来新媒体的大环境中，企业才能长久不衰，品牌也才能真正地源远流长。

大V闲话——龚铂洋

微力无边 营销有道

四年前，如果你没有微博，出门都不好意思和人打招呼，因为当时流传着“微博改变一切”。如今，虽然微信出现了，貌似对微博产生了一定的冲击，但是微信更多的是一种社交平台，在信息传播扩散方面并不占优势。在实践中，我们曾经问过很多人，你玩微信吗？答案是“玩”。但，又问你关注过微信公众账号吗？被问者往往会露出迷茫的神情，貌似在问，什么是公众账号？

微博由于天生的媒体属性，可以一传十十传百，在企业的营销推广方面起着不可或缺的重要作用，尤其在阿里巴巴投资微博以后，微博的商业价值被进一步放大，随着新浪微博改名微博并上市，微博成为了社会化营销首选平台，而微信更多是一个客户服务平台。

由于微营销风暴来得太猛太烈，企业既不能盲目跟风，又不能墨守成规，如何才能更好地应用社会化媒体，如何才能更好地开展微营销呢？微营销，向左走？向右走？

在实践中，我总结出以下三点核心经验。

（1）要想做好微营销，第一步问自己一个问题，粉丝凭什么关注你？能够回答得出来，你的微营销基本上就解决80%了。

（2）粉丝是有属性划分的，我通常把其分为围观粉丝、用户粉丝、领袖粉丝三类。围观粉丝是靠抽奖和活动来的，用户粉丝是你真正的消费者，领袖粉丝则

龚铂洋：深圳尚道微营销总经理；
社会化营销研究者。

是关心你发展的意见领袖，即关键意见领袖（Key Opinion Leader，KOL），就是在社会化平台上有话语权的那些人。弄清粉丝类别后才能更清楚我们为什么需要粉丝，以及如何服务好粉丝。无粉丝，不营销。

（3）微博是信息发布、扩散以及客户沟通的革命！微博营销依然是最好的传播引爆平台，尤其在大数据支撑下的微博营销可以精准地锁定消费者，依然具备核裂变级传播效应。微信由于强大的社交关系，兼具沟通、社交（朋友圈）以及企业服务（公众平台）功能，也成为了企业营销的必争之地。

因为有了微博微信，企业营销也发生了革命性的变化：

传统广告模式下的“打断式”营销越来越让人反感！社交口碑广告却大行其道。

广告营销成本越来越高，消费者却越来越不相信广告！

渠道成本越来越高，我们离消费者却越来越远！

而马佳佳的泡否科技、黄太吉的煎饼果子店、雕爷牛腩、阿芙精油、江小白青春小酒、三只松鼠等有“逼格”的企业却以极低的成本吸引了大批粉丝，从而获得了销售和自传播的双丰收。

出生在一亿多年前的恐龙体型无比巨大却慢慢消亡了，而同样出生在一亿多年前的蚂蚁体型虽然微小却活到了今天。

大传播慢慢已经不适应时代的发展，微营销必将主导未来营销的方向。

左手微博，右手微信，微力无边，营销有道。

新媒体营销的路

该怎样走下去

关注微博@全面社交，私信回复关键词

【第十五章】，听申晨的语音推荐吧。

新媒体之路虽充满疑问，但也满含诱惑，因为消费者在那里。要想消费者为产品埋单，就要到新媒体中说服他们。这个说服的过程会是怎样？或者我们在新媒体接下来的路中该如何生存？通过本章，我们用餐饮这个行业的经典新媒体运作案例来看看互联网思维下的企业未来之路。

雕爷牛腩的轻奢侈概念营销

说起雕爷牛腩，经常玩新媒体的人一定都不会陌生。虽然其仅在北京开店，却勾起了全国人民对其美味的向往，甚至有人为了吃一碗牛腩面，专程去北京品尝。这让在传统餐饮行业，努力多年开拓外地市场却效果平平的“全聚德”情何以堪。

产品及人群定位

先说产品，我们总是觉得优惠券发出去，有客户使用优惠券消费了，就完成了O2O，但雕爷却有自己不同的看法。当你的产品变得无比优良，要吃到都是一种值得炫耀的事情的时候，优惠券就没有存在的必要了。而这种口碑的打造是在互联网上进行的，用这种办法吸引用户到店消费，也完成了非常漂亮的O2O。这种方式不但不以牺牲利润为代价，品尝到产品的人群还能带来线上的二次口碑传递，从而更便于打造O2O闭环。那雕爷是如何做到的呢？

雕爷认为：一家好餐厅的精髓不在于菜品数的多少，而在于产品的精良和用户体验的不断优化。雕爷牛腩这家店仅有12道菜，在餐厅最开始成立的时候，这种做法引来餐饮界人士的大量非议，认为雕爷是在找死。但雕爷有自己的论述理由，一个消费者第一次到某家餐厅吃饭，如果比较满意，下次再来，通常点菜与第一次的重合率高达80%，这是人们潜意识路径依赖的结果。雕爷连心理学都玩上了，学会揣摩消费者的心理，也有助于提高用户体验。所以菜品没必要做到多，但每道菜都要制作精良，那就不会影响到消费者的用餐心情。

再说人群定位，精品打造的雕爷牛腩所针对的消费者，一定不能以草根为主流。轻奢侈路线将目标人群锁定到中产阶级这个群体。因为这个群体更看重就餐的整个过程，店面布局、餐具以及食物本身的所有细节都会成为影响这类人群的关键因素。中产阶级的消费面比较宽，不会经常光顾一家餐厅。对认可的餐厅，一年有三四次的光顾经历就算不错了。所以对于产品定位中提到的菜品数量少的问题，也可通过每季度更新菜单的方式来调整消费者的用餐新鲜感。

用实际操作打造真实有效的故事营销

对一个产品的故事嫁接，很多情况下都是从外部故事进行引导。雕爷也有自己个性的做法，因为每一个传达出去的故事都是从实际操作中得来的，这样的做法不但让用户对产品更加信服，由于其真实性，口碑传递也会更加有效。

雕爷花500万元，从香港食神戴龙手里买断了食神牛腩的配方，这样就有了餐厅的主菜。香港食神是谁？周星驰的经典电影《食神》就是以戴龙作为原型改编的。将这个配方嫁接到雕爷牛腩上，其核心故事也就讲出了大半。说到这里，我的口水已经偷偷地流出来了。试问有哪个吃货能抵抗“食神”二字的诱惑，微臣做不到呀！

但作为一个面向中产阶级的轻奢侈概念餐厅，光有一碗面是不够的，接下来的开胃小菜、沙拉、甜品一样也不能含糊。在雕爷牛腩的很多报道中我们都能看到这样的内容：为了得到最好的食材，一斤芝麻可以扔掉八两；十枚鸽子蛋中，也只能挑出一枚合格的；甚至价格高昂的黑松露，由于供应商储藏温度失误造成食物味道的改变，都

只好全部扔掉，而仅这一次就损失五万元。不！不要这样！它们是无辜的，请让它们牺牲在我的胃里！这样的描述，让雕爷牛腩看上去品质极高，在食品安全问题大量曝光的中国，强烈捕获了大量消费者的心。雕爷说，这样做不仅得到食物品质的保障，也优化了食材供应商，为餐厅正式推出打造最好的基础保障。

食材到位了，口味也不能含糊。这时候，雕爷又打出另一张故事牌：封测。

以前只有网游听说过“封测”的概念，在封测过程中，提前邀请玩家在玩的过程中找出BUG，从而修正。而雕爷将其借鉴到餐厅中，不仅优化食物的口味，还能对其服务进行最好的修正。雕爷曾举一个例子，最初的开胃小菜中，配了韩国重发酵泡菜，但经过各种美食达人的品尝和评价后，换成了四川泡菜，原因是韩国泡菜酸辣太过猛烈，影响了后面沙拉相对清淡的节奏。而四川泡菜刚好，即开胃又不影响对沙拉的品尝。看完这样的描述，对追求生活品位的人群来讲真是极大的诱惑。因为餐厅不仅掌握了每道菜的口味，并安全把控，还对上菜的顺序和节奏都有很好的优化服务，这对消费者来讲绝对与普通餐厅有巨大的差异。

而这个封测，在正式开业之前，足足搞了半年时间，这期间来参与封测的有各路明星、微博名人以及各种美食达人。这些人在不断为食品优化提供有力的线索外，还在品牌未开卖之前就带出了极佳的网络口碑宣传。毕竟免费吃这件事发生后，很少会有人在网上去说这家餐厅的坏话。这些人群的粉丝规模都较大，直接带动“雕爷牛腩”这个品牌未开先火，人人都想去品尝。到底是什么样的一道菜，竟然这么好吃？

食材、口味和服务的各种消息散播并不是整个故事的全部，雕爷在整个故事的打造

中，餐具也是其核心环节之一。雕爷牛腩的面碗就在细节上十分讲究：接触嘴的部分很薄，很光滑，但其他部分厚且相对粗糙，这样的设计保证了人在喝汤时，嘴唇接触的部分有很好的触感，但端碗时，粗糙厚重会给人安全感。面碗上还有专门的拇指槽，端的时候更加稳固，而碗边缘上还专在筷子和勺的卡位准备了开槽。喝汤的时候，勺和筷子就不至于打到脸上。这些细节的打磨也能成为故事中的卖点，让消费者体会到品牌的用心。当然也不是每个细节都适合去打磨，有一次我在虹桥机场的一个咖啡店睡着了，定了15：30的闹铃结果没有响。睡到一半，迷糊中看时间21：45分，惊吓到直接跳起，心里大叫：“完了完了，延误了。”慌乱中拿出手机，一看还不到15：30。我！我说你一个好好的咖啡馆，干吗挂一个伦敦的表！细节的打磨要遵守用户的真正需求，否则增加了成本还会容易得到反效果。像面碗这样的细节还有很多，雕爷在其微博内也会不断给大家展示餐具新的惊喜。比如咖啡杯可以是四叶草的形状，这就大大超出大家对咖啡杯的传统认知。

不仅在网上，雕爷的故事讲得生动，在餐厅内，也到处都充满了故事。比如，菜单上会讲“如何吃掉一碗雕爷牛腩”，就将吃面的步骤融入故事中，带着故事吃这碗面会让消费者体会到不同的风味与感受。

用微博引爆流量

封测过程中，一大堆美食名人或明星在晒雕爷牛腩，并不断放出各种细节的故事对消费者产生诱惑，并且在半年的封测期间不允许普通用户进入。这样的神秘感非常快速地形成饥渴营销，消费者的消费欲望被充分调动。开业之初就瞬间爆发。

这种与传统餐饮行业的不同局面，完全因为雕爷采用纯粹的互联网思维在操作品牌的包装和传播。在电商行业中，有了流量就有了一切。雕爷认为，开餐厅也是同样的逻辑。雕爷牛腩都开在商圈中较为偏僻的角落，利用商圈自身的流量显然不现实，而微博的流量导入则会让消费者慕名而来，其价值在口碑传播中逐渐达到高潮。这其中的明星、名人以及美食达人的封测效果可谓一举两得。

有了前期名人传播的好口碑，在正式开业前夕，雕爷用微博大玩事件营销。这包括“与苍井空共进晚餐抽奖活动”、“留几手在雕爷牛腩偶遇苍井空”等。除了这些，雕爷还玩争议营销，规定不满12岁的儿童不许进店。这样极具争议的规定引来网络上一片骂声，不过雕爷倒乐在其中，不但不以为意，还乐呵呵地转发这些骂他的微博。因为他坚信，争议之下会让品牌的曝光量大增，用争议引导出更大的流量才是王道。在消费者骂的过程中，一大堆雕爷牛腩的“死忠粉”开始聚集，并且骂的人越多，“死忠粉”也越多。这一点上与小米粉丝的反击骂战如出一辙。而在争议声和良好故事、口碑的传播声中，雕爷牛腩品牌也越走越远。

用粉丝意见指导产品及服务优化，用微信来维护老客户

由于用互联网的思维来打开品牌认知，在开业之初瞬间达到销售爆棚的效果。但在电商行业经营多年的雕爷很清醒（哎，等等，你们不要告诉我，你们不知道最大的精油淘品牌“阿芙”是雕爷的吧？），光靠流量的一招鲜是不能长久的，雕爷如此，任何行业都是如此。互联网上的任何产品没有哪一个可以跳出与用户积极互动，从而获得更好优化的圈子。只有通过更多的渠道不断了解用户需求，升级和优化产品及服务才能有持续的口碑和重复购买率。因此，雕爷每天会盯住微博、微信以及大众点评中用户的反馈，并用这些来指导餐厅流量背后更重要的工作。而这些，才是020的精髓所在。所以我们会看到雕爷与传统餐厅的表现也有非常大的差异，比如传统餐厅中，一个菜单定下来后很少改动，但雕爷的菜单中，如果有粉丝反馈不好吃，这道菜会很快在菜单中消失。其实雕爷在阿芙精油创业之初，也是亲自处理差评的，根据差评处罚出问题的环节，从而优化所有

的操作细节，才最终得到阿芙精油比同行业动态评分高出50%的良好效果。

雕爷深谙互联网的应用之道，他认为微博是引爆和传播故事和话题的平台，用来导流量是绝对的首选，但微信的作用是维护用户，并强化重复购买率的。雕爷的新菜不会发布到微博上，但会用精美的图片以及详细的口味描述发给微信用户，以体现老用户的特殊地位。

不仅如此，雕爷还大搞微信VIP特权，最终获得VIP身份的消费者将能得到VIP菜单，这种菜单是不提供给普通用户看的。这样拥有雕爷牛腩的VIP特权就成为了一种荣誉的象征，但不像传统餐饮机构的VIP卡大量发放，想成为雕爷牛腩的VIP客户是有条件的，虽然VIP的申请免费，但很多用户表示申请不到。在微信中申请VIP的过程中，每一个问题都有特定的目的，比如你可能会遇到这样的问题："你喜欢吃奶酪吗？"如果你回答不喜欢，可能会被扣分导致申请不到VIP资格。肯定有人在想，这样做有什么好处吗？雕爷认为，迎合每一个消费者的口味是几乎不可能完成的任务，因此VIP客户必须是真正可能重复购买其产品的用户。因为奶酪是雕爷牛腩菜品中的常客，不喜欢奶酪的客人就只能靠边站了。所以，微信在做VIP客户维护的过程中，品牌也对消费者进行洗牌，不是每个人都对你推送的消息感冒。微信重视的是粉丝质量，而非数量。所以那些拼命捞微信粉丝的企业主，该好好反思一下自己的操作思路了。当然，雕爷牛腩的微信服务中也有适合所有消费者的功能，比如等位查询，用户在排队的过程中，不必等在餐厅门口避免错过叫号，你可实时在线查询自己前面客人的数量，等到发现前面的人较少时再回到餐厅门口等候即可。

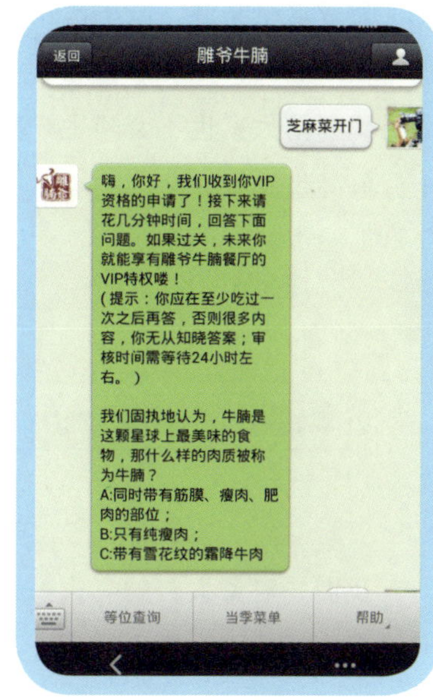

说完这么多，我们对雕爷牛腩这个新媒体营销的典范进行一下总结。首先，透过真实故事的营造和在微博内意见领袖的传播，让餐厅未开先火，这一点与小米的饥渴营销非常类似，在其他行业中，用互联网思路运作也是可以借鉴的。其次，通过事件营销在餐厅开业前的引爆也能将最终的品牌落地达到高潮。这一点上，利用日本AV女优来进行营销的案例在微博中还有很多，比如

联想在2013年12月23日，就成功利用AV女优营造话题，成功推动其文件传输APP，“茄子快传”的大量下载。话题当天，微博上10位AV女优，发布几乎一致的内容——“用茄子，好快好爽”，并且每个人手中都拿着一个茄子玩偶。

这种性暗示，无疑会引起微博内网民极大的娱乐兴趣。网友大量讨论也为产品的成功植入做好了铺垫。随着网民猜疑的不断膨胀，25日，@波多野结衣 点出茄子真身，就是联想的一款手机内容传输APP——“茄子快传”。对于产品本身怎样我们暂且不去讨论，但利用争议性人群引爆话题点这件事情上，与雕爷在开业之初，邀请@苍井空 一起发布活动，并抽取幸运参与者与宅男女神共进晚餐是同样的道理。最后，我们不得不赞扬的是雕爷的企业经营眼光，他并没有像部分互联网新贵一样，仅仅停留在讲故事和炒作的表面，而是通过微信这个工具有规划地筛选出最忠实的消费者，并在产品优化的基础上进行二次消费引导。所以，我们通过这个案例应该懂得：用互联网的思维做传统行业可以快速打造品牌，但在企业运作过程中，产品质量仍是一个企业长久生存的必要条件。

雕爷这个案例，故事营销在品牌开创之初是非常核心的，而其传播在封测过程中逐渐展开。在北京城还有一个用互联网打响的餐饮品牌叫作“黄太吉”，这个品牌相信大家也不会陌生。其经营过程中的各种互动，拉动品牌成长的过程也十分值得我们借鉴。

黄太吉用微博互动搞出大名声

我们先对黄太吉的老板——赫畅做一个简单的了解。2004年，赫畅回国的第一份工作是在“百度”做设计，然后在“去哪儿网”做用户总监，后来跑到“谷歌”做品牌和用户管理。2009年开始创业，做起了自己的第一家广告公司，先是和英国的老牌广告公司M&CSAATCHI合作，之后英国公司在中国成立了一个数字营销分公司，赫畅成为唯一合伙人人选。据介绍，他可能是全世界最年轻的4A级广告公司的创办合伙人，当时只有27岁。之后，他独立出来，成立了自己的公司，但天性不安分的他，在2012年的时候毅然选择了餐饮业，从并不起眼儿的煎饼果子入手，做起了“黄太吉”。之所以选择煎饼果子作为突破口，是因为赫畅曾思索过，比如汉堡两片面包，中间夹什么都可以，千变万化，但非常容易标准化。披萨一张面饼，上面撒什么就是什么，也是千变万化又能标准化的食品。但是中餐的流水线作业就很难，炒菜的火候、口味很难掌握到每份都相同。能否在中餐中找到类似汉堡和比萨那样既能不断拓展口味、又能做到规范化标准化生产的食品形态呢？按照这个思路，赫畅很快想到了“中国式汉堡”——煎饼果子。而正是赫畅回国后大量的互联网经历，让其在餐饮这个互联网思路不多的行业中，得以快速成长。最初的一家店里，10多平方米的煎饼店，13个座位，煎饼果子从早卖到晚，一年实现500万元的流水，被风投估价4000万元。这些成绩的实现不仅在于前面提到的故事多动听，更在于其在微博平台上的互动非常深入人心，也成为微博内餐饮行业互动营销的典范。互联网的创业者都有一份不安的心，所以才会有那么多疯狂的想法和营销创意，有时候我也会有一些奇妙的想法，例如去唱情歌，你们要不要听听？同学，你别跑呀！同学，你听我唱啊！同学……

咳咳，言归正传。与雕爷牛腩一样，黄太吉也从不靠打折来赢得客户，但与雕爷不断强化故事和特定方法筛选VIP客户不同，他们的O2O营销十分独到。首先，黄太吉会用微博组织受众参与游戏的方式，吸引大家的互动。比如，黄太吉新店开业当天，都会在其官方微博中鼓动消费者，消费者在现场可以与收银员玩剪刀石头布，店员输掉，黄太吉就会赠送一个标准双蛋煎饼给这个消费者。而这种互动引发的粉丝参与热情是极高的，大家都想一试身手。输掉的消费者也不会直接掉头走掉。这样的方式引发的互联网口碑传播，也对品牌造成非常深远的影响。

这样人山人海的场面看上去是不是还有点儿小激动啊？其实从黄太吉非常出色的O2O方式

中，我们可以看出，020的执行不是一定要在微信上发起的。你的消费者在哪里，只要用故事和互动模式有效激发他们的好奇心，020的发起地就可以在哪里。

类似的互动在黄太吉的微博中还有很多，比如号召消费者晒单，以激发消费者的攀比消费。

再比如，组织微博粉丝在黄太吉门店一起思考人生。

只要能迎合白领小清新口味的活动，他们都不遗余力地去组织，从而让其品牌口碑从多角度出发，不断在微博平台中进行发酵。

我们在这个案例中可以看出，虽然黄太吉老板赫畅背后也有非常有力的故事进行支撑，但故事仅仅是客户体验的第一步，在这个基础上，品牌用互动的理念落实了020的良好消费转化，甚至体现出营销即服务的商业理念。因为他的每一个营销互动落脚点都给消费者带来了快乐或心理满足感。

说到这里，我知道你们心中仍有疑问。毕竟不是每个人背后都有故事，或者讲故事的能力。毕竟这两个案例营销互动的前提条件，都是先用故事进行了详细的背景包装才勾起大量的消费欲望的。如果故事并不充足，我们又怎么利用新媒体来为品牌成长服务，做好最初爆发的前战呢？接下来，我们讲本书最后一个案例，这个案例是关于“生煎仔”的品牌成长历程，这个品牌本身并没有做什么太多的故事渲染，却通过微博中的长期积累达成了口碑的增长。

祥兴记生煎的新媒体之路

首先感谢祥兴记的新媒体运营商，“微奥传媒”给我们提供了这个案例。因为雕爷牛腩和黄太吉煎饼的故事不可大量复制，品牌领导人都太独特了。但祥兴记的品牌成长，并没有依托在强烈的个人色彩身上，而是在日常维护过程中，不断营造一个虚拟人物的点滴故事，从而获得了大量微博用户的喜爱。这种路线不论哪个品牌，乃至不论哪个行业，都可以有哦。

生煎仔形象打造

祥兴记作为一个生煎小吃品牌，针对的人群比较年轻化，也更大众化。如果要走入大众内心，就需要进行娱乐性包装，从而在新媒体中与受众更加亲近地沟通。所以微奥传媒为其打造卡通形象的运作思路是符合基本娱乐精神的。

经过了多次比稿之后，最终确定了一个有着五官，戴着帽子的生煎仔形象，不仅回归到生煎的本身（远比有手有脚的生煎形象更能打动人），并且拉近了与消费者的沟通距离，最重要的是这么多可爱的表情，非常容易组织起后续的故事创作，让生煎仔形象更快地走入受众心中。

看了这些可爱表情，你是否有创作一幅简单漫画的冲动啊？或者你是否有为自己品牌打造卡通形象的愿望哪？不过先别急，因为有了形象后，乱作漫画也无法在用户心智中打造长效的品牌植入。如果要用可爱的卡通形象留住客户的心，我们要做的第二步工作就是系统地进行内容制作规划。

系统性规划漫画走向

作为具有上海地方特色的餐饮小吃品牌，微奥传媒为祥兴记生煎提炼出三个传播关键词：“文化”、“健康”、“正宗”。品牌概念不能多，但要到位。概念多了会引起用户理解上的混乱。

根据这三个关键词，微奥传媒为祥兴记打造了三个系列性漫画，在微博上按照一定的时间规划推出后，受到了粉丝热烈的反响。我们不妨来欣赏下这三组漫画中的典型。

（1）#生煎神探队#，用生煎仔的口吻，挖掘上海小吃文化，从而体现出祥兴记对文化传承的关注。

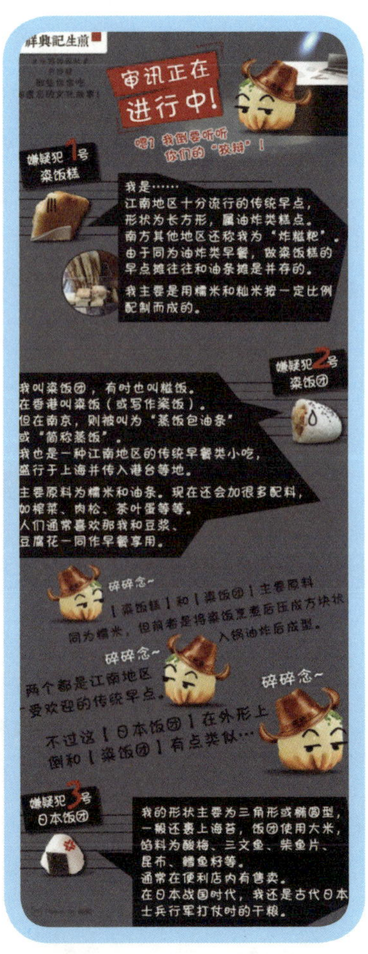

（2）#生煎仔的健康笔记#用生煎仔的口吻讲趣味性故事，将祥兴记的健康理念及健康制作流程融入漫画中，激发受众共鸣。

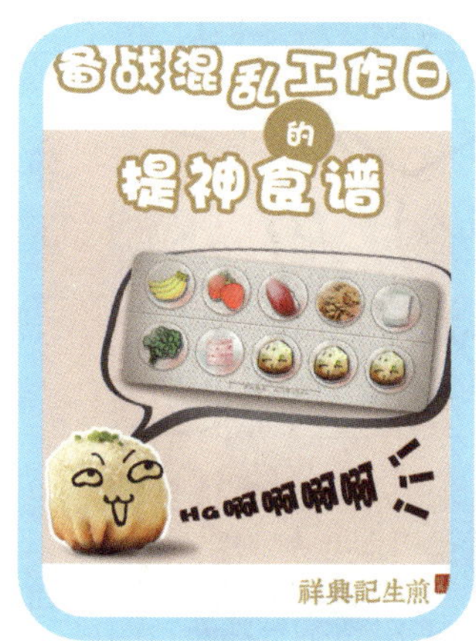

（3）#每周三下午2点#传播祥兴记正宗上海生煎的信息。

当然，祥兴记的官方微博中，不会标榜自己的正宗，而是用上海话、上海元素等上海特色内容的植入，不断提醒受众生煎仔的正宗出处。从而让受众了解到祥兴记生煎是绝对的上海小吃正宗货的特色。比起文字，图片的形式更容易让受众记住内容。

上面这张图中就是用正宗的上海话，你看懂是什么意思了吗？不懂就问问你身边的上海朋友吧。如果实在找不到上海朋友，就到本书的微博中私信回复关键词【老鬼】来看我们的解释吧。（感谢微奥传媒为本书提供的互动策略）

（4）祥兴记生煎中也会结合节日进行相关营销。

这张图，你能猜出来是哪个节日的海报吗？

你看，祥兴记也没有做任何的优惠券营销哦，但是这样的内容还是在微博中大受欢迎。

每天饭点儿的时候门店中等着吃生煎包的场面也是相当火爆。作为美食界KOL的我当然要品尝一番，那是真正做到了皮薄汁多肉紧底脆，咬开一个小口，吸一口浓浓的汤汁，一点儿不油腻。肉紧紧地抱着团，丝丝相连。好像跑题了，呵呵！

产品有机植入漫画引导消费

这一点不用多强调，相信大家也已经在前面的描述中看到了。祥兴记中虚拟了一个卡通形象，而这个形象就承担了讲故事的原始范本。故事中可将产品有效地植入，从而拉动消费者的消费欲望。这一点的过度也正是该案例可以在各种行业中进行复制的基础。比如下面这条内容的煎包家族大战的微博就将生煎的优点表达得淋漓尽致。

申晨说新媒体未来（一）

新媒体的未来会与传统媒体的鸿沟越来越大，一个真正好的新媒体应用，一定会通过自媒体的完善来达成与消费者的有效沟通。如何打动消费者参与到品牌的互动中来，达成O2O的到店引导才是企业最应该考虑的问题。渠道的应用千变万化，不能一概而论，但新媒体要跟消费者传达的信息模式还是有迹可循的。因为在新媒体的大环境下，基本上不再存在大的行业之分，任何行业都可以是新媒体行业或互联网行业。只有你习惯用互联网的说话方式打动客户，才能不在新媒体中被大浪淘沙。

从餐饮的这三个经典案例中我们可以看到，不管是依托在人物的故事中进行品牌包装，还是在品牌的基础上营造虚拟的连续性故事，都是在一个概念的打造中将品牌的特点和定位传导到客户心中，甚至可以营造出让客户追寻品牌的商业氛围，这种氛围我们统称为粉丝经济。在新媒体环境中，不去培养真实的粉丝，企业将很快遇到瓶颈。粉丝的口碑传递，不仅可以为企业带来长期有效的发展，更能在企业运作过程中节省一定的成本。比如黄太吉和雕爷牛腩都不会选择商圈的黄金位置经营，店面租金是一定可以节省掉很多的。所以企业要在现在的互联网环境中寻求生存，第一步就是要开放思维模式，真正拥抱新媒体，拥抱互联网。其次，像雕爷牛腩一样，最高层领导要有足够的重视，从而根据客户需求，从上到下进行基于用户意见的根本性优化，才能让你的产品和服务越来越出色，口碑也才能长效地发展下去。

新媒体的未来

会是什么样子

关注微博@全面社交，私信回复关键词

【第十六章】，听申晨的语音推荐吧。

无论新媒体以后会变成什么样子，但我们可以确信，有媒介互动缺陷的微信和活跃用户数稍逊一筹的微博都有自身的瓶颈。我们可以大胆想象，未来的新媒体一定是跨越平台的，并能够对受众的喜好进行追踪，且在商业运作上便于形成营销闭环。这种未来新媒体形态会怎样出现并发展？本章中我们将一一讲述。

新媒体的现状概览

从第二章中我们得知，新媒体是通过技术的手段打通了媒体与媒体之间、媒体与消费者之间的沟通互动边界。但目前国内新媒体之中普遍被大家认可的无非是微博和微信。其他新媒体，包括豆瓣、人人网等与这两个巨头相比，在用户量上都相形见绌，而受众的细分化特性，也让其他平台很难大面积地做到广泛的人群覆盖。

微信在媒介属性上存在天然的缺陷，其封闭的环境让广告大多数情况下无法广泛触达。很多人在微信中尝试撰写商业软文、在文章后贴片或做互推引导，其形态与传统门户新闻和门户网站的banner广告无本质差别。虽然也有人通过“转发至朋友圈集点赞”的形式获取曝光机会的方法，得到数量不小的产品用户触达，但用户互动内容无法回流的缺陷，也让商家与消费者的直接沟通和消费者信息采集无法达成。

微博虽具有粉丝通、微任务等广告形态，可以便捷地在用户个人信息流或有影响力KOL微博中插播广告，从而达成大面积的精准投放，并便于收集用户反馈。但由于商户对数据分析理论和创意优化技巧的缺失，造成该类广告产品的滥用，导致创意缺失，不时引发不小的骂战。甚至有部分微博用户因此放弃对微博的使用，这也频繁让大量分析师对微博的未来表示担忧。

所以企业要想在各种新媒体平台做到品牌宣传就急需破局。无论新媒体平台如何演变，媒体方无非是通过新的工具、手段将现有的媒介阅读者重新整合而已。所以对媒体而言，谁能抓住用户，谁就有希望做大，并为企业源源不断提供商业信息输送的通路。对企业来说，最佳的媒介使用办法，就是用超前的眼光看到媒介的未来，在获取用户成本较低的阶段就可对其充分利用，才是对预算最负责的做法。

新媒体的未来

作为媒体人，我们一直在探讨一个问题，广告不可能不做，不做广告不但媒体人没饭吃，企业也缺失了大量与用户接触的机会。但仅仅是强迫式的广告硬性推送，消费者会对广告越来越无感，并且商家获取单个消费者的成本也会越来越高。那广告该如何做才能打动人心并广泛传播，就成了我们研究的一个重要命题。甚至在新媒体变更的当下，帮助商业客户在媒介传播过程中，达成直接的营销闭环，在线上推广的过程中直接达成消费，也是媒体平台需要带来的价值方向。

在研究“打动人心”这个命题的时候，@天才小熊猫 的广告微博形态给了我们非常大的启发，其每一条广告都融入有趣的漫画拼接、趣味对话中。不仅没有引发受众的反感，反而为其赢得了越来越多的忠实粉丝，甚至有人盼着看到@天才小熊猫 发布新的广告。与此类似，《万万没想到》《报告老板》《申在江湖脱口秀》等热播网络剧中广告的植入也是一样，不仅没有让网友觉得广告的出现多余，反而不断触发其口碑传播，并带来巨大的播放数量。所以将广告软化，在视频、漫画等形态中有机植入，成为内容不可缺少的一部分。不但可以带出产品或品牌的定位价值，又能让品牌在推动剧情发展过程中得到大量的曝光，同时又解决了信息流快速变化过程中广告被淹没的弊端。那么内容为王在这种类型的广告植入中就有效地得到了展现。

但“内容为王”这件事不是绝对的，经过了新媒体快速的发展变迁，自媒体影响力已经初步进入分水岭的阶段。依靠新媒体的发展初期，快速积累大量真实粉丝的企业毕竟数量有限。近一年来，品牌和企业的自媒体动向也逐渐回归理性，那就是企业意识到对产品和服务负责是其发展第一要务，而新媒体中的渠道采购终究会取代自媒体渠道维护的大量投入。所以经过了新媒体市场的爆炸式跟风后，媒介渠道终究要冷静下来。品牌传播的渠道策略方面将会成为企业市场部门讨论的重要主题。

这一点上，从2014年初开始的大量自媒体联盟涌现来看，也直接印证了渠道采购的正式回归。自媒体联盟中的会员通过自身的内容生产定位，在不同的平台上吸引了固定的粉丝群体。用联盟的形态，能在不同的细分领域，达成比单个自媒体人更广的覆盖面，从而形成更强的影响力。在这种环境下的商业品牌与优秀内容的有机结合，让商业价值不但有趣，还能通过大量自媒体人的同步投放，在更大范围内达成品牌快速覆盖，同时打消自媒体人粉丝群体的信任屏障。因此这种形态的媒介组合将成为下一个阶段媒体发展的重要方向。

自媒体联盟跨越平台，不再局限于到底选择微博还是微信，甚至可以将新媒体和传统媒体同步结合；自媒体联盟做到精准，让商业客户不再大海捞针，而是通过自媒体人的有效细分，达成快速有效覆盖；自媒体联盟可以透过新媒体渠道得到用户互动，不再局限于微信的封闭环境中无法得到反馈，将商业的触角发散到方方面面。

虽然在自媒体联盟的发展过程中，涌现了大量像“WeMedia”“浑水自媒体”等各种自媒体联盟，也有“百度百家”“新浪媒体开放平台”等基于大的传统网络媒介整合的自媒体平台。那么这些平台有什么不同？自媒体人在哪些平台的生态中更能发挥其内容和渠道的最大价值？这是商业客户在做出最终选择的时候，最应该考虑的问题。

这些自媒体平台中，随着微信公众平台的快速发展，急速发展出来的自媒体联盟中，最为典型的要算“WeMedia”和“浑水自媒体”。也正是微信公众平台发展期为这些平台注入的基因，其主要自媒体人聚合也集中在微信这个活跃用户量巨大的平台上。这种平台的主要优点是：微信的整体覆盖规模大，用户使用活跃时间长，从而能影响到的受众人群在目前来讲看到广告的概率较大。但缺点也很明显：首先微信上的互动价值有限，其广告表达方式更接近于传统互联网贴片；另外，由于微信中的数据封闭特性，商家无法跟踪受众评价，更无法对不利的受众舆情进行及时公关。

而像“百度百家”“新浪媒体开放平台”等由传统媒体平台发展而来的自媒体平台，由于其传统媒介的运营经验和知名度，使得这些平台能更加快速地汇聚自媒体人，并通过平台的自有渠道非常方便地做到信息下发。但由于自媒体人归属感相对较弱，且进入这些媒体平台的自媒体人相对较多，生产内容良莠不齐，有渠道筛选复杂的风险。大多数情况下，虽然平台的自有渠道比较强势，但其仅在自有渠道内发布信息的特点，也让信息的下发方式显得单一。

所以，从目前自媒体平台的发展形态来看，渠道仍然不够丰富是限制其发展的一个较大的瓶颈。在这个基础上，2014年4月中旬组建的“熊猫自媒体联盟”（简称“猫联”）就成了自媒体平台创新路上第一个吃螃蟹的联盟组织。

“猫联”不但具有丰富的传媒基因，其“泛 Life Style”的行业计划、针对自媒体人和商业客户的私人定制计划和全渠道覆盖的媒介计划，让联盟生态中无人可以出其右。

所谓“泛 Life Style”，指的是猫联不会像其他自媒体联盟一样，仅仅将目光聚焦在媒体、科技行业中以获取最初的自媒体人关注，而是在建立之初，就联合了大量来自金融/旅游/餐饮/汽车/美妆/母婴/教育/游戏/地产/时尚/娱乐/影视/电商/奢侈品等领域（未排重）的自媒体人，这些自媒体人大部分都是行业的精英，超过270名，直接覆盖有效受众超过8000万。这让自媒体人之间的联动和精英带动草根自媒体人共同创造价值成为可能，而这些与其他自媒体联盟的草根基因相比，也有了巨大的差异。相信随着猫联的蓬勃发展，其精准涉猎的行业和覆盖人数还会呈现爆发式的增长，且从猫联成长起来的自媒体明星与其自媒体经济形态也会越来越成熟。

对于针对自媒体人和商业客户的私人定制计划，是猫联极其可观的优势。猫联认为，首先自媒体人生产的内容不会在被信息流冲走后，就永远石沉大海。如果这些优秀的原创内容可以用不同的承载形式俘获受众的心智，就有可能让读者不断追内容，从而让优秀内容的下发从被动变为主动。这与大家喜闻乐见的@天才小熊猫 以及拥有大量受众群体的网络剧有异曲同工之妙，而这些正是目前大量自媒体联盟无法实现的难题。

人脉的组建容易，靠利益链条就可快速成型；平台提供容易，一个逻辑严密的网站就可将自媒体人全部包罗，但这些都不是最核心的媒体技术手段。因为不管媒体环境如何变迁，我们永远无法忽略的一点：好的媒介平台一定要生产受众喜闻乐见的内容，才能产生良好的媒介循环，让价值不断升值。在这一点上，猫联的联合创始人们为自媒体人召集大量的媒体技术人才，希望将优秀的自媒体内容生产成视频（网络剧/微电影/脱口秀）、动漫、音乐/MV、电台节目、传统媒体内容，甚至于话剧和沙画，从而让自媒体人的优质内容从书面上走出来，更加立体地出现在受众面前。这种操作方法不但在第一时间更有效地触动受众，更能产生长期深入的互动价值。这种形态也让原有的自媒体联盟突破了互推的简单粗暴模式，优质内容的发布几乎是私人定制化的。所以，猫联让优秀内容的联合更有机会改变自媒体的价值。

在全媒体渠道覆盖方面，猫联的眼界从来没有仅仅局限在微博、微信这两个大众平台上。不管是传统媒体还是新媒体都肯定有其传播价值，否则，地铁广告、墙体广告等早就作古了。我们在前面为大家介绍的韩后广告，也是通过《南都》一个版面的报纸广告，联合微博的传播爆发力达成品牌覆盖的。在这一点上，猫联的自媒体人深有体会。所以，猫联的资源覆盖面不仅仅局限在互联网上，由于猫联创始人的媒体经验和人脉积累，能为自媒体内容提供的渠道组合形态充满想象力，包括了移动互联网、电视、电台、报纸、杂志等各种组合形态，可以全方位为自媒体人做包装，从而不仅为优质内容扩大渠道，也让自媒体人的成名之路变得更加现实。

除了以上的创新自媒体联盟规划，猫联还帮自媒体人打消后顾之忧。自媒体人加入猫联后，有机会获得熊猫天使基金。这种联盟内容的扶植计划，会让自媒体人更加放松地去研究和生产有价值的原创内容。通过资金、渠道和媒介技术的整合，猫联将成为自媒体人成长的大家庭，在这里，自媒体人相互依靠，相互推动，整合资源，实现价值。

所以一个好的自媒体联盟，应该真正做到媒体人的内容聚合，并通过对全媒体的下发渠道聚合，达成信息和受众更加无缝的接触，这样才能够更有效地达成商业价值的升值。而我们相信，随着媒体形态在移动互联网上的发展，具备优秀内容和商业价值快速有效下发的联盟组织会更加多地出现，而商业也将会在未来自媒体联盟成员的内容植入中达到更好的品牌传播效果。

除了媒体形态的变化之外，媒体组织的商业流程在未来也将发生质的变化。

这一点上，具备大量活跃用户数的微博和微信都走在了前面。

在今后的新媒体平台上，商业营销闭环显得尤为重要。微信的O2O之路，我们在前面有跟大家进行过一定的讨论。一个微信支付功能的植入，让消费者可以在信息流中直接产生订单。不过由于微信的封闭性，让其消费闭环更适合线上和线下的活动结合，但在线上直接成单的电商闭环方面，微博具备更大的优势。微博2014年中旬开发的O2O营销闭环新产品，更加说明了这一点。接下来我们从两个案例中了解一下微博营销闭环的组建过程。

唯品会1元秒杀，微博商业闭环让活动更精准

用过微博活动平台的营销者都知道，微博平台活动很多时候参与抽奖的都是抽奖专业户，而这些抽奖专业户对品牌的传播和塑造并没有太大的帮助。在这种情况下，很多时候送出的奖品所带来的宣传效果几乎是零，并且造成了资源的浪费。

微博支付平台的引出与微博活动的结合，就可以适当提高活动的准入门槛，让抽奖专业户得到了自然的过滤，同时还能真实地将品牌信息通过参与人群传递到直接有效的受众面前。这一点上的尝鲜者包括大名鼎鼎的电商品牌：唯品会。

2014年4月18日、19日两天，每天的10：00—20：00，粉丝都可通过唯品会的官方微博参与微博平台1元秒杀5款商品的活动。以超低价格作为诱饵的做法，短时间内迅速聚集了大量针对性受众的关注。

我们先来看看这个活动在微博PC端和手机端上不同的展示效果：

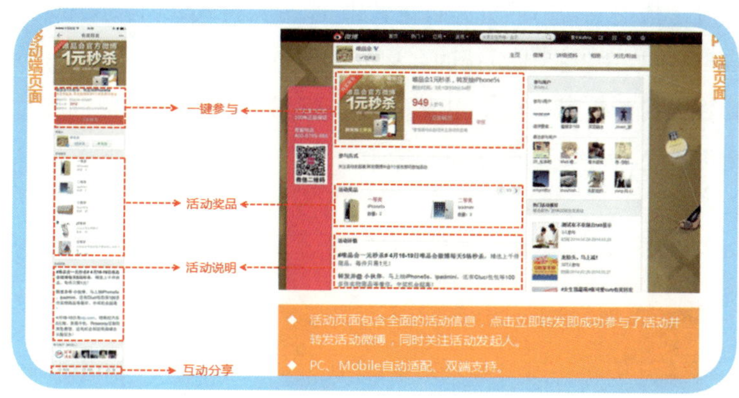

这样的一个活动植入，再加上“转发抽土豪金”的预热，以及搭配“粉丝头条”“私信群发”“热门话题”的全微博平台宣传，最终活动期间官微粉丝增长达到20万，活动转发人数超过15万，总参与人数超过5.4万。

这样一个活动准入门槛的提升，让活动受众的针对性更强，参与活动的5.4万人群由于个人信息的留存，也为唯品会后续针对性的推广宣传做到了良好的铺垫。

魅族手机换购，打通微博商业闭环

2014年3月26日，魅族为了给手机销售造势，发起了#退个烧 小米也能换魅族#的话题，并在3月26日—3月31日开放换购预约通道。预约后的微博转发，为活动进行了第一拨的营销造势。

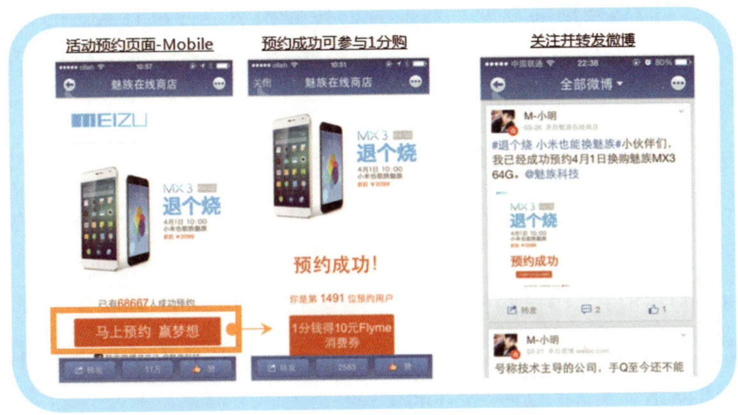

与此同时，预约成功后的页面将跳转出“1分钱得10元Flyme消费券”的活动（注：Flyme是魅族手机操作系统的名称），为换购造势。这个活动的1分钱支付流程是直接在微博的支付平台中完成的，并通过微博的私信功能向支付成功的活动参与者提供了优惠码。

4月1日10：00，换购活动正式开始，其支付和订单生成也完全依靠微博的购物闭环流程完成。

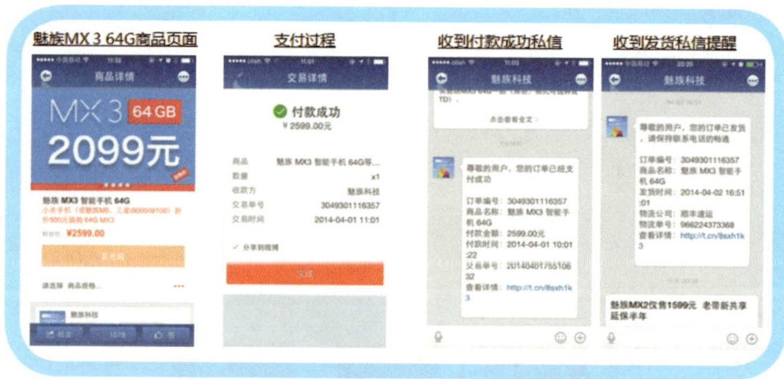

在整个活动的推广过程中，魅族也通过微博便捷的营销属性，进行了大规模的推广，从而达成了对潜在消费者的提前告知。活动期间，总的曝光超过4300万，而#退个烧 小米也能换魅族#话题的讨论量超过27万。

Miss签名明信片售卖活动商业闭环

为提升“艾芮克Miss签名版硬件周边产品”的销售，知名游戏女主持@游戏风云Miss 利用其在电竞圈内极高的人气，于4月9日17：15发起1

分钱售卖1000张签名版明信片的活动。

其中的1分钱销售活动也是通过支付功能，直接在微博中完成。

首先，@游戏风云Miss 于4月9日10：49发起预热微博，引发其粉丝的关注。

上线后，1小时35分明信片即告售罄。

在整个活动过程中，除了@游戏风云Miss 单方面发出活动外，还邀请了@英雄联盟LOL百度贴吧 @性感玉米 等一干微博中有极高影响力的红人进行转发推广。

最终活动的总阅读量达到24万，商品详情页阅读量达到2.6万，产生订单1266，支付数1000元封顶，支付率达到惊人的78.98%。

从以上两个案例中，我们来观察微博中的商业营销闭环。其基本的营销流程如下图所示：

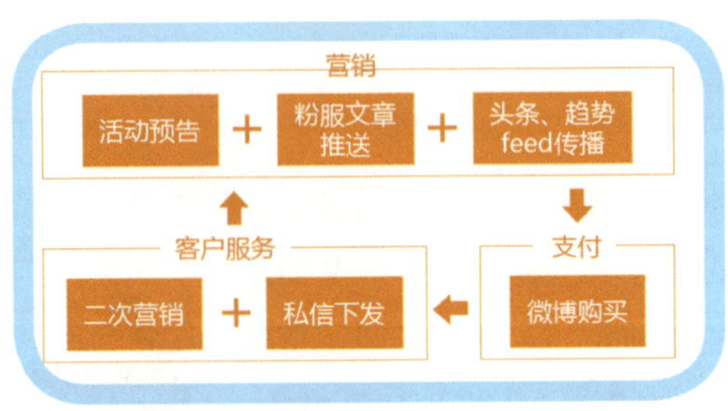

其构成的营销闭环，信息是公开的，微博用户即使没有关注商家，也可以搜索到活动信息，并通过一个转发动作做到二次传播。商家也可快速与微博用户建立关系，为商家提供二次营销搭建通道，从而提供更丰富的后续服务。商家也可利用微博的社交属性，快速搭建口碑体系，从而更方便地影响潜在用户的决策，提升整体转化率。

不但如此，微博还为不同的行业搭建了专属的营销闭环模版。这其中走在最前面的包括教育版、餐饮版、酒店版、商超版、休闲娱乐版等涉及O2O的版本。

以教育版本为例，新浪微博将为教育客户提供的服务包括：多次发起优惠促销活动、在线信息咨询、课程表、报名预约、电话咨询、多店地址导航、名师团介绍、粉丝服务平台、优惠券核销等各种020功能，让营销和消费直接闭环。

在新媒体平台上，达成营销闭环的微博，不但可以起到品牌宣传的作用，还能让品牌的销售计划完全在微博内完成。这不但节省了商业客户的开发成本，更有精力经营好自身的产品，更为商业客户源源不断地提供大量潜在客户源。商业也在这样的平台环境中达到最大的价值体现。

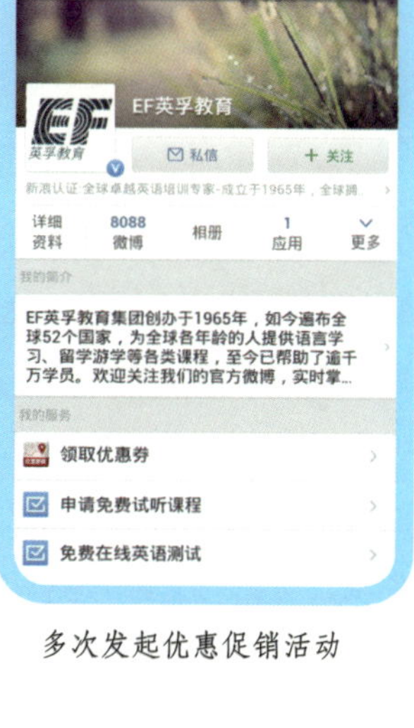

多次发起优惠促销活动

信息咨询

课程表

申晨说新媒体未来（二）

新媒体的未来有各种可能性，但自媒体联盟的形态无疑是内容和渠道整合的优质典范。在自媒体联盟的推动下，商业广告植入将变得动人和值得观看。自媒体人联合后的类别推送，也让商业内容的针对性越来越强，且跨越平台的界限后，不用再惧怕平台自身的起落。

各种新媒体平台中O2O商业闭环的完善，也为品牌客户提供了更多完美营销的可能，商业价值在信息流动中得到的二次传播和口碑传递，让商业变得更加生动。

申晨希望各位看完本书之后能学好新媒体，用好新媒体，未来的日子如延参法师的金句一样：健康，幸福，坐以待币。